# LA PEGGIO GIOVENTÙ

UNA VITA NELLA LOTTA ARMATA

## VALERIO MORUCCI

Rizzoli

*Proprietà letteraria riservata*
© *2004 RCS Libri S.p.A., Milano*

ISBN 88-17-00436-7

*Prima edizione: novembre 2004*

*L'ultimo gradino* è comparso per la prima volta nella rivista romana «Accattone», nell'aprile 2003, col titolo Via Fani.

*Schegge di memoria* e *Esquimosa* sono stati pubblicati nel volume di racconti di Valerio Morucci, *A guerra finita*, Manifestolibri, Roma 1994.

# La peggio gioventù

*«Invidio tutti quelli
Che hanno trascorso la vita in battaglia,
Difendendo la grande idea.
Ma, rovinata la mia giovinezza,
Io non conservo nemmeno ricordi.
Che scandalo!
Che grande scandalo!
Sono finito in uno stretto vicolo
Io che potevo dare
Non quel che ho dato,
E m'era facile come uno scherzo.»*

Sergej Esenin, *La Russia che se ne va.*

# PREFAZIONE

Valerio Morucci. Il postino delle Brigate Rosse durante il sequestro di Aldo Moro. Così il suo nome è legato al ricordo collettivo dei cinquantacinque giorni più drammatici della Repubblica. I meno distratti lo ricordano anche come autore dell'angosciosa telefonata che indicava il luogo dove rinvenire il cadavere del presidente della DC. I più attenti lo contano nel gruppo di brigatisti che agì in via Fani.

Nato a Roma nel 1949 da una famiglia di ex artigiani, falegnami, comunisti, Morucci inizia la sua attività politica nel movimento del '68. Nel 1969 aderisce a Potere Operaio, dove è responsabile dell'intervento nei licei della capitale. Ma poco dopo, visto l'acuirsi degli scontri di piazza e considerate le sue capacità organizzative, viene incaricato di dare vita a una struttura parallela di Potere Operaio: LI, Lavoro Illegale. Un organismo che, partendo da zero, avrebbe dovuto predisporre la capacità militare del gruppo di affrontare il momento finale dell'Insurrezione.

Potere Operaio si sciolse nel 1973 e l'Insurrezione non ci fu. Forse perché, e sicuramente Morucci non fu il solo a pensarlo, l'attività illegale, quella armata, non aveva dato il necessario sostegno alle lotte di massa. Era una strada da cui era difficile tornare indietro.

Una strada contrastata e sdrucciolevole che, dopo lo scioglimento delle Formazioni Comuniste Armate cui aveva dato vita nel 1975, lo condurrà alle BR e di lì fino in via Fani.

Il suo dissenso sulla gestione del sequestro di Moro, e poi sulla sua uccisione, è cosa nota. Un dissenso che lo porterà dapprima a cercare un canale di trattativa attraverso il PSI, contravvenendo alle regole delle BR, e infine, vista l'impossibilità di abbassarne il livello di scontro, a uscire dall'organizzazione all'inizio del 1979. Sarà arrestato con la sua compagna Adriana Faranda il 29 maggio successivo.

Il 5 luglio, «Lotta Continua», ripresa da «L'Espresso», pubblica un documento contenente dure critiche alle BR. I nomi degli autori non sono pubblicati, ma questi sono identificati nei fuoriusciti dalla colonna romana: Morucci e Faranda. Pochi giorni dopo, alcuni brigatisti di spicco detenuti all'Asinara, fra cui Curcio, Franceschini, Azzolini, Bonisoli, Bonavita, replicano con un attacco durissimo. Nell'opuscolo intitolato «Brigate Rosse n°7 - Luglio 1979: dal campo dell'Asinara», allegato dalle BR al volantino di rivendicazione dell'omicidio del maresciallo Domenico Taverna, si scagliano contro Valerio Morucci e Adriana Faranda, qualificandoli come «neofiti della controguerriglia psicologica, poveri mentecatti utilizzati dalla controrivoluzione. Zanzare moleste da schiacciare».

Già nel corso del primo processo Moro, nel 1982, Valerio Morucci e Adriana Faranda leggono un documento che critica la scelta della lotta armata. Nell'ottobre del 1984, in un'intervista al «Corriere della Sera», affermano che la lotta armata è fallita. La dissociazione dal terrorismo si allarga a macchia d'olio e il 18 gennaio del 1985, nel processo d'appello per il rapimento e l'omicidio di Aldo Moro, Morucci legge una dichiarazione di dissociazione dalla lotta armata firmata da centosettanta detenuti, ex aderenti alle BR, a Prima Linea e ad altre bande armate.

Morucci ha avuto più condanne all'ergastolo. Portate a trent'anni in appello e poi a ventidue e mezzo grazie all'applicazione della legge sulla dissociazione. Ha poi ottenuto la semilibertà e la libertà condizionale, finendo di scontare la sua pena nel 1994. Oggi lavora autonomamente come consulente informatico. E, nel poco tempo libero, scrive. Ha pubblicato due volumi di racconti e un libro che ripercorre le sue vicende fino al 1976, prima dunque dell'ingresso nelle BR.

Ma come è arrivato Morucci fino a quel punto? E come è stato possibile che una parte così consistente della «meglio gioventù» degli anni Sessanta e Settanta sia diventata poi la «peggio gioventù» della rivolta armata? È da queste domande che si sviluppa il ripensamento sui cosiddetti anni di piombo che dà vita a questo volume. Perché un giovane smanioso di cambiare il mondo è finito nell'occhio del ciclone più devastante della storia repubblicana? Un ripensamento, non un elenco di episodi ormai passati e ripassati alla moviola della cronaca. Certo, dei fatti non si può fare a meno, e in questo libro i fatti non mancano, ma sono rievocati sempre con quell'intento. E con l'ansia di cercare di capire come e perché.

Questo libro ha incominciato a prendere vita nei numerosi incontri fra me e Morucci, nel corso dei quali è stata ripercorsa un'intera vita, per buona parte vissuta tra le barricate della ribellione, fino ad abbracciare la lotta armata. Così, dopo una prima resistenza a ripercorrere quelle vicende, le domande lo hanno spinto a cercare nuovamente una risposta e il modo più naturale di farlo per Morucci è stato scrivere, lasciare correre la penna insieme ai ricordi. Ecco perché Morucci nel testo, come in una conversazione ininterrotta, si rivolge di quando in quando a me, o meglio a un interlocutore, al lettore, a un uomo o a una donna che hanno vissuto quegli stessi anni facendo scelte diverse, o a chi quegli anni non li ha vissuti ma cerca ancora di capire che cosa accadde. Come e perché.

Pino Casamassima

*A Giancarlo, per l'insostituibile aiuto.
E a mia moglie. Grazie.*

## L'ultimo gradino

LE AVEVO TAPPATO NASO E BOCCA per non farla respirare. Per non sentirla. Ne era rimasto solo un embolo ciondolante nel sangue, nascosto in qualche recesso delle vene, ma che prima o poi sarebbe arrivato al cervello. Ora il poi è arrivato e mi sento inconsistente, di pomice. I minuti galleggiano via lenti, scivolando sull'argine che tiene a bada la paura. Sento salire il sangue su per il collo: fluido passato per un congelatore. I pensieri non riescono a darsi parola. Forse non sarà per oggi. Forse bisognerà rimandare a domani.

Un sasso spacca il guscio dell'immobilità. La macchina ci arriva davanti sbucata da un ricordo inatteso. Frena di colpo allo stop. E subito dopo le due dietro. Lo schianto delle lamiere e l'incalzante movimento rimettono in circolazione il sangue. Una molla mi spinge avanti. Scendo dal marciapiede e sprofondo in un acquario, vischioso come una palude. I movimenti diventano fratti, convulsi per l'incapacità dell'occhio a seguirli. Spezzoni di immagini mi scorrono davanti mentre i rumori vengono assorbiti nell'acquosità che ha riempito le orecchie.

Gli altri sono accanto a me ma non li vedo. So che stanno sparando. So che sto sparando anch'io. Ma non sento i colpi. L'auto davanti a me continua a muoversi. Cerca uno spazio tra le lamiere. Poi succede qualcosa. Non sento più il mitra vibrarmi nelle mani. Pesante, inceppato. Le gambe mi spostano come un sonnambulo arrancando nella palude fino all'incrocio. Con gesti infangati manovro l'arma. Torno indietro.

L'auto sta ancora sbattendo contro le lamiere, avanti e indietro come un animale preso alla tagliola. Si è guadagnata un paio di metri e ora cerca di lato un varco per la salvezza. Ma lì una macchina parcheggiata blocca la fuga. Vedo l'uomo accanto all'autista girarsi su se stesso verso il sedile posteriore. Protendersi per proteggere l'Uomo. Il dito si contrae sul grilletto. Sparo ancora, e ancora non sento i colpi. Poi, ancora, gli attimi s'impantanano nell'opacità. Ma l'acqua viene di nuovo agitata da movimenti convulsi confondendo le immagini. Vedo l'Uomo tirato fuori dall'auto e caricato su un'altra che sfreccia via. Mi avvicino all'auto e apro lo sportello che, come una lamiera sbarrafuoco, mi precipita in faccia il colore della morte, il suo odore. Palombaro in embolia risalgo la strada su un fondo pieno di detriti. Cappelli da pilota, borse, caricatori, bossoli folti come pinoli. Poi un uomo, steso in terra a braccia aperte. Le falde dell'impermeabile larghe sull'asfalto. Come ha fatto a finire lì? Sembra un grande uccello caduto dal cielo. Tutto è fermo. E avverto il vuoto che riempie il silenzio dopo lo sconquasso. Mi aggiro stordito sulla strada, senza orientamento. Poi una voce rompe il silenzio e l'apnea. «Vuoi rimanere lì?» Bardo richiude lo sportello e l'auto fila via. Riprendo a respirare, in circolo sangue caldo. Sangue che spinge le gambe e rimette in moto i pensieri. E la paura, che nell'apnea era rimasta rintanata e ora risale maligna fino agli occhi e me li fa alzare verso la salita. L'auto di copertura sparita. E nulla a proteggere lo sguardo che si perde nel fondo della prospettiva. Il tempo è scaduto. Un minuto, forse due. Dilatati e appiccicosi come due ore d'afa.

Le borse. Devo prendere le borse dell'Uomo. Torno indietro, apro lo sportello posteriore. Dall'altro lato, accanto a dove erano le sue gambe, ci sono due gonfie borse di pelle. Mi protendo dentro reggendo il cappello. Afferro i manici e tiro con un attimo di esitazione, come fossero le sicure di bombe a mano. Ora via. Verso la macchina. Senza pensare, senza guardare. Sperando che la parte segreta del cervello metta i passi in fila nella giusta direzione. Valmo e Floriana aspettano con la bocca schiusa e lo sguardo proteso, come seguissero la mia corsa su un campo minato. Dovevamo essere i primi e siamo gli ultimi. Butto dentro le borse e mi siedo al volante. Non parlano, non dicono niente. Dobbiamo raggiungere le altre macchine per non restare tagliati fuori. Valmo è proteso in avanti, una mano appoggiata al cruscotto e la coda dell'occhio rivolta preoccupata verso di me, come temesse che io sia la guida sbagliata per portarci via di lì. Dietro sento il respiro trattenuto e sgomento di Floriana. Il respiro di chi da troppo sta sul portello al suo primo lancio col paracadute.

Sono in cinque, quelli della scorta. Due sulla 130 e tre sull'Alfetta. L'autista traffica un paio di minuti nel vano motore, poi abbassa il cofano della 130 e si strofina le mani a dita tese mentre lo stridio d'uccelli gli fa alzare lo sguardo. Sta con la testa rivolta al cielo e le mani giunte immobili, come sorprese dalla visione. Un giovane dal lungo impermeabile scende dall'Alfetta e s'avvicina con passo falcato, facendo ondeggiare le falde. Quando gli è a pochi metri l'autista indica le rondini che volteggiano sopra gli alti pini al centro della piazza. «Guarda le rondini» o «È arrivata la primavera.» Non so cosa gli dice. Sono troppo lontano. E poi non sono io a notare questa scena. Troppo preso a seguire i movimenti della scorta dell'Uomo. Ma anche il giovane, un'occhiata distratta e una sigaretta accesa, non sembra molto interessato al volteggiare degli uccelli. Solo una donna poteva notarla. E farsene un cruccio segreto per poi raccontarmelo una vita dopo. Quando la fine dell'inverno del nostro scontento aveva disgelato le emozioni represse.

Uno dall'Alfetta e il capo scorta sulla 130, la sua ombra guardinga, entrano nella chiesa con l'Uomo. L'autista della 130 ha sempre qualcosa da armeggiare attorno all'auto, mentre l'altro rimane seduto a leggere il giornale. Uno degli altri è sul marciapiede davanti alla chiesa. Fa avanti e indietro dal giornalaio fino all'angolo opposto. Si muove circospetto, controllando ora la scalinata ora la piazza. Arrivato agli angoli butta un'occhiata alla strada e fa dietro front. Non ci vede. Siamo lontani. Confusi nel gran viavai mattutino della piazza.

Per un mese non si era visto nessuno. Stavamo per buttare alle ortiche il ritaglio di giornale che quelli del Nord si erano portati appresso anni prima come una reliquia. Erano venuti solo per quello. Non si sarebbero azzardati a scendere così a sud se non per l'Uomo. Quel pezzo di carta gualcita era rimasto tre anni in fondo a un cassetto. Poi era arrivato finalmente il momento di tirarlo fuori. E già sembrava che la troppo lunga attesa lo avesse consumato come un pensiero smarrito.

Ma eravamo tornati. Come chi decide di aspettare oltre il limite dell'attesa.

E dopo altri due giorni l'Uomo era arrivato all'appuntamento. E poi il giorno successivo. E poi l'altro ancora. Ogni giorno. Improvvisamente quel pezzo di giornale che rischiava di polverizzarsi come un vecchio papiro mangiato dal tempo aveva ripreso vita davanti ai nostri occhi increduli. Era tutto vero. Non era solo inchiostro buttato lì per riempire un buco nella pagina.

Le due macchine sfrecciavano veloci per le lunghe curve che scendevano a valle e arrivavano lì, davanti a quella brutta chiesa pittata di rosa, alle nove. E, ancora agitatamente, come in veloci frammenti di un vecchio film muto, l'Uomo scendeva dall'auto e saliva i gradini con passi rapidi, lui così parco di movimenti, assecondando benevolo l'urgenza dei due guardiani. Poi, per mezz'ora, il tempo rintuzzava davanti alla chiesa rallentando, come rispettoso di una tregua. L'autista si affaccendava solitario attorno all'ammiraglia, il capo scorta incalzava sul marciapiede i suoi passi accorti di guardiano, l'altro autista sfogliava il giornale con pigrizia domenicale.

Poi, finita la messa, la frenesia del primo mattino, come maroso troppo a lungo respinto, riconquistava anche quell'angolo di piazza. L'Uomo, imponente e curvo nel lungo cappotto scuro, l'espressione assorta a increspare una ruga di remoto smarrimento, ridiscendeva sbrigativo le scale, affiancato dai due uomini che faticavano a trovare i gradini tenendo alto lo sguardo vigile. Gli sportelli si chiudevano di scatto e le due auto ripartivano sollecite.

Alla chiesa la scorta di cinque uomini si divideva. Due soli lo accompagnavano all'interno. Era il punto migliore per agire. Contando sulla sorpresa era possibile bloccarli e prelevare l'Uomo. Ma come uscire?

Il mattino successivo, appena le due auto si sono allontanate, entro nella chiesa. Un emiciclo luminoso con i marmi accesi dai raggi del sole. Percorro la curva parete e vedo davanti a me una porta a vetri, oltre questa un lungo corridoio. Al fondo mi ritrovo nell'androne di una scuola. L'ingresso dà sulla via laterale, a una cinquantina di metri dall'angolo della piazza. Da lì potevamo portare via l'Uomo senza esser visti.

Inaspettatamente ci ritrovavamo sistemato il primo tassello del complesso mosaico. Ora veniva tutto il resto.

Dal giorno dopo mi aggiro per le strade annusando il terreno per trovare la via di sganciamento. Devo scoprire lì intorno, a non troppa distanza dalla piazza, una variante per spezzare la via logica della ritirata. Quella cui avrebbero pensato subito gli uomini di Doppia Vela. I vecchi marescialli che dalla sala operativa erano in grado di guidare via radio le volanti indicando ogni tombino della città. Un passaggio, una stradina secondaria, un cortile che poteva portarci altrove da dove loro avrebbero pensato che fossimo.

La strada che arriva al lungofiume passa sotto il cavalcavia della circonvallazione. E proprio lì, intubata tra un muretto e il pilone del cavalcavia, come un progetto abbandonato, c'è una stradina di terra battuta che porta di sopra. Tanto corta, stretta e sassosa che gli uomini di Doppia Vela non potevano averla memorizzata. Tanto stretta che occorre misurarne la larghezza per trovare le auto in grado di passarci. Ma ci passano. Di poco ma ci passano, sia le piccole che una più grande a quattro sportelli. Il secondo tassello.

Per la mattina successiva dobbiamo arrischiare un sopralluogo interno alla chiesa. Entro con Floriana e ci mettiamo davanti, mezzi nascosti da una colonna e vicini a un paio di vecchiette sparpagliate per i banchi. Per non farci notare siamo già lì quando l'Uomo arriva. Lui si mette nel primo banco dall'ingresso. I due guardiani in piedi dietro di lui. È Floriana a sbirciare ogni tanto, volgendosi dalla mia parte e stirando la coda dell'occhio. La messa è iniziata. Io blocco la testa fissa davanti a me, e tocca a Floriana sospingermi il braccio ogni volta che dobbiamo alzarci. Poi vedo l'Uomo superare la nostra linea di panche e mettersi in fila per la comunione, sovrastando a testa china le vecchiette zampettate fuori dai banchi. I due guardiani non si sono mossi, seguendolo solo con lo sguardo.

Dopo il sopralluogo vado con Serrano a controllare palmo a palmo la stradina del cavalcavia. La rimisuriamo metro per metro. Sarebbero bastati pochi centimetri di restringimento e avremmo rischiato di rimanere imbottigliati. Ma i muratori hanno lavorato al meglio. Le due pareti corrono parallele fino in cima. Il problema viene dopo. La stradina finisce in un giardino e da lì, per riguadagnare la strada, bisogna scendere da un marciapiede. Una manovra che può dare nell'occhio, soprattutto per le auto che arrivano in corsa sfiorando il marciapiede. Troppo pericoloso. Può andar bene solo se non si trova un'alternativa.

Riprendo ad annusare il terreno. Uscendo dalla scuola quella è l'unica strada possibile. Di infilarsi nel traffico verso il lungofiume neanche a parlarne. Sto lì a farmi scorrere nella testa la mappa della zona, quando un'auto mi passa davanti, oltrepassa la traversa, e si dirige verso il fondo cieco della strada. La seguo con gli occhi, soprappensiero. L'auto si ferma davanti a una lastra di ferro. La mano che esce dal finestrino infila una chiave in un basso piantone di metallo. Subito dopo, la lastra comincia ad aprirsi e l'auto s'infila dentro. Attraverso e sbircio nel varco prima che si richiuda. Una strada in salita, larga e costeggiata da ville. In alto vedo i pini della collina. Forse ci siamo. Forse il caso ha portato la soluzione su quella lastra grigia di metallo. Prendo la macchina e salgo per la collina. A un chilometro dalla piazza vedo sulla sinistra un cancello automatico identico a quello dabbasso. Ora non resta che trovare il modo di aprirlo. Torno giù e mi studio la serratura. È piccola. Più piccola delle normali d'appartamento. Sicuramente con pochi pistoncini, consumati dal continuo uso.

Una chiave piccola. Forse da lucchetto. Tengo in una cassetta un'infinità di chiavi. Auto rubate, appartamenti abbandonati, motociclette. Ma nessuna abbastanza piccola. Mi fermo da un ferramenta, mi guardo intorno. Ecco. Prendo un lucchetto da telefono. Di quelli usati dai genitori parsimoniosi per limitare le telefonate dei figli adolescenti, o di qualche parente incomodo. A casa limo i denti della piccola chiave e li arrotondo fino a ridurla quasi un moncone.

La mattina aspetto che cali il viavai degli abitanti del residence. Sbircio da una fessura per vedere che da dentro non arrivi nessuna macchina. Poi vado alla serratura. Infilo la chiave con cautela. La giro a destra e la serratura cede docilmente. Clack. Sento il cancello aprirsi alle mie spalle e mi assale un inatteso spavento. Come di bambino che abbia messo in moto un meccanismo sconosciuto e proibito.

È fatta. Passando da lì potevamo arrivare in un batter d'occhio dalla parte opposta a quella da cui saremmo fuggiti. E poi, anche se la sfortuna ci avesse messo dietro le volanti della polizia, sarebbe bastata una manciata di secondi di vantaggio per lasciarle fuori dal cancello chiuso. Ora non resta che scoprire tutte le strade alternative per arrivare all'ultima destinazione, evitando il traffico e i blocchi. Ma da lassù sarebbe stato molto più facile che non partendo dalle strade intasate verso il lungofiume.

Mentre torno in centro il cervello già corre avanti per la preparazione del piano. L'azione «perfetta». Un complesso meccanismo a incastro. Incruenta, invisibile, silenziosa.

La strada della scuola è poco trafficata e le macchine possono essere lasciate lì dal giorno prima. I ladri d'auto diventavano i nostri peggiori nemici. Se ne fosse mancata qualcuna avremmo dovuto sostituirla prima dell'arrivo dell'Uomo e della scorta. Questo ci avrebbe obbligato a portare in zona altre macchine di riserva. Complicato ma si poteva fare. Quanti uomini nella chiesa? Quattro per immobilizzare i guardiani e altri due per portare via l'Uomo. Sei. Un po' troppi anche mettendoci di mezzo Floriana per non dare troppo nell'occhio. Uno dei quattro poteva sganciarsi una volta immobilizzati i guardiani e andare sull'Uomo. Cinque. Già meglio. Ma come avvicinarsi senza scatenare un putiferio dentro la chiesa? I due della scorta si mettono dietro le ultime panche. Difficile prenderli alle spalle stando già dentro. Un paio dei nostri devono per forza entrare dalla porta principale, cioè passare sotto il naso della scorta all'esterno. Non facile, ma possibile. Dentro la chiesa ci sono colonne tra le panche. Gli altri possono sedersi dietro quelle per non essere notati dai guardiani. I due che entrano dalla porta vanno al primo impatto, subito raggiunti da altri due. Poi, immobilizzati i guardiani, uno deve tornare accanto alla porta e fare il «buttadentro». Evitare che qualcuno entrato nel momento sbagliato possa riuscirsene strillando come un ossesso. Per fortuna l'entrata, come in tutte le chiese, ha una doppia porta. Fuori, alle macchine di fuga, un paio d'uomini di copertura. Tanto per essere sicuri. Totale otto. Si può fare. Qualche ritocco, ma si può fare.

«E se i due nella chiesa reagiscono? Scoppierebbe un putiferio che può arrivare fino a fuori.»
È Serrano a sollevare l'obiezione.
«I nostri che gli arrivano da dietro gli danno un colpo in testa.»
Dago, convinto come sempre.
«E credi che vadano giù come al cinema? Non hai idea di quanto sia difficile ridurre alla ragione uno che non ne vuole sapere. Quella volta dell'armatore ho dovuto prenderlo a cazzotti per infilarlo nella macchina. Ed era secco e allampanato. La paura fa brutti scherzi. Raddoppia le forze, non fa sentire i colpi.»
Lo dice con il suo tono piano e autorevole, socchiudendo, come al solito, le ciglia ogni due parole, come rispondesse alle fantasticherie di un ragazzino. Il suo soprannome è «il vecchio».
«Ma noi gli arriviamo davanti con mitra e pistole silenziate. Più di tanto non possono fare.»
Lo dico in tono interlocutorio come chiedendo-

gli di accettare l'evidenza. Il piano è mio, è lui da convincere. Anche se forse sto tentando di convincere anche me.

Tiene a lungo socchiuse le ciglia, come valutando con condiscendenza le mie parole. Poi le riapre e inarca stavolta le sopracciglia. Non è pienamente convinto ma possiamo provare ad andare avanti. Non per molto.

«E se il capo scorta che fa la ronda arriva all'angolo proprio mentre usciamo?»

Altra obiezione. Non lo fa solo perché non è mai contento di quello che dicono gli altri, ma anche perché è un'azione in cui non si può tralasciare la minima eventualità.

«E che può fare da laggiù? Saranno almeno cinquanta metri.»

«Può sempre provare a spararci addosso.»

«Abbiamo lì due uomini di copertura. Mentre si fa il trasbordo dell'Uomo puntano all'angolo. Se spara, spariamo anche noi. Tanto da tenerlo lì dietro.»

L'ho detto. E subito dopo le ultime parole accorgersi del buco e vederlo lì appeso per aria, sotto gli occhi di tutti. Una possibilità incerta. Una a cento. Ma se la ruota del caso fosse girata da quella parte, i colpi sarebbero potuti finire nella piazza, in mezzo alla gente. Magari una vecchietta uscita dalla chiesa, o una donna in macchina che accompagnava i figli a scuola. Troppo rischioso. Anche uno a cento. Tutto da rifare. Eppure poteva essere perfetta. Ora non restava che saltare. E come per le cose su cui può essere pericoloso fermarsi a riflettere, il salto è non detto, scontato. Ora che quella linea è rotta, sfilati i guanti gialli dell'azione perfetta, ci saremmo sporcate le mani del sangue estremo.

Il corpo mi ha portato fino a qui ma ora sembra restio a muoversi in assenza di comandi espliciti. Vorrei un suo ultimo sforzo, affidandomi alle cellule che hanno memorizzato la sequenza dei movimenti. Nel mio cervello rimbalzano spezzoni di immagini disordinate, sensazioni aggrovigliate impossibili da dipanare. Non è finita, non ancora.

I piedi si muovono fuori sincronia sui pedali. Sgrano le marce. La macchina avanza a sussulti. Ecco le altre auto. Mi fanno passare e le precedo sullo svincolo. Ancora trecento metri allo scoperto poi la brusca variazione della via di fuga. Quella stradina privata che avevo trovato sul contrafforte in cima alla collina. Con l'accesso a stretto tornante, mezza nascosta da folti cespugli e con una sbarra nel mezzo chiusa da una catena. Da Doppia Vela non avrebbero mai pensato che saremmo passati lì. Ecco la curva. L'ho già presa decine di volte ma ora mi allargo troppo, finisco davanti al muro e le altre due macchine ripassano avanti. Devo fare manovra. Ancora una volta dietro. Così l'auto con l'Uomo arriva per prima alla sbarra incatenata. Previdenti, avevamo messo una tronchese in ogni auto.

Ora le macchine si separano come i rami di un fuoco d'artificio. Vado a sinistra. Cento metri e scendo per prendere il furgone. Valmo porta via la macchina e Floriana. Quella di Bardo prosegue senza fermarsi. L'auto con l'Uomo va sulla piazza in attesa del furgone. I due del Nord hanno il treno entro un'ora. E tutti gli altri a casa, attaccati alla radio. Tolgo le mostrine da pilota dall'impermeabile e la scritta adesiva dalla borsa. Metto in moto il furgone. Supero due angoli, arrivo alla piazza e mi accosto all'auto, al riparo nel parcheggio del grande slargo deserto. Scendo dal furgone.

Serrano apre lo sportello e fa scendere l'Uomo, impalandranato in un plaid e con quegli occhiali neri da saldatore sulla faccia. Lo sostiene come un cieco e gli tiene bassa la testa per salire nel furgone, poi lo fa rannicchiare lungo com'è dentro la cassa. L'auto da cui è sceso l'Uomo scompare subito, portandosi via l'ultima traccia, e il suo posto viene preso da un'utilitaria guidata da Dago. Quella con cui faremo strada al furgone con Serrano.

Salgo accanto a Dago, metto la borsa col mitra tra le gambe e guardo la strada. Per un attimo è tutto fermo. L'apnea sembra diradarsi. Tutte le immagini confuse che avevano continuato a rincorrersi nel fondo della mente si bloccano. Soppiantate da quella dell'Uomo con gli occhiali da saldatore. L'ultima.

Indico a Dago la prima delle tante svolte sul percorso studiato per arrivare a destinazione. Tutte strade secondarie e fuori mano che dovrebbero permetterci di evitare posti di blocco e traffico, impegnando un solo semaforo nel lungo tragitto da nord a ovest della città. La riuscita dell'ultima parte del piano è basata solo su questo. Ora siamo solo in tre. Non potremmo reggere a un impatto con la polizia.

Tagliamo per una strada condominiale e arriviamo sopra la valle delle vecchie fornaci. Un'altra strada privata ci porterà giù. Risaliamo tagliando la circonvallazione, poi la lunga e stretta gincana che lambisce i bordi della città. Arriviamo al semaforo. L'unico punto del percorso in cui è possibile trovare un posto di blocco. Siamo in fila. Vedo nello specchietto laterale il furgone dietro di noi. Le dita di Dago sono aggrappate al volante come quelle di un trapezista prima del lancio. La mano mi va da sola dentro la borsa a stringere l'impugnatura del mitra. Verde. Due macchine ci coprono girando a destra prima di noi. Nulla. Il grande slargo davanti al benzinaio vuoto. Ci infiliamo nella via dei vecchi casali che arriva all'antica strada del porto fluviale. Ecco ora la stradina sconnessa che scende al vialone sottostante. La percorriamo sussultando. La fine è vicina e il piede di Dago affonda involontario l'acceleratore. Già vediamo il grande supermercato che sovrasta il posteggio coperto. Entriamo nell'ombra del parcheggio diffidenti. Tutto finora è andato troppo liscio. Bardo è già lì con una familiare. Il furgone accosta. Niente di sospetto. Possiamo andare. È solo il trasbordo di una cassa di legno da un furgone a una macchina. Ci penseranno Bardo e Serrano. Meglio non dare nell'occhio. Dago adesso guida lentamente, lo sguardo allo specchietto. Le mani ancora avvinghiate al volante. Usciamo dall'ombra e la luce del sole ci sorprende come un nuovo giorno. Fuori pericolo. È fatta. Ha funzionato. Sento allentarsi tutti i muscoli e un conforto drogato sciogliere la pressione nelle vene. Ora possiamo guardarci.

Il conforto durerà poco. Il peggio deve ancora arrivare. Dopo il feroce avvio, la ruota del dolore avanzerà per tutti fino al fondo del rimpianto.

# UN PROLOGO NELL'UTERO

MI CHIEDI DA DOVE È NATO PER ME tutto quello che è venuto dopo. Come chiedermi la prima volta che ho avuto una pulsione erotica. Forse già nella pancia di mia madre. Quando abbiamo fatto un'ecografia al pancione di mia moglie a sei mesi di gravidanza, nostro figlio se ne stava già lì beato con un dito in bocca e il pisello dritto. Quando il tempo era già scaduto non voleva ancora saperne di uscire. Ci ha messo più di due ore. E fino all'ultimo ha tenuto un braccio attorno alla testa per proteggersi. O per resistere. Ti lascio immaginare lo sconquasso che ha provocato nelle carni della madre. Poi, appena messo sulla pancia di lei, ha fatto uno sforzo terribile per alzarsi sui gomiti e l'ha guardata in un modo che non riuscirò mai a dimenticare. C'era rabbia in quello sguardo. Rabbia e un'estrema lontananza. La lontananza dal mondo acquatico e ovattato dove sguazzava felice e la rabbia per quello rumoroso e violento in cui annaspiamo. Perché è stato tirato fuori con violenza. Col medico che lo martellava spingendo a più non posso sul torace di mia moglie, fino a incrinarle una costola, e la levatrice che l'aveva brancato per la testa. Strappato via dall'estrema gioia dell'inconsapevolezza. Altro che consolanti balle sul figlio appena nato che poggiato sulla pancia ci si accoccola sereno e riconoscente. Le frottole sul bel mondo che ti aspetta cominciano ancora prima di nascere.

Non so che sarà di lui, visto il prologo. Posso solo augurarmi che riesca a riprendersi da quello shock. E che riesca a essere più veloce dell'errore. Perché, una volta che qui ci è stato portato a forza, non avrà molte possibilità. O accetterà o non accetterà. O si integrerà o si ribellerà. Fosse per me preferirei riuscisse a sottrarsi alla scelta. Ma questo può essere il mio preoccupato punto di vista col senno di poi. Perché col senno di prima alle scelte non mi sono mai sottratto. Quelle giuste e quelle sbagliate. E, a parte che per un carcerato, fuggire non è un buon consiglio per nessuno. Starà a lui mantenere la capacità di sottrarsi all'omologazione, allo svilimento di iniziativa, fuggendo, qui sì, da ogni Verità e Certezza. L'errore capitato a me. È difficile che riaccada, perché quel mondo non c'è più. Ma come padre è naturale che abbia i miei timori.

Spero che mio figlio ce la farà. Cercherò di educarlo ad andare veloce frenando il passo, ad affrontare la sfida facendo tesoro degli errori già compiuti. Per quanto credo che più di tanto non si possa incidere. E per un giovane è assai difficile frenare il passo. Poi è dell'Ariete, figuriamoci. E già carica a testa bassa i compagni dell'asilo. Ci illudiamo di poter intervenire. Ma i solchi nei quali maturano le scelte sono il più delle volte già tracciati. E, per quanto possiamo scandagliare l'infinitamente piccolo, non sappiamo nulla delle forze che spingono la nostra vita. E di come le nostre finalità, se poi sono davvero «nostre», si combinano col caso.

Per di più, non saprò che influenza potrò ancora avere su di lui quando, per forza di cose, dovrò dirgli cosa è stato il padre nella vita. Solo l'idea mi spaventa. Come potrà insegnargli a mai smettere di cercare un'alternativa, mai credere a una Verità, un padre che l'ha inseguita? Illudendosi di poter sconfiggere l'orrore con altro orrore.

Mi chiedevi come ha fatto la mia vita a finire dove è finita. In quale punto è avvenuto il distacco tra ciò che ero e ciò che sono diventato. Cioè, per chiamare le cose col loro nome, come ho fatto a diventare un assassino, un reprobo. E perché. Anche se in modo travagliato e con fatica – travaglio mio ad affondare il coltello nella piaga e fatica tua ad aiutarmi nello scavo –, un punto potremmo anche trovarlo. Un punto in cui i principi morali sono tracollati. Punto storico ed emotivo, forse assieme e forse no. Sul perché la vicenda si complica. E si finisce probabilmente più indietro. Forse era segnato. Forse era già tutto scritto. E non è una scappatoia.

Di sicuro non sono nato con una stella a cinque punte in bell'evidenza, rossa, sulla pelle. Peraltro, volendo credere nella ripetizione delle vite, se fossi nato al tempo in cui i puritani del New England marcavano le adultere con la lettera scarlatta, mi avrebbero bruciato non appena se ne fossero accorti. La stella a cinque punte inscritta in un cerchio era uno dei simboli chiave dei riti satanici cui si dedicavano «con certezza» tutti quelli che superavano di un millimetro i paletti confinari tra il «bene» e il «male» piantati dai Padri Pellegrini.

Le BR non ci hanno sicuramente mai pensato ma, adottando quel simbolo, hanno segnato il proprio destino. Volevamo salvare il mondo, bontà nostra, e siamo diventati «il male». Un male assoluto. E, come tutti i mali assoluti, di arcana provenienza. Probabilmente per un errore della natura, per partenogenesi. Senza padri.

Le Brigate Rosse hanno ucciso. E già questo è moralmente esecrabile di per sé. Punto e a capo. I nostri conti con la Legge sono saldati. A ognuno restano i conti con la propria coscienza. Ma storicamente e politicamente non credo che la questione sia risolvibile con la stessa semplicità. Anzi il punto d'inizio, e speriamo oggi d'arrivo, può essere proprio questo. Che la storia e la politica non sono giudicabili col metro morale. Perché sempre hanno più alti e inderogabili fini al cui raggiungimento può essere sacrificato il principio morale.

Comunque, sono certo, non sono nato con quel segno sulla carne.

Forse è cominciata quella volta che a tre anni, sentendo mia madre dire che non c'erano uova, ho preso una sedia, mi sono arrampicato per aprire la porta, sono sceso, ho attraversato due strade, mi sono fatto dare dal pollivendolo che mi conosceva le uova, e le ho riportate su. Ti lascio immaginare mia madre quando mi ha visto nella mani il cartoccio di giornali con le uova.

Oppure quella volta che, un po' più grande e per un'irrefrenabile piromania, ho buttato dalla finestra del bagno dei batuffoli imbevuti d'alcool incendiati nel cavedio del palazzo. Solo che nel cavedio c'erano anche i contatori del gas e potevamo saltare tutti per aria. Credi che sia nato bombarolo?

O forse quell'altra che mi sono costruito una fionda e ho bersagliato di rampini le finestre del palazzo di fronte. E, non pago, ho anche infilzato l'ombrello, pioveva, di una donna che era uscita in cortile per capire da dove arrivavano quei proiettili.

No. Non credo. Chissà quanti integerrimi magistrati, o prefetti, dirigenti d'azienda, esimi professori, hanno fatto da bambini più o meno le stesse cose. E altre forse, censurabili verità nascoste, già più grandicelli. Cerchiamo più avanti. Dove sarà forse possibile rintracciare un probabile punto d'abbrivo della mia personale discesa agli Inferi. Mia, e di troppa parte della nostra generazione, se qualcuno oggi ritiene possa essere giunto il momento di tornarci sopra. Senza mai dimenticare che noi, seppure con meritevoli ideali, ma pessima ideologia, abbiamo grandemente sbagliato. Ma altri non sono stati granché da meno. Non è una giustificazione, né un'attenuazione del nostro sbaglio. Le cose si possono separare. A ciascuno il suo.

Ci abbiamo messo sessant'anni per smetterla di campare sul male assoluto del fascismo e arrivare a tirare fuori le magagne della Resistenza. Quanto ci vorrà per arrivare agli anni Settanta? I fatidici novantanove anni?

Il presidente Cossiga, tra i pochi, già anni fa e con successive riprese ha fatto un coraggioso «outing». Chiamando le cose col loro nome: non criminali ma comunisti rivoluzionari i brigatisti. Ed è stato lapidato per delitto di lesa maestà. Di contiguità col terrorismo. Lui, ministro dell'Interno di quegli anni, e scritto col «K». Lui, l'unico in quell'universo di culi di pietra che abbia avuto almeno la decenza di dimettersi dopo l'uccisione di Moro. La fine della Prima Repubblica e la fine delle BR. Anche se poi hanno entrambe continuato a produrre disastri prima di arrendersi all'evidenza. Proprio arrese no. Fosse stato per loro avrebbero continuato a esaurimento. Ci si sono dovuti mettere, ancora per entrambe, polizia, magistrati, camere di sicurezza e chiamate di correo.

Vediamo se oggi i tempi sono più maturi. Perché quel nostro pezzo di generazione che ha affrontato le cose a muso duro, e la cui parte emergente sono stati i seimila inquisiti per banda armata – senza contare le altre migliaia che le armi le hanno usate senza avere bisogno d'una banda armata –, è stata affossata, esecrata e ripudiata. Figli senza padri. E ogni società, prima o poi, deve tornare a fare i conti con i propri scheletri. Affondiamo quindi il coltello nella piaga.

# UN PROVOCATORIO TESTAMENTO

Un punto a caso. Tanto per cominciare da qualche parte rimestando nei ricordi. Era l'inverno del 1964. Avevo quindici anni. Eravamo in quattro o cinque a casa di un'amica in un pomeriggio come altri. Di studiare non se ne parlava neanche. Non per noi almeno. Volevamo sapere, scoprire altro da quello che ci dicevano a scuola. Il latino, *I promessi sposi* e la storia addomesticata del presunto Risorgimento. Non sapevamo bene cosa. Ma sicuramente altro. A un certo punto arriva il fratello più grande, un diciassettenne scavezzacollo, e si mette a chiacchierare con noi. Dopo un po' ci dice che ha un disco da farci sentire. Va nella sua camera, torna con un 45 giri dalla copertina verde, richiude bene dietro di sé la porta – la madre era nella stanza in fondo al corridoio –, tira fuori il disco con fare furbesco e lo mette sul piatto.

Quei suoi due anni in più facevano una certa differenza e noi non sapevamo cosa aspettarci. Era già buio fuori e nella stanza erano accese solo un paio di lampade a stelo. Ci raccogliamo tutti in silenzio nella penombra in attesa che la puntina arrivi sul solco. Poi la canzone inizia e veniamo abbracciati da una voce calda e coinvolgente, quanto sconosciuta.

«Quando la morte mi chiamerà/ forse qualcuno protesterà/

dopo aver letto nel testamento quel che gli lascio in eredità./ Non maleditemi/ non serve a niente/ tanto all'Inferno ci sarò già...»

Ci siamo guardati sorridendo maliziosamente. Uno che cominciava dicendo che sarebbe finito all'Inferno prometteva bene. Eravamo cresciuti in un'epoca in cui ai bambini non si diceva che non gli avrebbero comprato le caramelle se erano cattivi, ma che sarebbero finiti all'Inferno. Un'epoca in cui c'erano solo le parrocchie per andare a giocare a biliardino o a pallone, e se volevi un biglietto per andare al pidocchietto parrocchiale, dove anche in *Quo Vadis* veniva annebbiata la pellicola quando due si baciavano, dovevi fare il chierichetto e suonare i campanellini. Do ut des.

Nella canzone televisiva imperavano Claudio Villa e Gigliola Cinquetti che non aveva l'età, e il massimo della trasgressione era Bobby Solo con la sua lacrima. Le ballerine del sabato sera avevano le gambe coperte dalla calzamaglia e alla conturbante Abbe Lane mettevano un pudico fazzoletto a nascondere la troppo prorompente scollatura. Non sia mai. I censori erano i discendenti di quelli che avevano messo i mutandoni al capolavoro di Michelangelo.

«Ai protettori delle battone lascio un impiego da ragioniere/ perché provetti nel loro mestiere rendano edotta la popolazione/ sopra la rendita di una puttana...»

Oh cavolo! Dopo l'Inferno anche le puttane. E poi ancora con quella donna che per tirare avanti era costretta a vendere santini all'angolo della chiesa. Tutto ciò che non si poteva dire era cantato a chiare lettere, e tutto ciò che era sacro sbeffeggiato da quella voce irriverente.

Era Fabrizio De André col suo *Il testamento*. E noi ci guardammo increduli. Convinti di aver partecipato a una sorta di rito clandestino, proibito. Una cosa che certo non si poteva raccontare ai grandi. Una cosa tutta nostra. Una delle cose che volevamo sentire, sapere. La vita vera e non le solite melensaggini. Quello che c'era dietro la facciata di perbenismo imperante.

## UN PRIMO TASSELLO

Tu hai più o meno la mia età. Anche se quei pochi anni fanno differenza. Io sono nato nell'ultimo degli anni Quaranta, con gli echi dei bombardamenti ancora nella pancia di mia madre, e dal cordone ombelicale non mi arrivavano i sapori delicati che ti sei ciucciato tu, figlio della ripresa, del «benessere» che era alla porte. Benessere. Pensaci un attimo. Si diceva «benessere» perché si veniva dalla fame. Era una cosa concreta. Roba che ti mettevi nello stomaco. Oggi il benessere è avere roba che non ti riempie la pancia però ti riempie la vita, ma non si sa bene se sia questa la felicità. E, a non starci attenti, ci si può ritrovare svuotati l'anima e il cervello. Allora la carne, per i meno sfortunati che potevano permettersela, si mangiava solo la domenica, e la televisione era un sogno foderato di cambiali. Oggi di televisori ne trovi tre o quattro anche in un casolare di campagna e si spende per la carne dei cani molto più di quanto si spendeva allora per la nostra. (Non c'è alcuna nostalgia per quei tempi andati, ovviamente. Questa è la ricchezza che tutto ha cambiato. Ma quello era il mondo da cui venivamo. E occorrerà tenerlo a mente perché qui è la matrice degli avvenimenti e, nel forzato retaggio del passato, degli avvitamenti degli anni Settanta.)

Anche tu ricordi che era l'epoca di Xavier Cugat, la nominata Abbe Lane, Mario Riva, le gemelle Kessler. (Le gemelle «dà-dà-umpa» sono arrivate dopo, non ti confondere. Era roba già un po' più moderna.) Quando c'erano due lire in tasca si comprava un 45 giri: una reliquia, quasi un feticcio da passare di mano in mano. E anche tu fosti folgorato dal genovese De André. Però con *La guerra di Piero* e con *La città vecchia*, i cui testi erano altrettanto potenti di quelli de *Il testamento*.

Siamo lì, e l'epoca era quella. Anche se per un giovane d'oggi può essere difficile capire cosa poteva significare per noi uno di quei 45 giri. Oggi il sesso lo insegnano a scuola, quello che dice la Chiesa sul «proibito» non lo sta a sentire più nessuno, e storie di puttane, omosessuali, droga sono il pane quotidiano dei serial televisivi. Ma allora questa roba era una bomba. De André era all'indice, nessuno si sognava di mandare in onda le sue canzoni. Mina e Corrado Pani erano soggetti al vituperio perché avevano avuto un figlio fuori dal matrimonio, lo stesso per Gianmaria Volonté e Carla Gravina. Peccatori. E non è che questo atteggiamento bacchettone fosse esclusivo appannaggio del mondo cattolico, di quelli che raccontavano ai giovani che la masturbazione faceva diventare ciechi, perché era la stessa cosa anche a sinistra. In quell'altra chiesa che era punto di riferimento per un pezzo consistente della società.

La storia di Togliatti, sposato, e Nilde Jotti era tollerata con imbarazzo solo perché lui era «il Migliore». Ma i comunisti facevano comunque di tutto per contrastarlo e per impedire che altri seguissero il suo esempio. (E non a caso erano poi entrati molto riluttanti nella battaglia contro l'abrogazione del divorzio solo perché i radicali avevano già aperto una strada da cui non potevano tirarsi indietro senza passare per reazionari.) Era una cappa. Una cappa opprimente. E noi a scalpitare. Senza riuscire ad avvertire quello che sotto stava covando. Senza riuscire a riconnettere assieme i segni sparsi e ancora confusi che si andavano manifestando. D'altronde è sempre così. Le svolte epocali vengono sempre ricostruite col senno di poi. Sarebbe una balla affermare che quelli che ancora si lamentavano con re Luigi nei loro *cahiers de doléances* sapessero che di lì a poco sarebbe scoppiata la Rivoluzione francese.

Anche oggi, a ricostruire i passaggi della mia formazione, culturale, sociale o politica che dir si voglia, e della nostra generazione, sarebbe un arbitrio dire «il punto è qui». Questi arbitrii è meglio lasciarli agli storici d'Accademia, e a quelli di partito. Bianco o rosso che sia. Quando lo fanno puoi stare certo che è per costruire una menzogna utile alla causa del momento. È come un gioco di prestigio. Fissare l'attenzione su un punto focale per nascondere l'imbroglio. Nelle vicende della vita, non in quelle riscritte a tavolino, ogni punto è preceduto da altri che l'hanno preparato, reso possibile, a sua volta preparatorio di altri ancora. Il tutto in un groviglio difficile da districare, a meno che non si decida di dare un taglio arbitrario e rimettere in fila tutti i nodi. Al di là delle balle sulla linearità e progressività della storia, ci dice Prigogine, e non è certo un hooligan, che è dal caos che nasce l'ordine. Per poi tornare caos e di nuovo ordine. All'infinito. E se quei punti ti metti a inseguirli a ritroso non sai dove puoi andare a finire.

Però posso dire ora, parlando con te, e domani potremmo arrivare altrove, che quello è stato probabilmente un punto. *Il testamento* di De André è stato un tassello. Allora non pienamente avvertito, ma che poi si è andato a ricongiungere ad altri per formare il sostrato del nostro sentire, del nostro essere «contro».

E quell'assorbimento si portava appresso una rabbia indistinta. Perché più sentivamo «la differenza» e più ci sembrava che fosse minoritaria, schiacciata, impotente. Non dimenticare che, oltre a tutto il resto, in quei tempi i fascisti compivano i loro raid a piazza di Spagna per sforbiciare le chiome dei «capelloni».

# MASTERS OF WAR

In quell'anno, il '64, aveva aperto a Roma il Piper: mille lire per sentire Equipe '84 e Rokes e bere una bibita. C'andavo con la mia ragazzetta. Per ballare, pomiciare, vedere altri. E sotto sentivamo *Auschwitz* e *Ma che colpa abbiamo noi*. L'insofferenza nostrana e quella importata dall'Inghilterra. Non è che stessi lì bloccato a sentire loro che cantavano. Però quelle parole entravano comunque, in sottofondo, ad aggiungersi. A riempire nella spensieratezza un vuoto, uno spaesamento, con una identità comune, condivisa. Confusa, certo, in parte già furbescamente commercializzata nella nuova nicchia di mercato dei giovani. Perché il vento stava cambiando. E, come cantava Dylan, anche se noi non lo avvertivamo ancora a pieno, «non serve un meteorologo per capire da che parte tira il vento».

Ma i discorsi «politici» erano ancora lontani mille miglia. La politica non era minimamente all'ordine del giorno in quegli anni, tanto più per i giovani. Non era assolutamente sollecitata. I giovani dovevano studiare d'inverno e scaricarsi d'estate ballando le canzoni di Edoardo Vianello. (Allegrissime e «moderne», peraltro.) Potevano fare il ballo della mattonella, senza indecenti smucinamenti, e se proprio volevano fare qualcosa di più potevano andare nei boy scout. La politica era roba per gente vestita di scuro e con le facce gravi. Tutta la società era tenuta buona con i barbiturici del perbenismo e dell'etica del lavoro.

Noi assorbivamo, con quella confusa consapevolezza. Quelle parole che venivano dall'altra parte dell'Atlantico erano più aspre, e pur respirandole ci arrivavano un po' attutite. Noi non avevamo ricevuto e bruciato le cartoline precetto per andare a combattere in Vietnam. Quella guerra era ancora fuori dalla portata del nostro sguardo. Ma per i giovani americani significava andare a morire per lo Zio Sam e per la Coca-Cola. Erano parole rabbiose e feroci, che si incastravano con quelle di De André ferocemente irrisorie. Prendi *Masters of war*, per dirne una. «*And I'll stand on your grave till I'm sure that you are dead.*» Definitiva. Senza spazio alcuno per un possibile dialogo. Per presentare un *cahier de doléance*. «Starò sulla vostra tomba fino a che sarò sicuro che siete morti.» Siete assassini, Signori della Guerra, nemici dell'umanità. Meglio essere certi che non possiate riuscire fuori.

Tu credi sia un caso che l'unico gruppo «terroristico» nato dalle costole del movimento studentesco americano abbia preso il nome *Weathermen* dalla canzone di Dylan sul vento e i meteorologi? Io credo proprio di no. Tutt'altra cosa dai nomi arcaici che noi abbiamo dato alle nostre organizzazioni armate. I nomi sono le cose. Beati loro, Hoover e la sua FBI avevano spazzato via dall'America ogni retaggio di marxismo leninismo, che a noi ha rovinato la vita. Da invidiarli. Come diceva Sordi: «Dovevo nasce' a Kansas City».

# BOMBE AL PENTAGONO

Vuoi mettere piazzare una bomba al Pentagono, come fecero i Weathermen, con una piazzata alla SIP, come ho fatto io? A conti fatti, utopia per utopia, errore per errore, galera per galera, avrei preferito metterla lì. Libero dai lacci dell'ideologia che ingabbia e frena. Estremo per estremo. Checché se ne sia detto, e se ne continui a dire, noi non siamo stati granché estremisti.

La borghesia è stata estremista, quando ha dovuto spazzare via il Vecchio Regime. I contadini sono stati estremisti nelle loro rivolte senza speranza. E lo è stata la piccola borghesia col fascismo. In Russia gli estremisti non erano i leninisti bolscevichi ma i Socialisti Rivoluzionari, populisti rivolti al mondo contadino. Dal 1905 al 1917 i loro omicidi erano venti a uno contro quelli dei bolscevichi. A dire poco. Ammazzavano chiunque, dai ministri dello Zar ai controllori dei treni. Questo almeno nella fase rivoluzionaria. Perché dopo i bolscevichi non hanno più esercitato la Rivoluzione ma il Potere comunista. Che è altra cosa e ha assai più cruento terrorismo.

Noi non siamo stati fino in fondo terroristi, come a volte anche noi abbiamo riconosciuto, forse per accettazione della colpa. Perché la nostra azione era comunque strettamente vincolata alla politica. Sviluppata apertamente sullo stesso terreno, con tanto di rivendicazioni, e dagli stessi uomini. Altra cosa il terrorismo del Sovrano. Usato nascostamente e da uomini separati dalla politica. Lì, proprio per questo, perché separato e di certo non rivendicato, più facile lo svincolo dai freni, più facile valicare il limite della ferocia indiscriminata.

Il terrorismo l'ha inventato il Sovrano per annientare chi poteva minacciare il suo potere. E poi, anche dopo che Machiavelli diede le sue regole di Buon Governo, ritenendo il terrorismo poco acconcio, il Principe ha continuato a usarlo, non dandolo per inteso. E, dato che lo strumento terroristico c'era, è stato usato anche da chi, al Principe, gli andava contro.

È esecrabile, tutto il terrorismo. Ed esecrato, non tutto. Perché anche qui dipende poi dagli esiti. La connotazione negativa rimane se chi è andato contro il Principe ha perso. Perché se ha vinto è tutto un altro paio di maniche. I casi sono infiniti. Da Stalin, che negli anni dopo il 1905 faceva il terrorista e rapinava banche, e poi è stato tra i Tre Grandi che hanno deciso le sorti del mondo, ai nostri partigiani, che nelle valli di montagna facevano guerriglia contro tedeschi e fascisti, ma nelle città facevano altro con i GAP. Bombe, come quella di via Rasella, e omicidi (proseguiti, tra l'altro, anche a guerra finita). Terrorismo. E quale è la parte «giusta», e quindi il «giusto» terrorismo?

(Guardando su un dizionario il più delle volte trovi la definizione di terrorismo mutila. Compare solo quello contro il Principe. Del terrorismo di Stato non c'è che scarsa e confusa traccia. Se non quello dei regimi dittatoriali. Nulla su quello del Principe che ha vestito panni democratici. Se poi in quel dizionario ci ha messo le mani qualcuno di «sinistra», trovi il terrorismo stragista di destra assieme al nostro, tutti e due ammucchiati sotto la parola magica «destabilizzazione». Rivoluzione no. Lì diventa più difficile mischiare le carte. Il principio è quello di Mark Twain: «Per prima cosa dovete avere ben chiari i fatti; così potrete distorcerli come vi pare».

Però, strannamente, se prendi un dizionario precedente agli

*La peggio gioventù*

anni Settanta, lì il terrorismo ce lo trovi tutto, indistinto. Di Stato e contro lo Stato.)

C'è un caso esemplificativo per l'eclatante rovesciamento di segno, quello di Menahem Begin. È stato primo ministro israeliano negli anni Settanta ma prima della creazione dello Stato di Israele nel '48 era anche stato capo dell'Irgun. Un feroce gruppo terroristico che, tramite l'affiliata Banda Stern, ha assassinato nel '44 Lord Moyne, ministro inglese per il Medio Oriente, e nel '48 il mediatore dell'ONU Bernadotte. Ma che ha compiuto la sua azione più eclatante nel 1946 con l'attentato all'Hotel King David di Gerusalemme, nei cui ultimi piani aveva sede l'amministrazione britannica con mandato ONU sulla Palestina. Novantuno morti. Inglesi anche ma, in maggioranza, arabi ed ebrei che lì si trovavano o lavoravano. Quelli dell'Irgun su cui gli inglesi riuscirono a mettere le mani furono impiccati, ma lui si salvò. (L'Irgun, ovviamente fuorilegge, era condannata dagli stessi portavoce della comunità ebraica.) Da primo ministro, con gli accordi di Camp David del 1979, pose fine allo stato di guerra con l'Egitto. E per questo fu insignito del Premio Nobel per la pace. Il Nobel a un ex terrorista con qualche centinaio di morti all'attivo. E poi, dopo, con la solenne pergamena incorniciata nel suo studio, Begin è stato complice del massacro di 1500 palestinesi nel campo libanese di Sabra e Chatila nel 1982.

E lo stesso Nobel per la pace è stato poi concesso nel 1994 a Yasser Arafat, il capo dell'altro popolo senza patria su quella stessa terra. Il quale, per dare al suo popolo quella patria, non si è mai fatto scrupolo di usare il terrorismo, al pari di Begin.

Dipende. Alla fine dipende.

Qui in Italia abbiamo poi un esempio dell'andirivieni del segno positivo e negativo. Quello di Francesco Moranino, il probabile assassino di Claretta Petacci e uccisore di Mussolini, comandante partigiano in Piemonte col nome di «Gemisto». Eroico comandante della Resistenza (positivo), finché la corte d'assise di Firenze non lo condannò all'ergastolo nel 1956 (negativo). Una persecuzione politica si gridò a gran voce dalle fila del PCI. Moranino, già deputato, non si consegnò alle autorità quando la Camera concesse l'autorizzazione all'arresto e riparò in Cecoslovacchia tramite la rete clandestina del Partito.

Il 26 novembre 1944 la formazione da lui guidata nel vercellese doveva scortare in Svizzera cinque partigiani, non comunisti, della «missione Strassera». Dal nome del suo comandante Emanuele Strassera, agente del Regno del Sud sbarcato pochi mesi prima in Liguria da un sommergibile USA.

I cinque non arrivarono mai in Svizzera perché Moranino li uccise strada facendo. Spie e traditori, disse poi. Come tutti quelli «venuti dal Sud» cui i partigiani comunisti erano fermamente ostili. Ma le mogli di due di quei partigiani cominciarono ad agitarsi e così, il 9 gennaio del 1945, per coprire i precedenti omicidi uccise anche loro. Cercando poi di far ricadere la colpa sui fascisti.

Dalla Cecoslovacchia Moranino pretendeva fosse riconosciuta la legittimità come atti di guerra delle sue azioni durante la Resistenza. Vi rimase finché Giuseppe Saragat venne eletto nel 1964 presidente della Repubblica, anche coi voti del PCI, e ne ebbe da lui la grazia (cancellazione del negativo). Fu poi rieletto deputato per il suo partito nel 1968 (di nuovo positivo).

(Dici che questo parlare del terrorismo di Stato può apparire giustificatorio e, al contempo, monco. Giustificatorio perché potrebbe sembrare che quel terrorismo venga addotto a causa, o appunto giustificazione, del nostro. E monco perché detto così – soprattutto per chi niente ne sa – potrebbe sembrare affermazione viziata dalla politica. Le solite accuse prive di fondamento.

Proviamo a sgombrare il campo dal primo equivoco. Il terrorismo di Stato, o meglio il terrorismo degli Stati del fronte occidentale, è certamente rientrato nel nostro bagaglio di accumulo dell'odio, ma era una controprova a latere, non certo la causa del processo rivoluzionario. Noi avremmo comunque seguito la nostra strada. Ed era una strada di per sé violenta. Quello su cui può avere in parte influito sono i modi di quella violenza. Ma non sarei tanto sicuro neanche di questo.

Questi erano più determinati, oltreché dalle nostre scelte, dalla particolare anomalia della situazione italiana. Dalla violenza storica dello scontro sociale. Che, a sua volta, non poco ha influito sulle nostre scelte.

E se nulla ho detto del terrorismo di Stato era proprio per evitare che, entrando nel merito, si potesse consolidare l'impressione di una ricerca di giustificazioni. Ma, chiarito l'equivoco, e per chi nulla ne sa, se ne può dare un qualche esempio. Ribadendo che siamo ancora in un discorso generale sul terrorismo, sul suo segno, non in quello che in Italia è avvenuto.

All'inizio degli anni Settanta la CIA è stata messa sotto processo da commissioni del Congresso americano per le sue attività illegali. Quelli che in gergo erano gli «affari sporchi» tra cui rientrava l'eliminazione di nemici «politici» degli Stati Uniti. Cioè omicidio politico, cioè terrorismo. Attività che avevano comunque il beneplacito dell'amministrazione politica. Come i molteplici tentativi di assassinare Fidel Castro appoggiati da Kennedy. Molti altri tentativi erano riusciti, come quello – per dirne solo uno – del premier congolese, comunista, Patrice Lumumba, ucciso in Congo nel 1961 su espresso mandato del presidente Eisenhower. La CIA, dopo la strigliata delle commissioni del Congresso, si dovette dare una calmata. Ma non troppo.

Guardiamo al Medio Oriente. Lì c'è una guerra da sessant'anni in cui il terrorismo è strumento principe delle due parti in lotta. Ma una delle due è uno Stato sovrano, e democratico. Quindi il suo è terrorismo di Stato. E non poco di quanto avviene lì influenza, in peggio, le vicende mondiali. Quando un ministro di Stato afferma che l'eliminazione fisica del capo della parte avversa, Arafat, può essere contemplata come possibile, i controeffetti non sono certo positivi. Però lì c'è una guerra feroce e gli atti terroristici di Stato possono confondersi nel raccapriccio per l'orrore.

I palestinesi hanno insanguinato col loro terrorismo quasi tutte le nazioni europee. Però uno Stato non lo avevano, e non ce l'hanno. Gli israeliani, che uno Stato ce l'hanno da tempo, non si sono tirati indietro, praticando in infiniti casi l'eliminazione diretta di capi palestinesi.

Nel 1988 sono arrivati fino in Tunisia per ammazzare davanti agli occhi della moglie e dei figli Abu Jihad, vice di Arafat. Difficile prenderla per un'azione di guerra. Tantopiù che già dai primi anni Settanta avevano sguinzagliato agenti in tutta l'Europa a uccidere i rappresentanti dell'OLP. Fino a che nel 1973 sei agenti del Mossad vennero arrestati, e condannati, in Norvegia dopo che avevano ucciso un cameriere marocchino scambiandolo per uno dei capi del gruppo terroristico palestinese Settembre Nero.

Uno dei motivi che rendono «minori» questi atti terroristici è che uno Stato li usa a latere della propria complessiva attività. Costituiscono una risorsa tra le tante a disposizione. E poi uno Stato è uno Stato. Ha diversa natura giuridica rispetto a un gruppo terroristico, o a un movimento di liberazione anche terroristico. Che non ne hanno affatto una. Chi uno Stato lo ha combattuto non è che abbia avuto molte scelte. Ricordi, nei primi anni Sessanta, la fulminante risposta di Ben M'Hidi, capo dell'FLN ad Algeri, presentato incatenato e malmenato ai giornalisti e cui il generale francese Massu urlò: «Sei un terrorista, vergognati di mandare le donne con i cestini a piazzare bombe fra la gente»? E lui, con voce calma: «*Donnez-nous vos bombardiers et nous vous donnons nos couffins*». Dateci i vostri bombardieri e noi vi daremo i nostri cestini. E Massu, di lì a poco, ridata da De Gaulle l'Algeria agli algerini, sarebbe stato assai contiguo ai militari ribelli dell'OAS che anch'essi mettevano «bombe tra la gente».

E, parlando dei francesi, nel 1985 misero una bomba sulla nave dei pacifisti di Greenpeace, Rainbow Warrior, ancorata a Auckland in Nuova Zelanda. Un fotografo che era a bordo morì. E Greenpeace non era lì per un qualche atto di guerra ma per protestare contro gli esperimenti nucleari francesi nel Pacifico. Anche in quel caso i due agenti francesi, un uomo e una donna, vennero arrestati. Il governo francese disse, naturalmente, che non ne sapeva niente e l'ammiraglio Lacoste, capo del servizio segreto che lì li aveva mandati, dovette dimettersi. Ovvio che se non li avessero scoperti nulla sarebbe successo.)

Noi delle BR non siamo stati granché terroristi, forse più ragionieri della violenza rivoluzionaria. O sacerdoti. Azioni inanellate l'una all'altra in un crescendo pedagogico, un catechismo rivoluzionario. E quegli idioti volantini figli della boria illuminista. Come se il gesto da solo fosse monco e avesse bisogno delle parole per acquisire un significato. «Educare le masse» era un principio basilare. Rimasugli ottocenteschi più che un assalto al cielo. Come scegliere di andare a vivere avventurosamente nella foresta amazzonica e portarsi appresso un manualetto sulla vita selvaggia.

(Mentre l'estremismo terroristico punta su un singolo atto – o di volta in volta un singolo atto – che può essere risolutivo, per l'intensità degli effetti distruttivi e politici. Come per i congiurati che con Guy Fawkes tentarono di far saltare tutto il Parlamento inglese compreso re Giacomo. O, per avvicinarsi nei tempi, il Bin Laden che con i suoi commando suicidi ha buttato giù le Torri Gemelle con tutti quelli che c'erano dentro. Oppure, per avvicinarci nei luoghi, gli stragisti bombaroli nostrani che hanno ammazzato gente a grappoli.)

Noi abbiamo fatto politica con le pistole, quelle che i politici facevano usare ad altri. In divisa o senza. Ma sempre la stessa politica. Programmi altisonanti corredati della necessaria violenza, sociale e sugli uomini, per farli passare. Strategie e tattiche. Un passo appresso all'altro, o due passi indietro e uno avanti, per costruire castelli di carte. La differenza era che noi facevamo tutte e due le cose assieme. E, visto che per terroristi siamo comunque passati alla storia, tanto valeva allora andare fino in fondo. Male per male, errore per errore, consumare il mito fino alle estreme conseguenze. E morirne. Gli ultimi rivoluzionari del XX secolo. Era l'ultima occasione. Poi le cose sono cambiate. Il mito rivoluzionario è crollato. E con questo tanti altri miti.

# LA ZUCCA SUL PISELLO

Hai fatto caso che quando oggi parli di un tuo sintomo ai medici, gli stessi che prima ti guardavano dall'alto in basso sciorinando tutta la loro sicumera «scientifica», ti guardano interdetti balbettando una serie di «potrebbe, ma potrebbe anche, dipende»? E ti dicono apertamente ciò che prima era una bestemmia: la medicina non è una scienza perfetta. È un accumulo di casistica. Oggi tutto è in dubbio. Ma non per un improvviso ravvedimento.

I filosofi della scienza ci si sono lambiccati il cervello per tenere su la baracca, ma era evidente già trent'anni fa che la scienza non può vantare alcun primato su dissimili forme di pensiero e sulle tradizioni culturali (come l'astrologia, per dirne una). Perché è anch'essa una tradizione culturale. Quella della comunità scientifica. La scienza è empirismo con procedure che appaiono altamente razionalizzate ma sono per lo più casuali. Il suo sapere non è oggettivo e immodificabile, ogni nuova legge contraddice le precedenti. E se si confrontano tra loro le leggi di un singolo campo si scopre che sono in aperto contrasto tra loro. Allargando lo sguardo ogni scienziato non può che limitarsi a esprimere le proprie opinioni. Nulla più. Opinioni.

Newton, bontà sua, era anche un alchimista, e Copernico

un richiestissimo astrologo. In fisica «scoprono» particelle che determinano la discontinuità dell'energia ma che sono «non scientifiche». Non si vedono, non si misurano, non si pesano. Cioè, secondo i dettami scientifici architettati per far fuori le altre tradizioni di conoscenza, non esistono. Tanto quanto gli spiriti e le percezioni extra sensoriali. Si deduce che esistano, si deduce. Perché gli strumenti che dovrebbero misurarle sono «influenzati» da ciò che misurano. L'occhio soggettivo, e quello che gli sta dietro nel cervello, interagiscono con l'oggetto che dovrebbero studiare. Lo percepisce a modo suo. Secondo la sua «cultura». Poco più delle credenze tribali dei «primitivi» della Nuova Guinea. Dette in giacca e cravatta anziché nudi con un cono di zucca sul pisello.

Ora non servono più, ma le certezze hanno funzionato nel lungo tempo dell'ordine, della stabilità. Erano servite ma ricalcavano, e supportavano, una società statica e rigida, dai consumi poco veloci. Oggi l'enorme potenza produttiva ha spinto il mercato a essere molto più veloce. Oggi il dubbio, l'incertezza data dal venire meno di stabili punti di riferimento, accelerano i consumi per riempire il vuoto. Consumi virtuali. Non appena hai posseduto una cosa devi già desiderarne altre dieci, senza neanche avere il tempo materiale di godere della precedente, che così diventa virtuale. Tutto è effimero. E non è detto che sia un male. La velocità di quello che gira intorno può lasciare imbambolati, ma può anche fare arrivare prima per le mani qualcosa che cambia la vita. A saperla riconoscere.

Però quell'enorme potenza produttiva creando ricchezza ha liberato tempo. E la disponibilità di ricchezza e di tempo potrebbe indurre anche i consumatori a «pensare». A scoprire che il loro appagamento individuale può passare per altro dall'ingordigia di consumo. A scoprire che è superabile la paura di ritrovarsi soli, non più accorpati a nulla e con una conoscenza genericamente polivalente, non più rigida e specifica. L'accorpamento sociale e la conoscenza specifica davano sicurezza, ma la loro assenza può dare una maggiore, anche se avventurosa, libertà di scelta, di invenzione. Sicurezza contro avventurosa esplorazione potrebbe essere un equo scambio.

E così la politica, spaventata assai da quelle possibilità, cerca di metterci il suo coperchio. Magari trovando una minaccia in grado di riaccorpare gli individui attorno alle sue entità astratte. Lo Stato, la Nazione, i Valori dell'Occidente. E tanto meglio se la paura è dietro la porta di casa. La paura ricrea un ordine, una centralità, apparente ma vincolante, sulle troppe opportunità eccentriche offerte dalla liberatoria assenza d'ordine.

La politica è morta. Va ormai contro il senso delle cose. Non serve più a gestire lo sviluppo ma a frenarlo. Riproponendo obsolete certezze e antiche paure. Riproponendo, ancora, l'arcaico strumento della guerra al fine di distruggere ricchezza e ricrearla nel circuito vizioso dell'Occidente capitalistico. Ma potrebbe inventarsi di peggio per contenere l'ebollizione della pentola. Per tenere bloccata qui da noi la ricchezza, per evitare la contagiosità del superamento dei timori in direzione di nuove scoperte sociali. E per far sopravvivere la sua inutilità.

Praticamente la politica celebra ogni giorno, col supporto di stampa e televisione, dei sabba satanici, dei riti vudu attorno al proprio cadavere. Ti ricordi Breznev che assisteva già come imbalsamato alle sfilate sulla piazza Rossa? Un simulacro.

Cosa dici? La stessa cosa che abbiamo fatto noi attorno al cadavere del marxismo-leninismo? Mi rovesci il coltello contro. Ma è così. Con l'aggravante però che noi volevamo portare la vita e abbiamo portato la morte. Anche loro portano la morte però, almeno, sanno di non essere vivi. Sopravvivono a se stessi.

# IL CADAVERE DELLA RIVOLUZIONE

OGGI, GRAZIE AL CIELO, ANCHE SE ALCUNI alitano ancora commossi per riportarne in vita il cadavere, quella rivoluzione è defunta. E, per fortuna, sembra che gran parte di ciò che è contro, alternativo, stia andando per altre strade. Alla ricerca di un'identità altrove dalla politica, dai suoi rigidi schemi. Quella rivoluzione era un giro completo. E quando l'hai finito torni al punto di partenza. Hai solo accelerato il moto. Ma il moto di cosa? Noi, qui, siamo alle soglie del pieno apogeo dell'era della Tecnica e delle macchine. Le masse non vanno liberate né dalla fame né dal giogo. Non c'è più un Vecchio Regime da scalzare. Né un liberatorio progresso da affermare. E per quanto puoi rivoltare la coperta, finito il giro, sempre lì ritorni. Ma al dopo di quel prima ci siamo già arrivati. Che c'è oltre l'apogeo della Tecnica? Forse qualcuno lo sta già preparando. Un nuovo, ultramoderno e ultra-tecnologico Medioevo? È probabile. Vista la disinvolta barbarie del presente. Per non arrivarci bisognerebbe trovare un presente alternativo.

Non voglio sentenziare su questo, perché non ne ho gli strumenti e perché già ci sono in giro troppi signori del '68 che pontificano e partecipano a cose cui decenza, e salvaguardia del nuovo, imporrebbero per me che ne stessero mille miglia lontani. Credo però possa essere utile una critica del passato per arrivare a una definitiva sepoltura dei suoi errori. E qui, ovviamente, altri dovrebbero partecipare e qualcuno, come Dylan sulla tomba dei «Signori della guerra», dovrebbe restare di guardia per essere sicuro che quegli errori non ritornino più fuori.

Quel comunismo, quello di derivazione leninista-stalinista, non può che essere definitivamente sepolto. Ne rimangono qua e là dei rimasugli, ma presto, mi auguro, finiranno anch'essi sottoterra. Quel comunismo, collettivizzando i mezzi di produzione collettivizzava anche gli uomini, ne bloccava lo sviluppo individuale in funzione dello sviluppo collettivo per l'affrancamento dal bisogno. Già trent'anni fa questo sacrificio andava contro il senso delle cose. Già la potenza produttiva capitalistica aveva liberato le masse dal bisogno, e già avrebbe potuto consentire un pieno dispiegamento delle potenzialità individuali. (Dicevamo noi di Potere Operaio, e non era per celia, che il comunismo l'aveva già realizzato il capitale. Si trattava solo di appiccicarci la giusta targhetta.) Di comunismi ce ne sono stati altri prima; da sempre si è rincorso questo vagheggiato miraggio. Altri ancora se ne potranno scoprire.

Fondati sull'oggi e non su un immaginario futuro. La tensione al futuro, l'incapacità di leggere l'oggi è quello che ha fregato gran parte di noi. Il nuovo sarebbe venuto «dopo». E qui è un'altra tragedia ideologica. Se il nuovo sarebbe venuto «dopo» – il mondo giusto, la fine della sopraffazione, il sacrosanto rispetto della vita, ecc. ecc. –, nel «prima» era lecito usare qualsiasi mezzo.

Pochi non si sono bruciati nel corto circuito. Forse ce ne sono stati altri, ma io ne ricordo uno. Franco Piperno, il nostro capo in Potere Operaio, quando tre nostri militanti, per loro conto e senza che noi ne sapessimo niente, ebbero la bella pensata di dar fuoco a una tanica di benzina fuori della porta di casa del segretario missino di Primavalle. Ne morirono bruciati un ragazzo e un bambino. Un orrore. Ma loro negavano. E noi dovevamo sapere. Era il 1973 ed ero il responsabile del Lavoro Illegale: dissi a Piperno di lasciarmi da solo con loro per qualche minuto. Li avrei fatti a fettine ma volevo solo minacciarli. Lui mi disse testuale: «Non possiamo usare oggi mezzi che non useremmo domani».

L'oggi, solo l'oggi. Quel futuro è già qui. Deve solo diventare il presente.

(Magari, se proprio qualcuno andasse in cerca di radici, può buttare a mare *Il Capitale*, il *Manifesto del partito comunista* e il *Che fare?* di Lenin, e riprendere in mano quel quaderno di geniali appunti a futura memoria di Marx che ha preso il nome di *Grundrisse*. Là troverà quello che era già vero ieri e lo è tanto più oggi. Il punto in cui l'accumulo portentoso dell'intelletto generale, del sapere sociale, nella capacità produttiva delle macchine, potrà consentire a ogni individuo il proprio libero sviluppo.

Di tutti gli altri testi sacri, senza rimpianto alcuno, se ne può fare tranquillamente a meno. Ci provai già allora, ciclostilando quel frammento assieme ad altri due compagni per distribuirlo in giro come vademecum. Era il 1970. Poi qualcosa deve essere successo che ha messo in corto circuito pensiero e azione. Forse ci arriveremo.)

Credo, dal mio punto di lontana astrattezza, e solo per dirti dei vecchi errori che sarebbe meglio evitare, che il nodo sarebbe proseguire sulla tangente già spontaneamente intrapresa, evitando di ricadere in un un'altra orbita rivoluzionaria. Quella tangente può portare altrove. Il poi? Non sta a me. Non sta a nessuno di noi. Ma ai giovani che hanno già intrapreso il viaggio. Fuorviante stabilire una meta. Sono luoghi dove mai nessuno si è avventurato. E non esistono mappe che indichino la rotta, le secche e gli scogli. Si potrebbe dire che si va verso le Indie, e scoprire poi una terra sconosciuta. Le maggiori scoperte sono avvenute per caso. Mentre altro si cercava.

Però posso dire che uno scoglio sarebbe meglio aggirarlo. La violenza andrebbe espunta definitivamente come principio programmatico. Costa molto, a chi la pratica e a chi la subisce, e la sua efficacia è inversamente proporzionale ai suoi costi. È già così. Sembra e me lo auguro. Ma quella mala pianta ha radici profonde. Potrebbe bastare dell'altro sangue versato impunemente per rinvigorirla. E le armi per versarlo sono pronte da tempo. Aspettano solo l'errore di presentare di nuovo il bersaglio.

Tutta la violenza? Un percorso del tutto pacifico? No. Parlo della violenza programmatica, ideologica, non della violenza in sé. Questa fa parte delle tensioni della nostra vita. Per quanto ci siamo imbellettati di fuori e di dentro veniamo dalle scimmie, non dalla mano misericordiosa di Dio. L'eliminazione della violenza è il panegirico di quelli che vogliono continuare a esercitarla impunemente, o il sogno di anime pie.

Questo mondo si porta appresso ancora più contraddizioni di quello di prima. Non di crescita ma di direzione. Mi pare naturale che possa venire voglia di spaccare tutto. È sempre stato così. Inutile strillare. Fa molti più danni un qualsiasi nubifragio o un esodo pasquale. Il pericolo evitabile è che quella violenza venga fatta travalicare in programma politico.

La nostra violenza programmatica, ancella della Rivoluzione, si è portata appresso la sua stessa trappola. È stato il passaggio in cui si è dispersa la forza nell'illusione di manifestarla. E credo sia sempre il passaggio dove sei atteso al varco per bloccarti in un vicolo senza uscita. Posso dirti per certo che prendendo quella strada si arriva a rinnegare ciò per cui la si era intrapresa. E non si è più in grado di costruire e scoprire ma solo contrastare. Quando si combatte sul terreno del nemico si è già sulla difensiva, anche se si crede di attaccare.

La violenza programmatica, quella che pretende di essere di per sé rivoluzione, indipendentemente dalla capacità di costruire un'alternativa nel presente, è una barricata. È il segno che non si è riusciti a passare dove si doveva passare. E quando la lotta si riduce attorno a una barricata, insegnavano i classici, si è al preludio della sconfitta. Mentre posso pensare che «i potenti», che temono la costruzione di una forza alternativa, si freghino le mani quando ricaschi nella loro orbita e gli agiti sotto il naso la tua pistoletta.

# UN PUGNO IN TASCA

Ci siamo ripersi. Dici che siamo finiti dai «Signori della guerra» di Dylan ai «Discepoli della non violenza» di uno sperato futuro. Mi stai prendendo in giro. Fa' pure. Stiamo qui conversando, e scavando. E se salta fuori il teschio di Yorik sarà consentita anche a noi una digressione. Finché non ci levano la pala.

Vorresti tornare alla «potenza» accumulata in quegli anni di incubazione. Oltre la musica c'era il cinema. Certo. Abbuffate di cinema. E anche quello, vicino all'arte, a un sentire della carne più che del cervello, era partito prima della politica. Ci avevano messo mano da principio quelli che erano riusciti a rialzare la testa dopo il maccartismo, Losey e gli altri, e poi una nuova generazione. Dall'America e dall'Inghilterra. Noi in Italia ci avevamo messo il nostro. Con la commedia graffiante o il dramma a tinte forti. Altalenanti tra la rivisitazione del passato, metti *La ciociara* o *Tutti a casa*, e un occhio alle angosce del presente. Il vuoto di motivazioni della borghesia con Antonioni e il pieno del dramma proletario col Visconti di *Rocco e i suoi fratelli*. E accanto a tutti, ma per suo conto, la provocatorietà visionaria di Fellini.

Tutti visti e tutti assorbiti. A rinforzare, giù nei meandri dello stomaco, più che ancora nella linearità della coscienza, la sensazione di disagio per la nostra insicura collocazione nel mondo.

Ma fu una novità la forza disperata del *Gioventù, amore e rabbia* di Richardson. Che aveva mantenuto in origine il suo titolo letterario, *La solitudine del maratoneta*, ma la «rabbia» era più in tono col vento che qualcuno aveva già intuito stava cambiando. E poi c'era dietro il suo precedente *Ricorda con rabbia*, dal testo teatrale di Osborne. Nessuno c'era arrivato qui da noi finché Bellocchio non partorì il suo film.

Le immagini sono altra cosa dalle parole. Si imprimono nella retina e vanno dritte al cervello. Non fanno il giro tortuoso delle parole e della musica. E più sono forti più sconquassano l'almanacco in cui avevi conservato le precedenti.

Le immagini de *I pugni in tasca* furono infatti una botta secca. L'uccisione della madre, la bandiera nazionale bruciata, un vortice iconoclasta. L'avevo visto con la mia ragazzetta, la stessa del Piper, al cinema Roxy, e ho ancora dentro spezzoni di quelle immagini, e il disagio. E se ricordo quelle immagini, il cinema e con chi ero, e posso anche dirti che era un giorno nuvoloso di mezzo inverno, vuol dire che quello sconquasso l'hanno fatto. Altro accumulo. Nella vaghezza del ricordo non mi pare di aver parteggiato per l'epilettico Lou Castel. Sarebbe stato troppo. Non sono mica nato assassino. Forse ho assistito a quella tragedia da *Caduta della casa Usher* con un senso dell'inevitabile, dell'atto finale. Il che potrebbe ribadire che era un buon film. Era nei film western, e in tutte le varianti travestite del genere, che tiravano a farti parteggiare per l'eroe di turno. La novità del cinema americano e inglese di quegli anni era che non c'erano più eroi. Solo umanità immiserita e dolore. E rivolta cieca. Senza scampo. Come il giovane Colin Smith di *Gioventù, amore e rabbia*. Un «antieroe» che negli ultimi metri decide di non vincere la gara che può riscattarlo. Perché vincendo avrebbe perso comunque. La propria identità di sconfitto, di reietto. E tradito tutti i propri compagni di riformatorio che non avevano nelle gambe e nei polmoni la sua stessa lena.

Bellocchio affossava nel suo film l'istituzione-famiglia,

centrale nello schema di controllo della società di allora. Oggi la famiglia è finita in pezzi da sola anche perché, di fatto, ogni individuo è integrato nel mercato, nel consumo di merci, dalla nascita alla morte. E i consumi dei singoli componenti «scoppiati» sono maggiori di quelli dell'unità familiare. Un possibile risultato è che la famiglia, che già non era più certo quella dei tempi di quel film, riesce difficilmente a essere un momento di coesione, di scambio. Idee, sentimenti, emozioni. Tutti per proprio conto. E il mercato a fornire a ognuno il necessario per credersi (o essere?) autonomo.

Il mercato si riappropria sempre a propri fini delle pulsioni della società. Tutto fagocita e mercifica. Da mezzo è diventato fine. Ma siamo noi a scegliere. La corrente è forte, difficile riguadagnare la riva per vedere dove quel fiume sta portando. Ma non si può sbarrarlo né smettere di navigarlo. Magari costruirsi una barca più robusta per tenerne a bada la corrente.

Il mercato è ingordo e pervasivo – la gelatina rossa che tutto fagocitava di quel film di fantascienza degli anni Cinquanta. Non accetta ci siano zone franche alla sua totalizzante espansione. Deve arrivare ovunque. Tutto ingloba, tutto mastica e risputa, cercando inarrestabile nuovi spazi di vita da conquistare. La nostra. (Ma forse anche liberare, dipende.) Si comporta come un partito politico appena giunto al governo che, quando ha piazzato i suoi uomini in tutti i centri di potere, deve poi arrivare anche all'Associazione di tutela dell'asinello sardegnolo. Ma di nuovo: con chi te la prendi? Col mercato? Ci va bene per quello che ci fa comodo. È una nostra creatura. Può essere pericolosa ma è nostra. Nel momento in cui massima può essere la possibilità di scelta, tende a spingere verso il preconfezionato. Ma crea anche nuove opportunità. Sono evidenti i rischi. Ma è nel rischio che si aprono le vie di nuove scoperte. Se non c'è rischio, se c'è solo sicurezza e calma piatta, si resta fermi. E non possiamo mandargli contro le legioni perché può mettere a rischio la nostra libertà. Il problema è nel manico. E se non si prende da lì si rischia solo un'oscurantista crociata alla rovescia.

# ONORA IL PADRE

Ci siamo persi un'altra volta. Stavamo parlando dell'attacco iconoclasta de *I pugni in tasca* di Bellocchio all'istituzione famiglia. La mia, di famiglia, era artigiana diventata piccolo-borghese. Mio nonno paterno era falegname, e con lui tutti i figli. Negli anni Trenta aveva bottega e casa a San Saba, a cinquanta metri da quella di Curzio Malaparte, e dalla sua terrazza a Villa Pepoli tutta la famiglia guardava di straforo l'opera a Caracalla. Malaparte si portò mio nonno a Capri per farsi costruire gli infissi della sua villa ai Faraglioni. Quella meraviglia di casa, appiattita sullo scoglio come una lucertola, dove Godard girò *Il disprezzo* con la Bardot e che il sorprendente scrittore lasciò in eredità alla Repubblica Popolare Cinese.

Prima mio nonno aveva uno stabilimento al Testaccio ma, dato che era anarchico e non si era iscritto al Partito Fascista, gli furono tolte tutte le commesse pubbliche e dovette chiudere. Ognuno dei figli a cercarsi la sua strada. Chi in Africa, chi in Francia. Mio padre rimase qui e trovò un posto all'AGFA, dove lavorava anche mia madre. Ma, dato che neanche lui si era mai fatto la tessera del PNF, e non salutava romanamente il capoufficio – l'AGFA era tedesca, figuriamoci – venne licenziato.

Poi la guerra in Grecia, l'8 settembre e, dopo la fuga dal campo di prigionia tedesco, quella partigiana. Al ritorno mestieri vari tra cui un chiosco di grattachecche e bibite a Corso Trieste, poi nel 1949, l'anno in cui nacqui io, fu assunto alle Poste. Era comunista, come tutti in famiglia, da una parte e dall'altra. Un comunista non militante, disilluso. Incazzato ma disilluso. Aveva «studiato» per le strade di San Saba, andando a rubare la frutta nel giardino dei preti e, a proposito di questi, imprecando quando vedeva ogni ben di Dio, e c'era la fame, scaricato nella villa dei parenti di papa Pacelli che era lì dietro. Poi cacciando rane negli acquitrini delle Terme di Caracalla e facendo il bagno nelle marrane di periferia. Come l'Alberto Sordi che ci faceva «Tarzan» col pezzo di legno in mezzo ai denti. Però ho ancora fissato negli occhi il ricordo di due libri sul suo comodino. Solo quei due, gli altri non li ricordo. Erano *Herzog* e *Il tropico del cancro*. Mi chiedo ancora come ci fossero finiti. E ci aveva riempito casa di libri. Le economiche della BUR, della Mondadori, della Longanesi.

Anch'io ho «studiato» per strada. Anch'io a rubare frutta e farmi rincorrere da tutti i portieri del vicinato. Coi figli dei salumieri e coi figli di medici e architetti. Era interclassista la strada allora. Però, spesso, sfuggivo al richiamo della «banda» e me ne stavo ore a leggere. Tutto, voracemente e disordinatamente. Li ricordo quei titoli, li ricordo tutti. Di libri divertenti come *Missili in giardino* e di libri drammatici come *Cioccolata a colazione*, passando per *La luna è tramontata* e la saga di Steinbeck sui reietti di Monterey. E andando a scavare lì potrebbero saltare fuori altri «punti». Altri momenti di un accumulo inconsapevole di sensazioni e disagi che poi, dopo, sarebbero stati la base d'assorbimento di tutto il resto. Ma anche questa potrebbe essere, a ben vedere, una falsa pista. Tutta la nostra generazione, e oltre, ha letto quei libri. E non tutti hanno sentito il bisogno di scaricare le emozioni accumulate con una pistola tra le mani. Però, di certo, una stragrande maggioranza di loro era incazzata nera. E l'ha urlato nelle strade. È già un primo passo.

Con mio padre andavo d'accordo. Mi lasciava libero di fare e di pensare. Anche troppo forse. Non voleva interferire. Se non quando lo riteneva proprio necessario. Una volta, avrò avuto otto, dieci anni, portò a casa uno dei primi registratori a nastro. Ci mettemmo a studiarlo io, lui e mia sorella. Era un aggeggio infernale per l'epoca. (Roba da ridere. Oggi ogni bambino è in grado di capire come funziona un qualsiasi marchingegno elettronico nel tempo che tu stai ancora leggendo le prime due pagine delle istruzioni.) Comunque ci mettiamo lì a guardare tutti quei pulsanti senza capire cosa fare. Io, che non riuscivo a stare fermo con le mani – mia sorella se ne stava in disparte, lei era quella «buona», non s'arrischiava a fare danni –, premo un pulsante a caso e il nastro comincia a girare all'impazzata. Mi presi uno spavento bestia, convinto che si sarebbe scassato, e alzai le braccia dicendo «non c'entro niente, non c'entro niente». Mio padre mi mollò uno dei pochi ceffoni della sua vita. Forse perché sapeva che facevano male. Aveva due mani come due palanche.

Non mi picchiò per il presunto danno – poi riuscì a fermare il nastro – ma perché ero sfuggito alle mie responsabilità. Una lezione non da poco se ancora me la ricordo. Me la sono ricordata sempre.

# SCIOPERO!

Anche se a scuola andavo male, o meglio, non ci andavo proprio, mio padre non mi diceva granché. Forse aspettava pazientemente che maturassi. Oppure stava lì a chiedersi in cosa avesse sbagliato lui. Nel 1966, dopo un anno perso al liceo artistico e un altro al linguistico, pensò che forse non ero proprio portato per lo studio, e mi iscrisse alla scuola alberghiera. Ci andai senza protestare perché ero talmente incosciente, e confuso, che una cosa poteva valere l'altra. In quell'estate il maître con cui avevamo fatto il corso invernale scelse cinque di noi per fare una stagione a Monte Silvano. Ero un ragazzino, lo stimavo. Ci aveva insegnato cose concrete. Cose in cui puoi avere subito un riscontro delle tue capacità. Qualsiasi fossero, era appagante. Ma era un gran puttaniere. Aveva una bella e giovane moglie, ma non gli bastava. Passava più tempo a rimediarsi qualche scopata con le clienti dell'albergo che a lavorare. E, in più, si ciucciava gran parte delle mance. Dopo un mese di questa solfa mi incazzai. Aveva tradito la nostra fiducia. Così insieme agli altri andai dal direttore.

Non ricordo esattamente cosa gli dicemmo, che se la faceva con le clienti oppure no, ricordo però la faccia funerea del maître per la ramanzina che si beccò.

L'anno successivo il corso era in un grande albergo di Ostia, proprio di fronte al famoso stabilimento del Kursaal. Era tanto grande che solo di allievi saremo stati più di duecento, divisi in due turni. Dato che eravamo così tanti, ma non certo solo per quello, la disciplina era molto rigida. Troppo. La scuola, la caserma, la galera, l'ospedale erano tutti uniformati allo stesso principio. Incasellare e controllare. Eliminare ogni forza centrifuga e abituare alla regola. Alla norma che tutti unisce e disciplina per evitare il caos, l'imprevisto.

Così anche lì dopo un mesetto mi incazzai per come ci trattavano. Esternammo il nostro malcontento, ma picche. Allora misi su quasi al completo gli altri del mio turno e li portai fuori dall'albergo, sulla litoranea. Tutti in pantaloni neri e giacchetta di servizio a righine. Non avevano mai visto una roba del genere e si preoccuparono. Cedettero. Un po'.

Forse perché venivo da una famiglia di artigiani. Forse perché mio padre sapeva aggiustare qualsiasi cosa con le mani e me l'ha insegnato. Forse perché ho trascorso tanto tempo nella bottega di mio nonno a costruirmi spade e pugnali coi pezzi di legno, ho sempre privilegiato il fare, l'azione. E questo può essere un segno. Credo.

# ARRIVA LA POLITICA

Comunque arrivò la fine del '67. Mi ero licenziato da un lavoro all'aeroporto di Fiumicino perché, per quanto ce l'avessi messa tutta e guadagnassi una marea di soldi, alzarmi alle cinque e lavorare undici ore di filato era un po' eccessivo. Ripresi a frequentare i vecchi amici, quelli del *Testamento* di De André, che erano al liceo Mameli. Un gruppetto che si riuniva ogni giorno a sentire musica e chiacchierare. O meglio, sviscerare i misteri del mondo e della vita. Non mi chiedere che musica. Giusto un accenno. I Doors, Eric Burdon e gli Animals: *San Francisco nights* e la loro versione della *House of the rising sun* di Dylan, ancora più intensa. Su tutti l'intramontabile Van Morrison. Poi un 33 di Dalla con la bellissima *Il cielo*. Poi sarebbe uscito il film culto di quegli anni, *Easy Rider*. E gli amici mi prendevano in giro perché avevo una Guzzi 500 e, col mio cappellaccio in testa, gli occhiali da sole e i baffi – praticamente la faccia non si vedeva – dicevano che sembravo Dennis Hooper. (Sai come lo chiamavano a Hollywood? «Dennis il rosso.» Non per i capelli. Pare fosse un po' comunista. Ma questo non è un segno.)

E tante altre cose erano successe. Al cineforum del Mameli, organizzato da un professore di sinistra, ci sparammo tutto quello che c'era da spararsi sul cinema «contro» americano e inglese. E giù discussioni a non finire. Lui l'aveva messo su come «momento formativo», noi lo vivevamo come un momento di esternazione della rabbia. Non ci andava bene niente. Erano tutti film troppo blandi. Di denuncia monca.

Non si sapeva ancora quello che sarebbe successo di lì a poco. Ma tutto era nel piatto. Tant'è che nel gruppo parlavamo anche di politica. Alla fine era arrivata. Eravamo tutti comunisti, ora. Io lo ero anche prima, naturalmente. Come ero della Roma. Una tradizione di famiglia. Ma questo imprinting era rimasto da una parte. Non era mai stata una dichiarazione di intenti come cominciò a divenire in quel momento.

Stavamo lì a smadonnare di quanto facesse schifo questo mondo e di come cambiarlo, quando ci arrivò la notizia dell'occupazione dell'università. Non ci pensammo neanche un attimo. Prendemmo le chiavi di Vespe e motorini e andammo. E cominciò il tourbillon.

Parlavamo di mio padre. Lui aspettava. Mi ero licenziato ma non chiedevo soldi a casa, anzi ne avevo portati. E campavo ancora coi resti di quel lucroso lavoro. Mi ci pagai anche una scuola privata per dare l'esame di Stato e iscrivermi all'università. Il mio improvviso iperattivismo non lo colse di sorpresa. Leggeva i giornali e vedeva la televisione. E lo spazio dedicato a tutto quel trambusto non era certo poco. Era un disilluso, ho detto. Non credeva che potessimo combinare più di tanto. Loro c'erano arrivati vicini di un soffio nel '45, erano morti e avevano combattuto, e poi tutto era finito a puttane. Non ci credeva – cosa potevamo concludere noi con le nostra urla e le nostre bandiere? – ma mi lasciava fare. Ogni generazione ha diritto ai propri sogni.

Lo scontro arrivò più tardi. Mentre la maggioranza litigava coi genitori per andare alle manifestazioni, o ci andava di nascosto, io avevo carta bianca. «Stai solo attento a non romperti la testa.» Lo scontro non fu politico, ma istituzionale. L'istituzione famiglia affossata da Bellocchio. Faceva due lavori mio padre, per mandare avanti la baracca. E quando l'istituto cui pagava l'affitto mise le case a riscatto, pensò bene di avere una casa degna di questo nome, una casa da fare invidia ai vicini. Coi risparmi accumulati buttò giù tutto e la rifece. C'erano delle mattonelle di graniglia che erano una meraviglia. Non quelle solo buzzurellate delle case popolari, ma ricche di decorazioni floreali e di greche. Roba che a comprarle oggi, e non le trovi di così belle, ti costerebbero un occhio della testa. Tutto via. Marmo e parquet, roba «da signori». Via anche il muro della mia camera. Per fare «il salone». Così mi ritrovai a dormire nel centro della casa.

I miei libri erano aumentati. Tutta la produzione contestativa e politica indispensabile per illuminare la via. Così un giorno decisi che mi serviva una libreria. La costruii con tavole di pino grezzo e la misi contro un muro della mia camera-salone. E lì si arrivò ai ferri corti. Quella libreria in legno povero non c'entrava niente con il resto, rovinava tutto il suo lavoro per abbellire la casa. E proprio nel «salone», poi. Non avevo mai litigato con mio padre. Ma arrivammo quasi alle mani. Lui a urlare e io a urlargli di contro. Con le nuove parole del lessico rivoluzionario. Era un piccolo-borghese che teneva più alle apparenze che alla sostanza. E via così tutta la filippica. Una frattura. Netta. Il Padre era ucciso. La storia poteva andare avanti.

## LA PERDITA DELL'INNOCENZA

Be', che la scuola fosse uno schifo si sa. E possono capirlo anche i giovani che ci vanno oggi. È da un bel po' che, anche nell'insegnamento, l'autoritarismo è tornato di moda. Cosa è stato per noi il '68? Già tu te lo sei perso, quei pochi anni di meno ti hanno fregato. Perché, almeno all'inizio, è stata un'ubriacatura, una gioia incontenibile. Non eravamo più individui, o gruppetti isolati, eravamo una massa. Migliaia, centinaia di migliaia. Milioni. Per ogni dove. In Italia, in Europa, nel mondo. Non puoi capire. Non ti posso spiegare. I giovani erano scesi in piazza anche nei paesi di terra e sassi della Lucania, anche sotto la cappa di mafia della Sicilia. Hai presente la gente che si riversava per strada all'arrivo degli americani che distribuivano cioccolata e i dischi di Glenn Miller? Quella gioia, quelle facce ridenti, quelle urla smodate, quell'affratellamento tra di loro e con quei soldati sconosciuti arrivati dal di là dell'Atlantico. Dall'*Ammerica*. L'apertura di una galera, la liberazione dalla schiavitù. Cose del genere. E forse anche di più.

Perché noi non saremmo poi tornati ognuno a casa per ricominciare la propria vita. Noi avremmo continuato, insieme. Eravamo talmente ubriachi, entusiasti, che neanche pensavamo che qualcuno potesse non essere d'accordo, potesse non condividere. Guardavamo la gente alle finestre e ci pareva che tutti ci sorridessero, che tutti fossero con noi. Era lampante, evidente. Aperta la galera tutti potevano partecipare alla festa. Il solo fatto che dal nulla, da quel poco che ci era parso fino a poco prima, fosse uscita in tutto il mondo quella forza, voleva dire che i muri erano crollati. Le trombe di Gerico avevano squillato. Non c'era ostilità in noi, allora, le città ci erano amiche, il mondo ci era diventato amico. E non capivamo un cazzo di politica.

Non durò molto. Perdemmo quell'innocenza a Valle Giulia, nel marzo del '68. Sì, lo so, la solita solfa sulla violenza della polizia contro dei ragazzini in festa. È così, certo. Tutta quella gente per le strade a urlare, ragazzini o meno ragazzini, era un pericolo non da poco in quella società ingessata. Non solo era uno «scandalo» ma non potevano neanche permetterselo. Non avevano l'elasticità necessaria per adeguarsi. Per loro eravamo teppisti facinorosi. Non potevano farci scorrazzare a nostro piacimento. Ma, ti ripeto, non l'avevamo capito. Io, perlomeno, e tutti i più giovani, non l'avevo ancora capito. Era un'altra festa. A quella stavo andando quel giorno.

La polizia aveva sgombrato la facoltà di Architettura occupata dagli studenti e la presidiava. Noi, con la forza del numero, delle urla, della nostra gioia, e della ragione dalla nostra parte, dovevamo «convincerli» a ridarcela. Ma c'è un «ma». Quelli più grandi, quelli che si erano visti esplodere il movimento dopo anni di incubazione politica nel PCI, quelli che ne erano già stati cacciati perché «estremisti», trozkisti, guevaristi, maoisti, bordighisti, quelli la conoscevano la politica. E si erano ingobbiti su libri che già allora erano fuori dai tempi. Un movimento del genere nell'Occidente sviluppato già non c'entrava più nulla coi sacri testi della Rivoluzione bolscevica. Non era un movimento per la pagnotta, perché nessuno di noi moriva di fame. O per la «conquista del potere», che neanche sapevamo cosa fosse. Alludeva ad altro. Non lo sapeva, non sapeva cosa, ma altro. Forse già l'altro che si respira oggi. Forse l'altro cui allora abbiamo tarpato le ali.

Loro sapevano, o credevano di sapere, che la lotta cresce

sullo scontro. Quello fisico, diretto, non solo quello a parole. Ragion per cui nei loro conciliaboli, e senza dirne nulla alle migliaia di giovani che si erano portati appresso, avevano deciso di lanciare uova marce sui poliziotti, di provocarli. Pensi a una goliardata? Non ne sono così sicuro.

Fatto sta che la polizia caricò il corteo e ne nacque lo scompiglio. Te l'ho detto, non ero un ragazzino per bene cresciuto nella bambagia, ero cresciuto per strada, con le battaglie e le sassaiole che questo comportava. Ma ora mi sentivo un'identità costruita attorno ai miei confusi pensieri e alla loro condivisione con i giovani di mezzo mondo, non più sulla precisione del mio sasso. Era roba dimenticata, messa via, ed ero terrorizzato. Un solo poliziotto agitando il suo piccolo manganello aveva fatto indietreggiare migliaia di giovani. E tutte le ragazze che urlavano all'impazzata. Panico.

Ma, evidentemente, non ero il solo cresciuto per la strada: te l'ho detto, era interclassista allora, la strada. Dopo il primo quarto d'ora di panico, uno dopo l'altro, i ragazzi si fanno sotto, raccattano sassi e li lanciano contro la polizia. Non ci ho pensato, il gesto era noto e quelli manganellavano a tutto spiano. E tirai, sentendomi crescere dentro la novità dell'odio.

Dopo, un trapasso, uno shock. Non erano tutti d'accordo con noi. Qualcuno, anzi, ci combatteva. Ed era da combattere.

Non mi scandalizza che quelli già politicizzati ci abbiano portato inconsapevoli allo scontro. Forse la polizia ci avrebbe caricati ugualmente. E se non quel giorno quello dopo. Non ci andavano leggeri. Non ci vanno mai leggeri. Quello che mi dà da pensare, tanto più in considerazione dell'oggi, è che una vecchia ideologia si sia sovrapposta a un movimento che non ne aveva. Che magari doveva costruirsela, ma non ritrovarsela già bella e confezionata senza possibilità di scelta. Forse non ce l'avrebbe fatta. Forse sarebbe morto. Come seme ha dato tantissimo, culturalmente e socialmente. Tutto quello che di libertà e di innovazione è venuto allora e dopo, fino all'oggi. Ma non ne sarebbe nata una mala pianta politica.

Però le cose erano quelle. Quel movimento andava forse da un'altra parte, era una novità, ma la storia politica di questo

Paese faceva sì che quella novità non potesse trovare una forma più acconcia di espressione. E non credo che potesse andare molto diversamente. Gli interpreti possono cavalcare la spinta e prolungarne lo slancio, trascegliere tra alcune possibilità, ma il solco quello è. E poi, se non fosse andata così mi sarei perso molto, il meglio della mia vita, prima del disastro.

Forse quelli già politicizzati hanno sbagliato, e forse no. Era il '68 e a quarant'anni di distanza la prospettiva cambia. Si allarga e prende respiro. E riesce difficile appiccicare lo sbaglio politico ai singoli.

Mio padre non mi diceva molto. Ma una cosa – oltre a dirmi che al potere gli avremmo dato solo pizzicature – me la ripeté più volte. «Stai attento ad andare avanti, perché quelli che ti ci mandano trovano sempre il modo di salvarsi.» Parole di padre. Malevole verso le «cattive compagnie» per la salvaguardia del figlio. Non gli ho mai dato peso. Non gliene do tuttora. Ho fatto le mie scelte. Ed erano bravi compagni. Probabilmente i migliori.

Quel sasso raccattato da terra e lanciato contro i poliziotti mi ha consegnato mani e piedi all'ideologia. L'avvitamento è cominciato lì. Ma non siamo ancora al punto. Perché altri che hanno fatto la stessa cosa allora ne hanno fatte di diverse poi.

Dopo, tutto ha continuato a seguire il solco già da altri consumato. Il movimento spontaneo si è dovuto dare una struttura per non disperdersi. E quella struttura ricalcava le vecchie diatribe della diaspora dal PCI. Trozkisti, maoisti, bordighisti e via con le anticaglie. Ne venne fuori una parodia del Parlamento che tutti irridevamo. Litigi, botte, compromessi, alleanze sottobanco, agguati. Una prosecuzione della politica con gli stessi mezzi. Per parafrasare Clausewitz.

Nacquero di conseguenza i gruppi extraparlamentari. E addio unitarietà del movimento. Su cosa? Non certo sulle nostre scelte dell'oggi ma su come queste potessero essere viste da gente sepolta da cinquant'anni. Quando il mondo era un altro. L'unica novità erano gli operaisti. Loro, almeno, si rifacevano a esperienze di quello stesso decennio. Alla novità della produzione automatizzata e dell'operaio dequalificato arrivato dal Sud che la mandava avanti. L'operaio senza qualità che per otto ore spingeva pulsanti e spostava pezzi di ferro. L'operaio senza arte, indistinto. Insofferente a quel lavoro che nulla gli dava se non fatica ed estraniazione. L'operaio-massa.

Andai con loro. Da qualche parte dovevi andare se non volevi tornartene a casa e aspettare che succedesse qualcosa. Non ero tipo, l'ho detto. Il fare, il coinvolgimento, il sentirsi parte della storia. Ma già quello era un obbligo. Come doversi intruppare per forza in un partito per arrivare in Parlamento. Qualcosa, volente o nolente, perdi sempre nel passaggio. Comunque gli operaisti erano certamente i migliori, i più intellettualmente vitali. I più attenti alle novità sociali, politiche, produttive, che scaturivano dallo sviluppo della società capitalistica.

Credo che già a questo punto sia necessaria una chiarificazione. Quella in cui stiamo cercando di scavare è una storia politica innervata a quella del Paese, al suo contraddittorio e violento affrancarsi dai retaggi, sociali e politici, del passato. Ed è una storia di comunisti. È la storia di una specie, e di un mito, che sopravvive alla propria estinzione. Se ne parla ancora, ma è un sopravvivere delle parole alle cose che rappresentavano. E, il più delle volte, è un sopravvivere specioso, propagandistico. Era un mondo, una volta. E un mondo non da poco. Ma non c'è più. Però, se è lì che vogliamo scavare, è lì che dobbiamo necessariamente ricalarci. E in quel mondo si parlava un'altra lingua. Anch'essa in via di estinzione. Termini, riferimenti, ancoraggi storici sono suoi propri e di nessun'altra lingua conosciuta. Dovremo usarli. Sapendo da subito che saranno di ostica comprensione. E dicendo da subito che questa non è la mia lingua madre. È stata una lingua appresa dentro quel mondo nel corso delle cose. Un corso assai lungo ma che è finito. E un'altra cosa credo vada detta. Quella lingua, a sua volta, e come tutte, non era la lingua della realtà ma di una sua rappresentazione. E molto di quella realtà è stato in quella lingua diversamente nominato ma sempre la stessa cosa era.

Semplifichiamo ovviamente ma, tanto per dirne due, il leninismo, sotto il suo farsi come prassi rivoluzionaria, è stata la riproposizione del ben più vecchio pragmatismo. Della capacità di adattarsi agli eventi per adattare questi ai propri fini. (Ci sono in giro un sacco di leninisti che non hanno mai letto una riga degli scritti di Lenin e nulla sanno di lui. Si riconoscono per la totale spregiudicatezza.) Mentre la sottospecie di questo che era per noi lo stalinismo, è stata la riproposizione «comunista» della ferocia del sovrano. Della estrema semplificazione, e rigidità, del pensiero e dell'azione. Doveva difendere la patria del comunismo, ma dietro c'era il Riccardo III. Anche di questi ce ne sono alcuni in giro che, magari, proprio sull'antistalinismo sono stati cresciuti da piccoli.

A differenza di quello di Marx, più interpretativo della realtà, questi altri linguaggi, e sotto-linguaggi, erano quelli della trasformazione della realtà. E quando a questo si è arrivati, alle buone teorie è stata aggiunta la violenza. Altro modo non c'era per farle camminare. E questo passaggio, va da sé, non l'ha inventato il comunismo. Era anch'esso vecchio come il cucco, tutt'uno con la pretesa che, portando la Verità, chi la pensasse diversamente doveva esservi costretto.

Morto quello, di grandi «ismi», di tutti i modelli assoluti e coercitivi, ne è rimasto uno solo, il capitalismo. E anche questo sembra continuare a conoscere solo la violenza come sua attuazione pratica. E, non essendoci più come termine di confronto e freno l'altro, il comunismo, lo scontro di cui è paladino non è più sui modelli politici, ma su fondamenti basilari. Su contrapposte etiche. Ci si è già passati. E si sa che a quel punto si fa presto buio a mezzogiorno. Guerra totale, allo spasimo.

Ma l'altro, il comunismo, è morto. E con lui è morta una parte di noi. La parte, e allora era diventata il tutto, che credendo in quello e nei suoi presupposti, credeva ancora necessaria la violenza come mezzo rivoluzionario. Si è detto, ma è la chiave di tutto e tanto vale ribadirlo. Quel pensiero e quel linguaggio, quella ideologia, erano propri di un'epoca che già allora, negli anni Settanta, non era più. Una sopravvivenza. Già la prassi di liberazione poteva essere più avanti della coercizione in un modello politico univoco, totalizzante. In un modello che doveva appiattire, anche con la violenza, tutti gli uomini all'eguaglianza per meglio sospingerli verso l'affrancamento dal bisogno. Già l'avvenuta soddisfazione del bisogno poteva permettere che la liberazione non dovesse necessariamente passare per la coatta uguaglianza, ma per il ben più liberatorio dispiegamento della diversità. Cioè non più certezze e verità assolute cui i singoli dovevano obbligatoriamente uniformarsi, ma un farsi di sempre provvisorie certezze e verità nella libera sperimentazione sociale.

Non era la violenza il punto. Troppo facile e, al contempo, troppo pericoloso. La violenza può venire fuori da sola da esplosive contraddizioni sociali e non basterebbero milioni di parole in centinaia di libri per fermarla. Il punto era l'ideologia che la violenza politica presupponeva come suo strumento. E su questo le parole forse qualcosa possono.

Comunque sia, tornando al motivo di questa chiarificazione – se tale siamo riusciti a renderla –, dovremo ripercorrere quella strada per quello che allora eravamo. E per come allora parlavamo. Sarà ostico. Ma non credo ci sia altro modo.

*Schegge di memoria*

«Dai, eccolo lì. eccolo. Dietro il muretto. Tiraglielo. L'hai preso, l'hai preso!» «Attento, attento a quell'altro!» Stumf. Quello che tiravamo era un sasso. O un pezzo di mattonella di cemento da cortile. Di quelle a quadretti, come le tavolette di cioccolata. Solo che se colpivano il bersaglio non facevano l'effetto di un quadrettino di cioccolata. Erano teste rotte, zigomi sberciati. Sangue a fiotti; e poi altre botte a casa.

Non giocavo solo a rubabandiera o guerra francese, giochi incruenti, regolati, quasi giochi di società. Spesso si scatenavano violente battaglie a sassate. E non c'era nulla di cavalleresco, si tirava per far male e c'era sempre qualche fronte spaccata.

Il repertorio degli strumenti offensivi era il più vario, circoscritto solo dai limiti dell'immaginazione. Ripensando a quelle battaglie mi par di ricordare che avevano un limite, forse inconsapevolmente etico, quando combattute all'interno dello stesso gruppo. Se invece lo scontro era con altri gruppi, con ragazzi di quartieri limitrofi, la violenza e l'aggressività non avevano alcun contenimento.

Mio padre mi raccontava delle quotidiane battaglie a sassate che facevano loro, di San Saba, con i ragazzi del Testaccio. Erano scontri continui sul piazzale di Porta San Paolo, spartiacque tra i due quartieri. O sulla scalinata di via Pontelli. Mia zia, assieme alle altre ragazzine, a preparare i mucchi di sassi. L'animosità verso i rivali territoriali era senza limite, totale, fanatica. Erano tutti froci, cornuti, rammolliti, leccaculi.

E, a rilancio, rimbalzò fino a noi l'eco dei feroci scontri tra i Mods e i Rockers, nell'Inghilterra dei primi anni Sessanta.

Come accade per l'educazione sentimentale, la mia iniziazione alle verità sul «bene» e sul «male» del mondo avvenne fuori casa.

Da piccolo ero abituato a sentire mio padre e i miei zii inveire contro il governo. Mio padre però non mi indottrinò mai, non mi prese da parte per dirmi chi, nel mondo, erano i «buoni» e i «cattivi». I tedeschi, quelli sì, erano bastardi. Ma era storia passata. La guerra in Grecia. La prigionia dopo l'8 settembre. Le minacce, i compagni ammazzati per nulla. La fame: raschiare gli ultimi brandelli di carne dagli ossi di un cavallo morto. La fuga. La pattuglia tedesca che li intercetta al limitare di un bosco. Il primo della pattuglia che riesce a colpirlo con un proiettile che gli spappola un osso del braccio. Poi il rifugio presso i titoisti jugoslavi e il rocambolesco viaggio di ritorno fino a Roma. Racconti di guerra. Sull'oggi poco o nulla. Preferiva, forse, che capissi da solo. Ogni tanto andavo con lui alla sezione Macao del PCI, mi portava alle manifestazioni del Primo Maggio, ma non ricordo niente di più.

All'angolo della strada dove frequentavo le medie c'era uno strano palazzo a pianta irregolare, per cui il negozio d'angolo, la libreria Athena, era molto grande, mentre quello dall'altro lato non era che un piccolo spicchio.
In quel bugigattolo d'angolo lavorava un calzolaio, la luce scarsa anche a causa dei grandi platani del viale. L'arredamento quasi inesistente: un vecchio scaffale per le scarpe che separava i tre metri quadri della parte anteriore dal metro quadro posteriore, con solo un lavandino. Tra la sporca vetrina e lo scaffale un tavolo da lavoro, piccolo e basso con il ripiano superiore ingombro di chiodi e chiodini di tutte le misure, mastice, pezzi di cuoio e di toscano mezzi fumati e rimasticati. Appoggiato al muro, come un arto artificiale, un tronchetto di legno con fissato sopra il ferro ricurvo su cui infilava le scarpe per inchiodare la suola e i tacchi. Questo scarno ambiente era illuminato da una debole lampadina ricoperta da un paralume di carta ingiallito.
Sui sessant'anni, siciliano, basso e rotondo, la grande testa con radi capelli grigi, che si vedevano solo quando toglieva il basco nero per passarsi la mano sulla cotenna, le guance sempre coperte da una grigia barba rasata solo di tanto in tanto, gli occhi vispi che ben si accompagnavano alla brace del sigaro.
Era il padre di un mio compagno di scuola. Non ricordo con esattezza quanti anni avessi io, allora. Dieci, o dodici?
Quello che ho descritto del calzolaio non lo rende poi tanto diverso da mille altri calzolai. La par-

ticolarità che al mio ricordo lo rende diverso dagli altri è che era comunista, stalinista marcio. Le sue parole mi arrivavano corrotte dal dialetto, dal sigaro tra le labbra e dal picchiettare del martelletto, ma le capivo lo stesso.

– L'Unione Sovietica è l'unico Paese al mondo dove gli uomini sono liberi, dove non esiste lo sfruttamento. Il Paese che, col sacrificio del suo popolo e sotto la guida di Stalin, ha permesso la sconfitta del nazismo e del fascismo.

– In Unione Sovietica tutti lavorano, tutti hanno una casa, l'assistenza gratuita, e sono felici e questo dà fastidio a tutti i padroni perché incita alla lotta di classe il proletariato.

– I capitalisti hanno sempre cercato di distruggere l'Unione Sovietica. Dalle armate mercenarie scatenate contro la Rivoluzione d'ottobre, fino all'alleanza fatta da quell'inglese, Ciamberlan, con Hitler per fargli attaccare l'Unione Sovietica.

– I capitalisti, e il Vaticano, vogliono che la gente resti schiava e sfruttata. Scelba e Tambroni ammazzano i proletari che lottano contro il fascismo. I democristiani – che manco volevano cacciare via il re – appoggiano e assoldano le squadracce fasciste, come hanno assoldato il bandito Giuliano per ammazzare i miei compaesani che avevano occupato le terre.

Poi, alzandosi per andare a pisciare al bar di fronte, si ferma sulla porta, si gira verso di me, si toglie il sigaro dalle labbra e lo guarda come interrogandolo su come ci fosse finito.

– Bisognerà fare piazza pulita. Bisognerà fare 'sta benedetta rivoluzione, che non s'è potuta fare nel '48 perché se no arrivavano gli americani e perché il democristiano Bartali ha vinto il Giro di Francia.

Passavo dei pomeriggi interi ad ascoltare queste storie che nessuno mi aveva mai raccontato, ma questo non segnò una svolta. Non andai di corsa a iscrivermi ai pionieri del PCI, o a chiedere a mio padre di farmi andare in Russia, per toccare con mano le meraviglie del comunismo.
Ricordo gli occhi accesi e la calma del calzolaio, la sicurezza piana del suo parlare di fatti per lui scontati, ineluttabili. Ovvi com'era ovvio che due pezzi di cuoio ben scartavetrati, ben passati col mastice, e lasciati asciugare, mentre iniziava con calma secolare un'altra parte del lavoro, si sarebbero poi incollati senza più staccarsi.

Quando, fino ai dieci anni, decidevamo di giocare a «guardie e ladri» si perdeva sempre almeno mezz'ora perché nessuno voleva fare la «guardia». Ma che ne sapevamo noi di guardie e di ladri? Come mai nessuno voleva identificarsi con l'autorità, con la «guardia»?
E perché, mi chiedo poi, in tutti i giochi era chi perdeva e non chi vinceva la «conta» che doveva acchiappare o cercare gli altri?
A «nascondarella» chi doveva cercare o acchiappare era sbeffeggiato dagli altri. Fatto fesso, deriso. Le regole erano feroci per chi stava sotto. Tutte a suo svantaggio. Il divertimento del gioco non era restare nascosti fino al momento favorevole per raggiungere la tana ma, al contrario, era esporsi senza farsi vedere, confondere il «cercatore», farlo allontanare dalla «tana» e poi scattare per arrivare prima di lui al muro, o all'albero. Non era lui a cacciare ma erano gli altri a cacciare lui.

C'erano già i western con indiani e giacche blu e sempre parteggiavo per gli indiani. Non credo perché oppressi – ché allora, in quei film, erano dei selvaggi crudeli e urlanti – ma forse perché erano loro che, cacciati, in realtà spiavano non visti, loro che cacciavano i cacciatori.

All'autorità, che fosse il «pizzardone» che voleva sequestrarci il pallone o il portiere che voleva impedirci di considerare nostro feudo il «suo» palazzo, dovevamo arrivare a toccargli il naso.

È possibile così che più tardi, quando l'autorità venne riscoperta e assunse contorni più netti e rigidi, si fosse inizialmente mantenuta una stessa logica, tanto connaturata quanto inconsapevole, che non tendeva alla conclusione del confronto, all'eliminazione dell'avversario. Come se l'importante fosse riuscire ad arrivare abbastanza vicini da mostrare la vulnerabilità del potere, rischiando anche la pelle per raggiungere obiettivi simbolici.

Dal vecchio calzolaio avevo appreso che odiare era il verbo che coniugava la parola comunismo, che chi capisce odia e chi non odia non capisce. Ma la mia vita scorreva come prima. Continuavo ad andare in giro a fare danni, continuavo a giocare a pallone tra le pietre. Non so da dove riappaiono come flash titoli e copertine dei libri di una generazione. Poi, dai tredici anni, i primi flirt, le prime feste, il frenetico impaccio delle prime pomiciate.

E troppe cose nella testa, troppe cose da fare, da scoprire. La città, le strade. Cominciarono allora le peregrinazioni attraverso Roma. Giravamo tutto il giorno usando solo le marce alte della vespetta per risparmiare benzina. Non ci fermava nessun tempo. C'era come un'ansia, una spinta a cercare chissà che. A entrare nel ritmo vitale della città.

Roma ha sempre un'aritmia cardiaca, il suo flusso non è mai regolare. È una città in cui l'imperativo è svicolare. Magari arrivi prima facendo la fila, ma l'importante è non fermarsi mai, «provarci» comunque.

D'inverno stavamo, a turno, uno accucciato sull'altro. Quello che guidava teneva fuori una sola mano sulla manopola del gas, l'altra nel caldo della tasca. E se il freddo era troppo intenso ci accodavamo dietro agli autobus, per farci riscaldare, e avvelenare, dai gas di scarico.

La conoscenza delle strade, dei vicoli, degli odori e dei colori di Roma mi ha fatto crescere dentro un rapporto di possesso che mi avrebbe portato a rendermela complice di avvicinamenti, appostamenti, fughe, sfide.

Fin dall'inizio fu facile e spontaneo coinvolgere nelle mie avventure i luoghi, le persone con cui più intimo era il rapporto. Come se il fatto di amarle mi desse su di loro un diritto di prelazione. Li avevo sottomano ed era ciò che meglio conoscevo. L'inizio è sempre lo stesso, per quanto inconscio. Dal momento che mettevo in gioco me stesso, le persone, i luoghi, potevano essere piegati a ricoprire un ruolo complementare nelle scelte della mia vita. Sentimenti, amicizie, luoghi venivano barattati, bruciati nella bramosia della «missione» da assolvere.

Tutto diviene lecito, la morale di ogni giorno sopraffatta dall'urgenza di imporre una morale più grande. Si coinvolge chi non condivide con noi scelte ma solo affetto.

Da piccolo, tra sudisti e nordisti, mi identificavo con i primi e ancora oggi non so bene il perché. Probabilmente avevo già visto *Ombre rosse*. Ma lì, assieme allo scampolo d'America chiuso nella diligenza, c'era solo Ringo con il suo Winchester e indiani urlanti. C'era la cavalleria dell'Unione, non i sudisti.

Dell'irlandese guercio John Ford dovevo però aver anche visto *Soldati a cavallo*. E lì sudisti ce n'erano. Forse ero rimasto impressionato dal colonnello mutilato e zoppicante che, la bandiera confederata brandita dall'unica mano, guidava la disperata carica dei suoi.

O forse, come spesso accade nella vita, avevo scelto con gli occhi, colpito dalla fascinosa divisa dei sudisti: grigio polvere con risvolti e righine gialli.

Come molte altre cose, anche questa mia infantile simpatia per i sudisti è riemersa solo molti anni più tardi. La galera, come le malattie che mettono a rischio la vita, è una potente macchina del tempo che riallinea, un pezzetto alla volta, il confuso srotolarsi dei giorni.

Venne fuori per caso. Il fatto strano è che molti altri, meravigliati quanto me, dicevano che da piccoli sì, erano stati dalla parte dei sudisti. Domandai ad altri ancora. La maggioranza mi rispose la stessa cosa. Poteva essere allora che ciò che ci aveva attratto era il semplice fatto che i sudisti avevano perso? Che avessimo avvertito che non c'era gusto a stare dalla parte di chi vince. Che fare dopo? Se si sta dalla parte di chi perde poi si può sempre combattere un'altra battaglia.

Il generale Mapache ha preso quello della banda che aveva sottratto una cassa di armi per darla agli indios, suoi nemici. Loro quattro, i sopravvissuti del *Mucchio selvaggio,* lo avevano coperto, mentendo sul numero delle casse che gli potevano vendere. Ora, in mezzo a cinquecento uomini armati, tacciono. Tequila e risate senza denti mentre il loro compagno viene trascinato per un'ora su pietre e cactus, attaccato a una macchina. Poi Mapache lo fa slegare e gli si avvicina. Fa il gesto di riconsegnarlo, è ormai moribondo. Stanno per avvicinarsi a prenderlo. Ma lui lo sgozza. Lo sgozza e ride.

Loro vanno al bordello. I due «gemelli» sbeffeggiano una puttana inviperita perché avevano pagato solo per uno. Holden si riveste. Si mette il cinturone e prende il fucile. Dice agli altri: «Andiamo». Escono e trovano il quarto che, rimasto fuori appoggiato a un muro, ingannava l'attesa facendo la punta a un bastone con il coltello. Sorride, la sua faccia sembra dire: «Bene. Era ora». Senza una parola, bardati da guerra, si avviano allineati.

Non sembrano chiedersi se ne usciranno vivi, e così non sarà. L'urgenza è altra. Cos'è? Vendetta, odio, onore, riscatto, di sé, di altri?

# NOVITÀ E VECCHIE IDEOLOGIE

Parlavamo della «novità» operaista. Be' non durò molto. Quando, alla novità del «dire» e del «pensare», si sovrappongono sul «fare» vecchie ideologie si va sempre a un avvitamento. Pensavamo e dicevamo cose nuove sulla fabbrica, sulla scuola – lì era il mio compito, l'intervento nei licei – ma quando c'era da fare, quando tutta quella novità doveva riversarsi nelle piazze e scontrarsi con la polizia, lì la novità del pensiero non era arrivata. E si ripescava dal vecchio.

Le prendevamo di santa ragione ogni volta. Il governo aveva scelto la linea dura. E quella linea passava per i manganelli della Celere, per i lacrimogeni sparati ad alzo zero, e per le cariche delle camionette. Molti ne morirono. Ma credo sia fuorviante prendersela coi «governi oscurantisti» di allora. Il problema non è dei governi ma della democrazia. Certo, nei regimi totalitari è sempre stato peggio, lì in piazza neanche ci arrivavi. Ma quelli che in un regime totalitario sono gli strumenti repressivi di ogni giorno, in democrazia vengono ripescati quando «si sente» minacciata. Cioè sempre quando il diritto di manifestare viene esercitato da forze che il governo «ritiene pericolose». La democrazia è un contratto con privilegi. Se ritiene che ne sei fuori vieni trattato come un non cittadino. Come, ma anche peggio, di un immigrato clandestino. Il fucile puntato e la galera al primo passo oltre la riga. E troverai meno gente disposta a battersi per te che non per uno straniero. Quello si vuole integrare, mentre tu è proprio all'integrazione che ti ribelli. La democrazia ha margini stretti. E una grande facilità a rimangiarsi i diritti «concessi». Con altri governi, magari di sinistra – dopo la prima pretestuosa cavalcata del '68 da parte del PCI –, sarebbe stata la stessa cosa. O forse peggio.

Tu avevi sì e no diciott'anni allora. Eri nella FGCI e ricordi l'inizio della «grande svolta» del compromesso storico che poi si consolidò nel '75. La «questione morale» agitata da Berlinguer come un coltello alla gola della DC messa in un cassetto. Assieme a trent'anni di esclusione per la DC dalla dignità della storia. Ora c'era Zaccagnini che era «buono» mentre Fanfani era stato il «cattivo». E ricordi la ferocia con cui difendevano questa loro virata ai più incomprensibile. Fino all'assurdo di Trombadori che s'inventò la poesiola romanesca «der compromesso arivoluzzionario». A difendere le giravolte dopo avere dileggiato Moro per le sue «convergenze parallele». (E più tardi Berlinguer arriverà al ridicolo affermando che il PCI era un partito «conservatore e rivoluzionario».) Radunasti i tuoi, anche tu, e diceste queste cose. Risultato? Cacciati, sedie che volavano, la bava alla bocca del segretario. Voleva mangiarvi vivi. Sarebbe stato peggio, credimi.

Nella DC c'era perlomeno Moro che già nel '68 aveva intuito che quella forza, quella spinta contestativa, spurgata per lui degli eccessi, andava compresa, incanalata, incoraggiata a esprimere valori di rinnovamento. Però Moro aveva una visione delle cose che andava sempre troppo in avanti rispetto al palmo di naso che tutti gli altri non riuscivano a superare. E, di conseguenza, un'idea elastica, nella prudenza, dell'azione di governo. E forse queste anomale caratteristiche lo portarono a credere, dovendo necessariamente mettere da parte la prudenza, che quella elasticità potesse essere tirata oltre lo strappo.

Ma dicevo che le prendevamo di santa ragione. Non solo

per la linea dura del governo ma anche perché – ancora la vecchia ideologia dell'assalto al Palazzo d'Inverno – dovevamo ogni volta arrivare sotto i luoghi deputati del potere: Palazzo Chigi o il Senato o l'ambasciata americana. Come se fosse quello il punto. Non la nostra forza reale ma la loro astratta, sempre a doversi specchiare nell'altro per identificare se stessi. E lì la polizia, ovviamente, per non turbare lorsignori, non poteva farci arrivare. E menava. Stanchi di prenderle fui incaricato di trovare il modo di «fare qualcosa». Non so perché la scelta cadde su di me. Ma non fu un caso. Dirigevo l'intervento nei licei ma ormai, da quel sasso raccolto a Valle Giulia, avevo recuperato tutto il bagaglio tecnico delle mie battaglie d'infanzia e l'avevo ributtato negli scontri di piazza. Mi ritenevano capace. Capace di che? Un conto erano le sassate, le fughe e gli assalti, un altro contrastare efficacemente le cariche della polizia. Quali strumenti? Be' c'era stato il Maggio Francese, e lì uno degli strumenti più usati era stata la bottiglia incendiaria. Ma non potevo andare a Parigi per farmi spiegare come si facevano. Mi arrangiai appiccicando su una bottiglia da mezzo litro piena di benzina dei fiammiferi antivento. Messi a scalare. Così la fiamma poteva durare il tempo del viaggio tra noi e la polizia.

L'altra strada era segnata. Ed era tutta in discesa. Da lì a breve, visto il successo delle bottiglie incendiarie e delle squadre che avevo organizzato per lanciarle, fui incaricato di dare vita alla struttura illegale di Potere Operaio. LI, si chiamava in sigla, Lavoro Illegale. Un organismo parallelo, prima romano e poi nazionale, che avrebbe dovuto preparare, ma più che preparare inventarsi di sana pianta, l'armamentario tecnico e organizzativo da mettere in campo al momento dell'Insurrezione. Cioè, in soldoni, armi, esplosivo, documenti falsi, auto rubate, e un abbozzo di capacità a muoversi clandestinamente nella città.

E già. Perché ormai quel «fare», che era prima solo un'occasione di frammezzo al pensare, al dire e al costruire, era diventato un fine ultimo. Un Moloch. Una divinità cui sacrificare tutta l'energia vitale di quel movimento.

# GIÙ PER LA DISCESA

SFRONDIAMO UN PO'. E SEMPLIFICHIAMO per tutti quelli che potrebbero avere difficoltà a seguire sigle, controsigle e avvenimenti persi nel tempo. Il succo è quello. Non stiamo riscrivendo la storia. A chi ha più strumenti l'arduo compito. E su Potere Operaio l'ha già fatto Aldo Grandi con un suo denso libro. Noi stiamo solo cercando un punto.

Dell'autunno caldo del '69, e della stagione di lotte operaie che ne seguì, si sa. Fu certamente la più significativa nella storia del nostro movimento operaio. Per intensità, per dirompenza e per il totale sganciamento dalle logiche del sindacato e del PCI. L'autonomia operaia. Obiettivi, forme di lotta, parole d'ordine tutti nati dal creativo connubio tra gli operai più giovani e quelli più incazzati, e i rivoluzionari dei gruppi extraparlamentari che si erano riversati davanti alle fabbriche. Padroni e sindacati rincorrevano con affanno, e più cercavano di ricondurre le lotte nell'alveo dei loro reciproci strumenti di controllo, e più queste si estendevano e radicalizzavano.

Anche per quei giovani operai l'incubazione era stata lunga. Avevano avuto il loro battesimo nel luglio degli anni Sessanta. Quando, di mezzo agli scontri generalizzati, attaccarono in piazza Statuto a Torino la sede della UIL. All'epoca sindacato filo padronale, «giallo». Erano i giovani con le magliette a strisce definiti da «l'Unità» «teppisti e provocatori». Ovvio che lo fossero, perché non erano iscritti né al sindacato né al Partito comunista. Erano quella nuova figura di operaio-massa nata dall'imponente emigrazione dal Sud nella fabbrica automatizzata. E che superava radicalmente la tradizione del sindacato e del PCI, e la loro egemonia sulle lotte operaie.

Sai quanto me che la vicenda è assai complessa ed è stata ampiamente trattata da chi certamente più di noi dispone degli adeguati strumenti analitici e interpretativi. E, peraltro, è toccata solo tangenzialmente dal nostro scavo. Comunque tutta quella estensione e quella radicalità non bastarono. Padroni e sindacati non dormirono per anni sonni tranquilli ma già dopo la metà del '73 era evidente una crisi. Potere Operaio fece su quelle lotte, e sulla speranza rivoluzionaria cui alludevano, il suo inno. Ponendo nuove e infuocate parole su quello bellissimo della marina sovietica. Parole che inneggiavano all'Insurrezione. Ma l'Insurrezione non ci fu, e Potere Operaio finì.

Tutti gli altri gruppi della sinistra rivoluzionaria annaspavano. Sospinto dalla grande molla dell'ideologia, quel movimento di studenti, di non produttori, si era riversato davanti alle fabbriche per sollevare alla rivolta gli operai, i produttori. Dando così una coriacea concretezza a quella vaga astrattezza di intenti su una diversa dimensione di vita che era forse la sua unica e innovativa peculiarità. Aveva perso questa e perso la sua battaglia.

Ma una volta che sei salito sulla gran ruota che macina la storia, e molte ne hai date ma di più ne hai prese, è molto difficile riandare alle radici del problema. Anche perché dall'altra parte avevano fatto tutt'altro che dichiarare una tregua. Se c'era un ristagno era dovuto a un uso errato della strumentazione rivoluzionaria, non alla strumentazione in sé.

Così ci si mise a pensare a come recuperare l'occasione perduta. A quali nuovi mezzi teorici mettere in campo per riprendere l'iniziativa. Pensare. Sembra facile. Già nel pensare c'era comunque sotto la coazione a ripetere e io, per di più, ero ormai nel «fare». E un uomo, se non trova la capacità di tirarsene via, di costruirsi delle alternative, diventa quel che «fa». Il suo «fare» diventa la sua identità. Il suo modo d'essere. Difficile rinunciarci, difficile tornare indietro. Dei semplici e idioti strumenti, roba senza vita – un tornio per un operaio, uno stetoscopio per un medico, un regolo per un architetto, e una pistola per un guerrigliero – possono diventare un prolungamento del cervello. Peggio. Il motore del cervello. Il motore che scandisce la tua vita.

Comunque questo è il senno di poi. Allora non avevo la testa per capire dove mi stavo infognando. C'era un'impasse e dovevo uscirne. Non conoscevo altro modo che agire. E agii. Il motivo più idiota che si poteva addurre come causa di quella impasse era che le lotte non fossero state adeguatamente supportate dall'intervento armato. Be' io glielo diedi. Avevano sbagliato i nostri dirigenti a tenere l'intervento armato in seconda linea. Subordinato a quello politico. Avrebbe dovuto avere da subito pari dignità, pari dispendio di energie. Da lì bisognava ricominciare. Ovvio che non fui il solo a pensarlo. Altrimenti oggi non saremmo qui a parlarne.

C'era stato Feltrinelli, con cui Potere Operaio ebbe inconcludenti rapporti politici e io, come responsabile del Lavoro Illegale, ben più diretti rapporti organizzativi e personali. Fino a credere, a un certo punto, visto che PO sull'attività armata cincischiava, che fosse più utile unirmi a lui e ai suoi GAP. Aveva ripreso pari pari quel nome da quello dei Gruppi di Azione Partigiana della resistenza comunista. Non credevo granché in una nuova Resistenza né nella sua ossessione per un prossimo colpo di Stato. Però la sua determinazione mi fu contagiosa e, in più, si portava appresso un mito non da poco per il suo stretto legame con la guerriglia sudamericana. E «faceva». Non pago di avere già dato, come editore, un bello scossone all'ottusità comunista pubblicando uno come Boris Pasternak, all'indice in Russia, e altri libri non «ortodossi», lui «faceva» in prima persona. In barba ai suoi miliardi e ai successivi stupori dei salotti radical-chic milanesi. Tanto da morirne su quel traliccio di Segrate in quella maledetta primavera del '72.

E poi c'erano già le BR che a quel dilemma avevano dato la loro risposta. Un'organizzazione del tutto clandestina che avrebbe dovuto raccogliere attorno a sé le iniziative del movimento per la costruzione di un Partito Comunista Combattente. Noi cercavamo un'altra strada. Inutile scendere in tediosi, quanto oggi ridicoli, dettagli politici che sfiancherebbero chi ha avuto la lena di seguirci fin qui.

Il fatto, semplicemente detto, almeno spero, è che noi non volevamo un'organizzazione che stesse «sopra» il movimento, ma «dentro». Non che portasse a sé i militanti rivoluzionari, ma che portasse a loro la capacità di combattere.

Be', per farla breve, ci provammo per tre anni. Fondando, spaccando e rifondando. Eravamo partiti in tanti: Milano, Torino, Genova, Firenze; e ci ritrovammo a Roma in un pugno. Il dilemma era che tenere insieme le due cose, l'intervento politico e quello militare, riproduceva il solito problema. Quelli responsabili dell'intervento politico privilegiavano i «loro» strumenti, quelli dell'intervento militare i «loro». Giornali gli uni, armamento gli altri. Per dirla sommariamente. Una lite continua. Le BR avevano tagliato il nodo. Non c'era separazione tra le due anime. Anche perché, essendo clandestini e provenendo da una minuscola esperienza, di intervento politico non è che ne facessero granché. Era quello il nodo che comunque strozzava. Se eri clandestino, se avevi sacrificato all'attività militare l'internità al movimento, l'organizzazione reggeva. Se invece non volevi sacrificare nulla, tenere insieme e il movimento e l'attività militare, l'organizzazione non reggeva.

Quando di mezzo al '76 restammo in sette, con all'orizzonte altri possibili spaccature, privilegiai ancora il «fare». Piuttosto che finire a masticare amaro tanto valeva andare con chi, comunque, «faceva». Non ero d'accordo con le BR, proprio per niente. Ma c'è stata un'altra aggravante, e non solo per gli esiti che quell'imbecillaggine ha avuto. Li avevo già conosciuti anni prima quelli delle BR. I giudici milanesi nei primi anni Settanta li avevano messi a terra. Avevano bisogno di armi perché tutte le loro basi erano state spazzate via. Mi prestai e, anziché riceverne un qualche ringraziamento, dovetti sorbirmi tutta la loro boria. Per loro era un atto dovuto. Quasi dovevo ringraziarli io per avermi permesso di aiutarli. Perché loro erano il faro della Rivoluzione. Tutti gli altri erano dei cani morti. Non li sopportavo, non avevo mai sopportato quella prosopopea tipica di chi, nel timore di avventurarsi dove il cammino era più difficile e tortuoso, lo riduceva a una dritta strisciolina marcata dagli slogan, dalle frasi fatte.

E li avevo reincontrati a Roma poi, verso la fine del 1975. Erano arrivati qui da poco e avevano stretto un patto d'azione coi NAP. Loro erano arrivati dal Nord e quelli dal Sud. Entrambi calamitati dal pulsare del «cuore dello Stato». Noi eravamo ancora forti allora e pensammo non fosse sbagliato incontrarci tutti assieme per verificare la possibilità di un'azione unitaria. Evidentemente non mi era bastata. Ci sorbimmo ancora tutta la loro spocchia. Sperando fossero solo dettagli. Eravamo tutti comunisti, volevamo fare la rivoluzione, un accordo lo avremmo trovato. Sbagliato. Perché loro, le BR, non erano comunisti qualsiasi, erano stalinisti. Che è tutto un altro dire, e fare. Per loro non è mai stato più importante combattere il nemico comune quanto annettersi o, nell'impossibilità, eliminare prima tutti quelli che potessero fargli ombra. Un vizio già abituale tra i comunisti, come in tutta la politica d'altronde, ma gli stalinisti lo hanno sempre praticato con maggiore tenacia e determinazione.

Loro, Moretti e Bonisoli, si attorcigliavano sulle sedie ogni volta che gli parlavamo del nostro intervento nei quartieri proletari. La lotta sulle bollette del telefono e della luce, l'occupazione delle case, la scuola. Apriti cielo. Avevamo appena compiuto la nostra azione dinamitarda contro la direzione della SIP, e loro a darci degli sprovveduti, degli economicisti, che erano tutti quelli che lottavano sulle cose concrete e non sui fini ultimi cui era destinata dalla storia la classe operaia. L'abbattimento del capitalismo, la Dittatura Proletaria.

Moretti qualcosa la argomentava. La contraddizione principale che era nella fabbrica, la lotta al punto più alto dello scontro col capitalismo, e slogan vari. Bonisoli citava pedissequo il *Manifesto del Partito Comunista* di Marx ed Engels. Di Marx mi pare si sia avventurato una volta anche nei *Manoscritti economico filosofici del 1844*. Vaneggiamenti. Ma, per noi, dettagli, fissazioni superabili. L'importante era una unità d'azione per aumentare l'impatto.

## Esquimosa

ERA LÌ, STUPENDA. I FIANCHI LARGHI, opulenti. Ondeggiando ritmicamente il lungo corpo flessuoso lanciava un silenzioso ma irresistibile richiamo, un invito all'avventura.

La mattina mi alzavo prima degli altri e, con una tazza di caffè tra le mani, sedevo sul balcone a guardarla. I movimenti delle rare persone dabbasso, ancora lenti e opachi, non disturbavano, anzi erano complici dell'intimità dei miei sguardi.

Il sole, a quell'ora nascosto dalla rocca spagnola, non aveva ancora disperso la foschia notturna; l'aria era velata e odorosa di mare. Una presenza viva che si sarebbe rarefatta, assieme alle mie fantasticherie, non appena la temperatura si fosse alzata; e con questa gli altri abitanti della casa, e del paese.

Era proprio sotto di me, la scrutavo percorrendola tutta, cogliendo tutti i particolari che ne esaltavano la bellezza. La brumosa solitudine accentuava la sua personalità indipendente, affrancata dalla presenza dell'uomo. Una visione che rompeva ogni barriera e portava ovunque si fosse capaci di andare. «Esquimosa», nome magico, misterioso, suoni musicali dal senso sconosciuto, ma dalla potente, indefinita suggestione.

Le porose doghe color nocciola della tolda formavano un arabesco di linee curve che davano risalto allo slancio sinuoso dello scafo. L'albero maestro di lucido legno marrone, massiccio alla base cinta d'ottone, saliva sempre più sottile, superava il mio balcone, finiva lassù dove alzavo gli occhi. Il «due alberi» più bello del mondo.

Anche le sigarette erano razionate in quell'estate del '69. C'era l'appartamento, c'era una bombola del gas, pentole piatti e tutto il resto, ma non c'era una lira. Figurarsi se potevamo permetterci una barca, o se chi l'aveva si sarebbe arrischiato a ospitare quella sparuta pattuglia di ragazzi «sovversivi», capitati, non si sa come, in quel luogo di villeggiatura così esclusivo.

Dopo la metà di agosto, arrivò lì in vacanza una ragazza giovanissima la cui immagine mescolai alle mie fantasticherie mattutine sull'Esquimosa. Il fratello diciassettenne era con noi, nel gruppo di studenti che durante l'inverno avevano occupato il liceo e gridato per le strade la loro ribellione.

Era bella come può esserlo solo una ragazza nata tra sole e fichi d'India. Nera di tutto: i capelli sempre scarmigliati di provocatoria fierezza, gli occhi ridenti e intriganti di una quindicenne che aveva vissuto chissà quante altre vite. Scura la pelle, scure le labbra, che aprendosi scagliavano un sorriso che frastornava di luce. Fiore cresciuto in luogo segreto, fino all'anno prima era solo la ragazzina che apriva la porta di casa con gli occhi per terra; e che poi pensavo tornasse a giocare con le bambole.

Un pomeriggio senza sole l'accompagnai a casa sua per prendere un maglione. Nel tragitto parlò, rise, e dietro il sorriso trascinante era già percepibile il disincantato scetticismo e il sereno fatalismo della sua terra.

Girai curioso per la stanza, mentre lei cercava il maglione in un groviglio di cose ancora più intricato dei suoi crespi capelli. Vicino al letto, primo di una sconnessa pila di libri, era poggiato, aperto, *Ricorda con rabbia*. Anch'io l'avevo letto più o meno alla sua età; non avevo molto da ricordare con rabbia, allora, ma avevo iniziato ad accumularne. Forse per il misterioso travaso di stati d'animo creato nel solitario trasporto della lettura. Mi meravigliò ritrovarlo sul comodino di una ragazza che sfidava il sole con l'arroganza del suo sorriso.

Camminava a piedi nudi e non era una posa: solo più semplice e naturale. Portava pantaloni bianchi di tela grezza stretti alle caviglie e magliette di cotone, pure bianche. E sotto queste null'altro che la sua sfrontata impudenza.

A piedi nudi. Nera, vestita di bianco. Dal balcone la vedevo già a distanza avanzare sul molo. La sua figura si stagliava magica, caraibica. Come per l'Esquimosa mi lasciai scivolare in tenui e fuggevoli visioni di sogno. Ma anche i sogni che ci vengono a trovare col giorno, stregandoci con il loro tema ineffabile, non possono essere invasi dall'urgenza di fatue domande. Svanirebbero, e con loro ciò che annunciano.

La guardavo, la cercavo, l'ascoltavo incantato nei suoi viaggi di parole e sensazioni alla scoperta e alla larga dal mondo. Ma era tale il timore che potesse dissolversi, anche solo a sfiorarla, che esiliavo le mani, l'una a guardia dell'altra, dietro la schiena.

Un avvolgente desiderio mi incalzava con una nostalgia che non fluiva da brucianti ferite del ricordo ma da calorose pieghe dell'anima. Era un desiderio inafferrabile, dai contorni dilatati, la comprendeva ma non finiva con lei. Era per lei e per il mondo misterioso da cui sembrava essere giunta fin lì. Un mondo di cui mi mostrava con naturalezza le porte, pieno di nascondigli e di tesori e che, capivo guardandola, non avrei mai posseduto, mai conosciuto pienamente.

E da quale altro mondo veniva quella barca altera, che aveva solcato chissà quali mari e ora riposava lì, in attesa di qualcosa, di qualcuno? Deserta e caparbia in tutta la sua malinconica bellezza.

Aspettai, sperando in un qualche segno che sciogliesse l'incanto. Ne arrivò uno. L'altro, come spesso accade, smarrito nell'indugio.

Una mattina, un vecchio marinaio incartapecorito dal sole avanzò per il molo caracollando sulle gambe arcuate e salì sull'Esquimosa. Ingollai il caffè e scesi in fretta le scale. Fretta inutile, perché il vecchio si muoveva lentamente sulla tolda. Come avesse tutto il tempo del mondo. O come se, salito su quella barca stregata, il mondo fosse svanito alle sue spalle. Tastava le sartie, passava con cura la mano sui morbidi legni, controllava la tenuta dei boccaporti. Altrettanto lentamente si volse al mio richiamo e ascoltò la mia domanda, increspando le grinze attorno agli occhi.

Mi disse chi era il padrone dell'Esquimosa; ed

era l'ultimo nome cui avrei potuto pensare. Lui lo pronunciò con tutta tranquillità. I vecchi e i marinai non badano alla cronaca. E capii perché l'Esquimosa era lì triste con le vele arrotolate.

Dopo l'estate la vita mi portò altrove e non rividi più quella ragazza. In seguito seppi che era tornata nella sua terra, promessa, sembra, all'erede di un'antica famiglia di proprietari terrieri. Il fiore selvaggio era stato messo in una serra. E solo dopo molti anni, quando già avevo rinunciato ad attenderla, avrei incontrato la donna inafferrabile che lei aveva annunciato.

L'Esquimosa tornò invece a incrociare la mia vita e a risvegliare la mia curiosità. Forse inaspettatamente. Forse perché così doveva andare.

Mi fu presentato come «Osvaldo».

Io sapevo già chi fosse, ma dovetti attendere più di un anno prima di poter sciogliere l'enigma dell'Esquimosa.

Di lui non si può certo dire che incoraggiasse la familiarità; tutt'altro. Conoscendolo mi convinsi, poi, che il suo fare brusco era anche dovuto a una timidezza di fondo, accompagnata dalla paura di lasciarsi andare a incerte amicizie.

Le recenti vicende della sua vita erano state talmente clamorose da poter suscitare molte domande. Avrei potuto chiedergli di Castro o del Che, ma io volevo soprattutto sapere che accidente c'entrasse quella barca magica con lui. Non lui com'era adesso, ma come era stato; come era «dietro» il pericoloso ruolo che aveva scelto e l'immagine stereotipata offerta dalla stampa.

Aveva superato i quaranta e poteva essermi padre. Mi sorprendevo spesso a osservarlo. Guardavo lo spazio vuoto tra il naso autorevole e la bocca imbronciata, una volta occupato da imponenti baffi neri e a cui ora andava, con nervosa regolarità, la sua mano, come condotta dall'abitudine di lisciarli, o a sincerarsi che non ci fossero davvero più. Era comunque irriconoscibile: i capelli cortissimi ormai invasi di bianco, gli occhiali con montatura chiara e sottile. Nell'insieme sembrava più vecchio e dimesso che non nelle fotografie apparse a suo tempo sui giornali di mezzo mondo.

Vestiva trasandato, per contrasto con l'immagine che anni prima aveva ironicamente consegnato a una rivista di moda, pensavo. O forse quella scarsa cura discendeva dalle abitudini severe della sua adolescenza. Forse, ancora, per antica contrapposizione con la rinomata eleganza del secondo marito della madre, da lui non certo amato.

Portava scarpe pesanti con suola a «carrarmato», pantaloni sformati e troppo lunghi, giacconi anonimi e gualciti, dalle cui tasche traeva gli oggetti più impensati. Solo i maglioni tradivano, a volte, il gusto ricercato della donna che doveva averglieli regalati. Si copriva la testa con strani berrettacci che trovava chissà dove, e solo un osservatore attento avrebbe notato al suo polso il Rolex Oyster d'acciaio. Ne aveva esteso la «dotazione» a tutti i suoi uomini: «Il fattore tempo è determinante nell'attività guerrigliera» ripeteva.

Ciò che in lui colpiva e affascinava era l'irreversibile rinuncia alle abitudini dell'agiatezza. E, oltretutto, le sue passioni mettevano in forse la più elementare delle abitudini dell'uomo, quella alla vita.

A Milano mi dava appuntamento in luoghi fuori mano, per lui più sicuri. E io impiegavo sempre molto tempo a rintracciarli, perdendomi nell'hinterland della città, confuso da tutti quei nomi con eguale desinenza longobarda.

Una volta l'aspettai davanti a un casolare fuori città che mostrava sulla facciata una rugginosa lapide, in ricordo di un episodio della guerra partigiana di cui quell'aia era stata teatro. Poco oltre la scarsa terra che circondava il casolare, con la base nascosta dall'erba alta e dalla foschia del canale, si alzava il minaccioso scheletro di un palazzo di quindici piani. Presto l'acciaio e il cemento avrebbero definitivamente inghiottito quel residuo di un mondo già scomparso.

Stima e confidenza crebbero tra noi a poco a poco, lasciandosi dietro la formalità e le profonde diversità. L'estrazione sociale, la formazione politica, la generazione, i riferimenti culturali, storici, persino geografici.

Lo ascoltavo, consapevole che ogni cosa dicesse, per quanto strana potesse sembrarmi, aveva dietro un mondo di esperienze, di vissuto che reclamava rispetto.

Quella sera, in quell'accogliente trattoria sul Naviglio, era ormai più di un anno che ci frequentavamo. Al pianterreno c'erano la cassa, la cucina e quattro tavoli per i vecchi del quartiere. Salimmo al primo piano da una vecchia scala di legno; le pareti erano tappezzate di quadri dai soggetti e dai colori più disparati; i tavoli, pochi e distanziati, ricoperti da tovaglie casalinghe a scacchi bianchi e rossi.

Fu durante quella cena che, approfittando di

uno dei suoi rari momenti di confidenza, gli chiesi dell'Esquimosa.

Rimase interdetto sentendo quel nome. Riportato d'improvviso indietro nel tempo di un'altra vita: meravigliato che avessi trovato la porta per entrarci.

Diluì l'emozione sorseggiando lentamente il suo barolo poi, con tono ancora restio, iniziò a raccontarmi che aveva comprato quella barca molto tempo prima, per una donna che aveva molto amato. Insieme l'avevano ritirata un inverno dal cantiere scandinavo dove era stata costruita. Poi di lì fino al Mediterraneo, passando per il freddo Mare del Nord e le feroci acque della Cornovaglia e della Bretagna. Poi l'Esquimosa era stata protagonista di viaggi straordinari intrapresi nella stagione di quel loro amore.

Lei era una donna bellissima, appassionata, ribelle, padrona delle proprie sensazioni, del proprio corpo, della propria vita intensa e ricca, e quando, fatalmente, «tradì il suo amore», lui non aveva più voluto saperne. Di lei e di quella barca. Mi disse.

Si strappa una fotografia e la si getta, ma il cestino inghiotte interi pezzi di vita. Da come ne parlava, con un residuo vago rancore che non sarebbe mai riuscito ad aver ragione della struggente nostalgia, capii che non era stato sufficiente per lui strappare la fotografia, disfarsi della barca, per sbrogliarsi dai lacci del ricordo.

Non mi mostrò risentimento per averlo rituffato in quel passato. Sembrò anzi cogliere quell'inattesa occasione per lasciarsi andare a un rimpianto riscoperto come un bene prezioso, vitale. Lo accompagnai in silenzio nel ricordo della donna dai conturbanti zigomi aztechi. La signora dell'Esquimosa.

Tempo dopo «Osvaldo» venne a Roma, di passaggio in uno dei suoi frequenti spostamenti. Ricordo che restammo un intero pomeriggio a esaminare una gran quantità di schizzi e appunti che aveva portato con sé. Mi disse che molte di quelle idee erano state adottate con successo dai Tupamaros, e fu una delle poche volte in cui vidi il suo volto esprimere una compiaciuta soddisfazione.

Pensai, in quel momento, che tutti quegli appunti e la sua eccitazione fossero il frutto di un viaggio in Sudamerica, di una ripresa di contatti con i vecchi compagni. Ma quanto avvenne in seguito mi fece capire che forse non lui ma loro avevano fatto la visita.

Lo rividi ancora a Milano. Quella volta, tra progetti e discorsi, facemmo tardi in una «latteria» di periferia, mangiando brasato e bevendo denso vino rosso. E lui mi «invitò» a dormire in un suo appartamento clandestino.

A quel tempo «Osvaldo» usava una vecchia 124, grigia e malandata quanto il suo abbigliamento. Si era anche fatto crescere la barba, convinto che la sua faccia si fosse «bruciata» nei molti passaggi di frontiera. Con quella barba corta e screziata di bianco sul viso magro, ossificato, quasi ascetico, con gli occhi inquieti in due fosse fonde, il parlare fitto e basso attraverso la bocca semichiusa, sembrava evocare atmosfere da impegnato studio del Talmud.

Appena partiti iniziò a compiere giri tortuosi per depistarmi, mettendo in pratica i suoi stessi insegnamenti. Ma l'implicita sfida sollecitò, anziché sopire, i riflessi condizionati del «clandestino» e, durante una pausa della conversazione, il mio sguardo andò a una bianca e solitaria targa stradale.

Lui mi rimbrottò serio. Non mi aveva bendato, come avrebbe dovuto, e io mi mettevo a guardare i nomi delle vie?

Via Santa Monica, era scritto, senza alcuna ironia, sulla targa; rimandando a dorate spiagge californiane. Ma la strada era un vialone desolato. Abitato solo da allampanati lampioni a luce gialla che illuminavano squarci di prati lunari; chilometri di sterpaglia e pietre che intervallavano il cemento muto di grigi agglomerati suburbani.

Nell'unica stanza dell'appartamento c'erano un armadio di plastica e due brande. Un tavolo, un paio di sedie. Mentre mi indicava il bagno fece per poggiare le chiavi sul tavolo. Ma gli caddero di mano. Quelle sue mani. Prigioniere di un'ansia mai sopita. Mosse non dai muscoli ma dal pensiero che era sempre già oltre il singolo gesto, la singola attesa. Il singolo, inutile atto che distoglieva l'attenzione. Come quando, preso dalle parole, accendeva una dopo l'altra con gesti impacciati le inseparabili Player's Navy Cut.

Quando si tolse la giacca venne in mostra una fondina con un piccolo revolver che non gli avevo mai visto. Sulla striscia di cuoio che saliva alla spalla era cucita una cartucciera con sei colpi di riserva. Non ne avevo mai visti di simili: avevano il bossolo cromato, lucido, la palla di un color rame intenso e acceso. Me ne regalò uno, e mi disse di avere acquistato quel revolver anni prima in una grande armeria di Milano. E solo più tardi avrei capito perché usava quell'arma che avrebbe immancabilmente ricondotto a lui.

La mattina ci salutammo ripetendo ora e luogo del prossimo incontro.

Ma «Osvaldo» andava ormai già da tempo verso un altro appuntamento.

Con quel revolver che avevo tenuto in mano e quegli stessi proiettili, poco tempo dopo una donna uccise ad Amburgo il console boliviano Quintanilla. L'ufficiale che, nell'estate del '67, tutto il mondo aveva visto indicare ghignante il corpo crivellato di Che Guevara, steso su quel macabro lavatoio della campagna boliviana.

Solo l'irrinunciabile vendetta poteva portare i guerriglieri sudamericani così lontano dalla loro terra, umida di tropico e di pianto.

Il cerchio di quella storia dell'altra parte del mondo stava per chiudersi. Anche stando qui, «Osvaldo», in realtà, era rimasto dall'altra parte. Nell'altro-tempo, altro-luogo della lotta contro il «fascismo imperialista» e la «borghesia compradora». Luogo e tempo di leggendari miti della Rivoluzione, degli ultimi eroi, gli ultimi combattenti che erano stati con certezza dalla parte dei «buoni». Guevara, Cienfuegos, Marighella, i fratelli Peredo...

«Questo strumento ammazza i fascisti» aveva inciso il menestrello del *new deal* Woody Ghutrie sulla sua chitarra di hobo. Al rovescio, «Questo strumento fa musica» aveva inciso il Che sul suo fucile, inseguendo la Rivoluzione sulla Sierra cubana e poi, in un impossibile quanto irrinunciabile sogno, nell'infida giungla boliviana. E quel mondo, finito con la sua morte, sopravvisse a se stesso nell'abbaglio del mito.

Eppure, allora, il cerchio non si era chiuso, c'era ancora Quintanilla. E poi... Sul pavimento del consolato una parrucca scura e quell'arma di «Osvaldo», lasciata in terra a marcare la sua rivalsa sul destino.

Poi, ancora, ci fu lei. «Tania», la bellissima Tania, che aveva nascosto sotto quella parrucca il biondo raro dei capelli.

Il fantasma del suo antico rivale tormentava instancabile Arcadio Buendìa, ma il tempo della solitudine non era ancora scaduto, portando con sé il vento che avrebbe spazzato ogni ricordo di quel mondo. Quel cerchio mitico di gloria si era ora trasformato in un collare d'angoscia, di attesa impotente del corso tragico e ineluttabile delle cose. Un'agonia postuma.

Infine, senza più la risonanza di un tempo, nel disinteresse generale e nel rassegnato ma inconsolabile dolore di pochi: «Tania» presa, uccisa, spazzata via a La Paz. Sparsi in terra, sul selciato del barrio, i suoi capelli biondi e il suo coraggio.

A migliaia di chilometri da lì, ma nella vicinanza estrema del dolore, l'Esquimosa era restata per un attimo come sospesa, immota sull'acqua, ferita. Poi, lentamente, aveva ripreso a cullare la propria dolente malinconia.

Ora non restava da consumarsi che un'ultima, inesorabile solitudine; poi, l'Esquimosa avrebbe potuto dissolversi nel pulviscolo di sogno che aveva un tempo navigato.

Tornai a cercarla un anno dopo. Era scomparsa. Portata via da uomini sconosciuti, che probabilmente nulla sapevano di lei, né dell'uomo e della donna il cui amore aveva accompagnato per mare.

Ma dell'Esquimosa quegli uomini indifferenti, con le morbide borse di cuoio inglese, i grigi vestiti e la gelida essenzialità degli esecutori testamentari, avevano portato via soltanto una vuota carcassa di lucido e pregiato legno di Norvegia.

Di spalle, nel pozzetto di uno sloop bianco, ormeggiato dove era stata l'Esquimosa, mi parve di vedere una ragazza dai capelli neri, crespi, arruffati. La stessa risata trasparente attraverso cui lo smalto balenava come lampo. Visioni.

In tutti i miei infiniti spostamenti, in tutte le allucinazioni attraversate, ho sempre portato con me quel proiettile che «Osvaldo» mi aveva regalato. Ma non avrei mai immaginato che proprio quello sarebbe stato l'unico, tangibile ricordo che di lui mi sarebbe rimasto.

Avevamo appuntamento alla fine dell'assolato marzo del '72. Ma non venne. Qualche giorno prima, abbarbicato su un traliccio, inseguendo il sogno di fermare un mondo che odiava, era stato dilaniato da una bomba.

Più che dall'esplosivo fu ucciso dal buio di pietra che, oltre l'Oceano, aveva già spezzato il respiro dei sogni. Fu ucciso da quelle mani maledette che non volevano saperne di maneggiare con precisione i piccoli fili cui si trovò appesa la sua vita. Fu ucciso dall'inesorabilità del fato che reclamava a sé l'ultimo sopravvissuto di un mondo già scomparso.

Quello squarcio nella notte inghiottì con «Osvaldo» un uomo tormentato e troppo coraggioso. Da lì filtrò il vento che raggelò la nostra infanzia rivoluzionaria e la morte, infranto il diaframma dell'allegoria, irruppe violentemente a rivendicare il suo posto di proscenio.

Di lui avrei voluto in ricordo la boccia di vetro che, bambino incantato, guardava rovesciare fiocchi di neve, o lo slittino della sua infanzia. Il suo «Rosebud».

Ma un uomo lascia rotolar via solo all'ultimo momento i propri ricordi e i propri rimpianti, aprendo il palmo della mano, e arrendendosi al mondo.

# IL SUPERAMENTO DEL MARGINE

Poco dopo ci fu l'omicidio del giudice Coco, il primo delle BR. Era il giugno del '76. Non ce l'aspettavamo, non se l'aspettava nessuno. Non che l'omicidio non fosse contemplato, giacché la Rivoluzione non è un pranzo di gala, ma era una scadenza remota. Tutt'uno col momento finale dell'Insurrezione. Allora sì che ne sarebbero stati appesi ai lampioni. Una parte del mito, esorcizzata negli slogan ferocissimi che tutti avevamo gridato. «Con le budella dell'ultimo re impiccheremo l'ultimo papa», ricordi? Ma se alla ferocia degli slogan fossero da subito seguiti i fatti, oltre le troppe volte che questo è accaduto, da molto tempo su questa terra scorrazzerebbero liberi e felici solo gli animali.

Era contemplato in quel prossimo e glorioso futuro ma non nel presente. Per quanto odiassimo, e odiavamo con tutti noi stessi, la morte, l'omicidio, erano ancora una barriera. Mettila come vuoi. Forse era una barriera morale: non puoi lottare per la vita e dare la morte. O forse psicologica, dato che non eravamo nati assassini. Oppure perché ritenevamo che gli «ostacoli» andassero spostati di lato, non eliminati. Se riuscivamo a spostarli altri avrebbero potuto seguire l'esempio. Se li eliminavamo si apriva una guerra in cui in pochi saremmo andati. Una barriera, quest'ultima, di programma, che offriva più argomenti delle prime due. Perché i travagli morali e quelli psicologici non possono aver nulla a che fare con la politica. Con nessuna politica.

Giusto due giorni dopo che avvenne l'omicidio Coco avevamo una riunione della trilaterale combattente. Incontrai prima in strada il compagno dei NAP. Era d'accordo con me che Coco poteva anche andare bene. In fondo se l'era cercata, rimangiandosi la liberazione dei detenuti politici che aveva accordato in cambio del rilascio del giudice Sossi sequestrato dalle BR nel '74. Ma non dovevano uccidere anche la scorta. Soprattutto quel povero disgraziato che se ne stava in macchina lontano dal luogo del fatto.

Così argomentammo, e non ti stranire. L'omicidio non era ancora nel conto ma era cosa fatta. E sulle cose fatte la politica argomenta a freddo sulla vita e sulla morte. Non può farne a meno. Se ci scappa una qualche remora morale, e non è detto, è prima. Dopo cerca solo il modo di uscirne fuori, di andare avanti. Che sia Coco o Ustica non cambia. La politica è oltre la vita della gente. È un «grande disegno» prossimo al divino. E gli dèi con la vita degli uomini ci giocavano.

Manifestammo i nostri dubbi a quelli delle BR. Risposta: «Siamo in guerra con lo Stato, rimangiandosi la parola su Sossi hanno voluto la guerra e l'avranno. Andava eliminata anche la scorta». Sottinteso: «Se non avete il fegato tiratevi indietro».

Te lo ricordi anche tu quel momento di trapasso. Eri già uscito dal PCI. Un cane sciolto, proprio come loro ti avevano chiamato. E assieme agli altri cani cacciati a pedate avevate messo su un collettivo dentro due stanzette affittate. Intervento davanti alle fabbriche, nelle scuole e poi la lotta sull'autoriduzione delle bollette della SIP. Ma dici davvero? Era arrivata fino a Salò? Riunioni infuocate con tutti i gruppettari della provincia. Fino a che un nutrito gruppo si staccò e, qualche anno dopo, sapeste che erano in Prima Linea. E intanto le BR ammazzarono Coco e i due poliziotti e fu la fine dei brindisi per le gambizzazioni e i cartelli appesi al collo dei kapò di fabbrica. Se n'erano andate per la loro strada uccidendo. Lontano dalle fabbriche e dalle bottiglie che tenevate sempre in fresco per una buona occasione. Hai coraggio a raccontare queste cose. Ormai è tutto prescritto. Ma allora ti avrebbero chiuso a doppia mandata. E con te tutte le migliaia che fino a quel punto avevano brindato alle BR. Un po' troppi, ma avrebbero fatto spazio.

Moretti – nel suo libro intervista del '93 in cui risponde alle domande di Rossana Rossanda e di Carla Mosca – dice sull'omicidio dei due poliziotti: «Non è possibile risparmiare un agente armato durante un'azione [...] Non avevamo motivo di colpire anche la scorta. Se si può si cerca di ridurre il sangue». A noi non ce la disse così. E le due signore che lo intervistavano potevano metterlo alle strette politicamente, che era il loro terreno, mentre nulla potevano obiettare sulla tecnica militare. Ha avuto buon gioco. Ma non fu un'esigenza operativa, fu una scelta. Di guerra. Una scelta idiota perché, oltretutto, uccidere per uccidere, avrebbe avuto più effetto se la scorta fosse stata risparmiata. Coco da solo con le sue responsabilità. Questo pensavo.

Il poliziotto che era con Coco poteva essere disarmato e reso innocuo. C'era tutto il tempo su quella scalinata deserta. E non era una testa di cuoio, era un maresciallo con la pancetta. L'altro, quello che era rimasto seduto in macchina, non poteva neanche vedere quello che stava succedendo. Bastava controllarlo. Furono uccisi perché erano soldati del nemico. E in guerra i soldati nemici si ammazzano.

Certo anche per Moretti non è stato facile riandare indietro a quasi vent'anni di distanza. Questo lo sappiamo. Tu puoi essere cambiato ma i fatti, la morte, no. Sta sempre lì dura e tagliente come una pietra acuminata. E spaventa misurarsi con qualcosa di cui poi si sono annebbiate le giustificazioni. Il disagio per l'efferatezza può assalire vorace e per non sentirlo, per non farsene intaccare troppo a fondo la coscienza, si può arrivare a confondere, ingarbugliare il ricordo. A mentire, alla fine, a chi è di fronte. E forse più, anche a se stessi. Ma i turbamenti a posteriori di uno che ha ucciso non fregano, giustamente, niente a nessuno. Se si è trovato allora il coraggio di uccidere, bisogna trovare poi il coraggio di renderne ragione.

# NELLA TESTA UN MALEDETTO MURO

CREDI CHE AVESSI ABBASTANZA ELEMENTI per capire? Certo che li avevo. Ma non avevo nient'altro. Le cose per noi andavano sempre peggio. Te l'ho detto. Spaccature su spaccature. Così alla fine diedi loro ragione. Forse era meglio tagliare il nodo. Annullare dubbi e incertezze. Così, anziché seguire gli allarmi del cervello, seguii obtorto collo la spinta al «fare». La cecità del fare. «Chi fa sbaglia.» E io sbagliai. Per due. Perché Adriana Faranda mi seguì riluttante. Non per la scelta, che condivideva, anche se forse allora con minore convinzione, ma per quello che comportava. Aveva già una figlia. E la clandestinità tutto taglia. È una via senza ritorno.

Quando avanzai verso quell'ultimo, definitivo salto, potevo sentirmi come uno zoppo che deve aggrapparsi a un passante, magari altezzoso e maldisposto, perché è l'unico che in quel momento può portarlo dall'altra parte della strada. Il problema era già nella strada, figuriamoci con chi l'attraversavi. I quattro ciechi di Brueghel che finiscono nel fosso guidati dall'orbo. Parlando di cecità. Brueghel aveva posto a quel quadro un sottotitolo? «Così va il mondo.» Ben detto vecchia talpa.

A vederla col senno di poi, e a non esserci stati, capisco la tua domanda. «Perché a quel punto non hai mollato?»

A voler fare un paragone poco acconcio potrei dirti che se Colombo avesse dato retta a tutti i segni contrari, le porte contro cui ha sbattuto, le navi promesse e mai avute e poi, dopo, quelle sue Indie che non arrivavano mai e la ciurma che era lì lì per fargli la pelle, avrebbe dovuto mollare. Ma non l'ha fatto. Aveva un patto con se stesso. Un'idea e uno scopo. E una sfida contro tutti quelli che l'avevano irriso sicuri che sarebbe caduto di sotto. Visto che per loro la Terra era piatta.

È poco acconcio, ma anch'io avevo una mia idea di mondo. Da far valere contro tutti i segni contrari. Però io, poi, di sotto ci sono caduto.

Mollare era una possibilità. Ma, appunto, lo è solo col senno di poi. Non tutto pareva segnato allora. Quando sei in mezzo alle cose è forte l'illusione di avere tutto nelle mani. Non cogli mai i segni contrari, privilegi sempre quelli a favore. E dato che quelli erano più che altro in divenire era facile renderseli ancora più accattivanti. In due parole, era più facile non cominciare affatto che smettere.

La mia colpa è tutta lì. Quello è il punto definitivo di non ritorno. Gli errori degli altri non attenuano i miei. E parliamo di errori collettivi di un pezzo di generazione. Ché altrimenti non avrebbe molto senso stare qui a rigirarsi attorno al proprio ombelico. Ma voglio dirti di più.

Io, e come me molti altri, avevo già mollato. Due anni prima, poco dopo la fine di Potere Operaio. Ero disilluso, amareggiato. Ero stato cacciato in un buco «tecnico» delegando agli altri l'azione politica che doveva giustificare quello che facevo. E loro, oltre a non fornirmi mai alcuna indicazione, a rintuzzare con sorrisi derisori ogni mia richiesta di una maggiore definizione dei compiti, non ne erano stati in grado. Perché continuare?

Dopo un po' di vita raminga, comoda perché un po' di soldi che non servivano più a niente li avevo, ero arrivato ad avere vergogna di me stesso. Il mondo continuava a essere uno schifo. Violenza dopo violenza e sopruso dopo sopruso. E io me ne stavo lì a pensare solo ai cazzi miei. Non andava. C'era una spinta dentro, una commozione da portarmi alle lacrime, che non era più neanche ideologica. Veniva prima. Da più lontano. Non potevo restare indifferente.

Un vecchio tarlo. Un tarlo culturale. L'uomo «deve» agire per modificare il mondo. Per «migliorarlo». Deve essere soggetto attivo nella storia. Costi quello che costi. Tutto sulle sue spalle, perché lui è l'incarnazione del divino. Il re dell'universo. La rottura dello statico e soffocante equilibrio piramidale Dio-Chiesa-Uomo ci ha dato cose magnifiche ma, nel suo ristagno, la non troppo sottintesa alterigia si è portata appresso come residuo la sottomissione, o eliminazione, di tutto ciò che è d'ostacolo. Le cose, poco male, la natura, obbligatorio ma entro certi limiti, e gli uomini stessi. Il fanatismo di una nuova religione.

Oggi, nel contrasto tra la piccolezza della mia vita e la grandezza dell'errore, credo di aver capito, di aver approssimato un filtro, un regolo che possa guidare il passo. Oltre è difficile andare. È più prudente prendere il meglio e scartare tutti i sottoprodotti. Il problema non da poco è nella cernita. Ma di certo tutte le vecchie ideologie figlie di quella cultura, per quanto apparentemente contrapposte, o oggi, cadute quelle, l'ineffabile differenza tra destra e sinistra, rappresentano litigi nella stessa casa. Lotte per l'eredità. Che è proprio ciò che va rifiutato. Non si può avere in testa il futuro della civiltà industriale senza avere prima a cuore il futuro della civiltà. Quella dell'uomo, in quella industriale. Sono ormai inscindibili, ma andrebbe forse trovato il modo di capovolgerne l'ordine di importanza.

Il presente della civiltà industriale, la gestione corrente del suo uso privatistico e implosivo da parte dell'Occidente, è il tavolo dove la politica conduce il suo gioco delle tre carte. Tanto più appariscente quanto più vuole distrarre dalle domande su un futuro per il quale non ha risposte soddisfacenti. Qui è la posta, nelle domande e nelle risposte, non sul suo baracchino da fiera.

Anche se si potrebbe paventare che su quel futuro, proprio perché ne teme lo sviluppo, la politica abbia già posto una pesante ipoteca. L'Iraq, l'Islam, il nemico esterno col coltello tra i denti, rischiano di essere solo un passaggio. Questa società troppo aperta che è venuta fuori dalle rotture operate dal mercato li spaventa. Potrebbero temere, tanto per dirne una, molto più Internet, la possibilità di diffusione di una comunicazione, e di un ragionare, alternativi a quelli ufficiali, che non l'Islam. E già, con la scusa che può veicolare attività terroristiche – come una qualsiasi strada, dove passano i buoni ma anche i cattivi – stanno cercando di blindarlo, imbavagliarlo. Oltre che monitorare tutto quello che ci passa dentro. Ma la «rete» è ormai già troppo sviluppata e radicata. Forse, almeno su questo, non ce la faranno. Se non con le cattive. Quelle più facili da usare dopo che, con l'11 settembre, il nemico è entrato in casa.

No, in questa storia non sono io il profeta. Ci arriveremo. E non sarà il poetico Isaia ma il terribile Giovanni dell'Apocalisse. Comunque, tornando a noi, avevo già mollato una volta. E neanche quella era stata una soluzione. Dovevo andare avanti.

# I DANNATI DELLA TERRA

Vuoi sapere dei nominati nap? E già. A noi ci hanno sepolti ma non dimenticati. Alla bisogna tirano ancora fuori il gagliardetto della loro «vittoriosa lotta contro il terrorismo». È roba vecchia ma ogni tanto torna utile. Un gagliardetto posticcio, come quello dei duecentomila partigiani usciti fuori dalle case ancora prima che le poche migliaia di «veri» scendessero dalle montagne. Ricordi *Il partigiano Johnny* di Fenoglio con i partigiani che, scendendo a valle, si preoccupano che avrebbero trovato tutti partigiani e nessuno che era stato fascista? (Per non parlare dei tanti che si inventarono che stavano coi fascisti ma parteggiavano per la Resistenza.)

Il terrorismo è stato sconfitto perché anacronistico, e per il suo avvitamento nella spirale omicida. Con l'ausilio della polizia, della magistratura e dei delatori. E del necessario «rigore» negli interrogatori quando la delazione non era «spontanea». I politici hanno delegato, facendo nulla del loro mestiere che non fosse muovere la lingua. Un problema di polizia.

I nap sono stati una meteora. Comparsi e scomparsi in un battibaleno dall'onore delle cronache. Ma nella memoria sono scomparsi anche tutti gli altri. Prima Linea, Azione Rivoluzionaria, XXII Ottobre, Unità Comuniste Combattenti,

Formazioni Combattenti Comuniste, Proletari Armati per il Comunismo... Tutti fagocitati nel ricordo collettivo dalle BR. Perché le BR hanno sequestrato e ucciso Moro. In quei quindici anni sono comparse duecento sigle di organizzazioni armate. Per un totale di più di centomila «atti di violenza politica», come è riportato in ricerche sociologiche che pochi si sono presi la briga di leggere. Più che in Argentina sotto la dittatura dei generali. Più che in tutti i Paesi occidentali messi assieme. Stando a quei numeri le BR sono state ben poca cosa. Ma non lo sono state politicamente. La prima ragione è ovvia e già detta, Moro. La seconda è più subdola. Cancellando dalla memoria collettiva tutto il resto, ributtando sotto l'acqua questo vulcano lasciandone fuori solo il cratere, si è avuto buon gioco a dire che non era un'emergenza sociale ma solo un problema di polizia. Non c'era nulla che non andasse, anzi tutto stava andando per il meglio. Finché, chissà da dove, e chissà per quali oscuri disegni, è venuto fuori dal nulla questo gruppo di pazzi. Un bubbone estirpato. Salvo recrudescenze. Puntualmente arrivate. Visto che nulla si era continuato a fare per evitarlo.

I NAP sono figli dello smarrimento conseguente alla sconfitta delle lotte operai-studenti dei primi anni Settanta. La fabbrica era ancora un punto centrale ma era accerchiata dalla società. Non abbastanza forte per farcela da sola. Occorreva trovare alleati, altri luoghi in cui incuneare l'iniziativa rivoluzionaria. Come quando si cercavano soldi per le collette, si bussò di porta in porta. Lotta Continua era il gruppo più elastico in questa ricerca. Come luogo puntò sulle «basi rosse» nelle città industriali. Zone franche e liberate. Questo l'intento. Come soggetti prima sui soldati, «proletari in divisa», poi sui carcerati. Perché i carcerati, soprattutto al Sud, potevano essere tutti considerati detenuti politici. Proletari costretti al crimine dalla miseria cui li condannava il capitalismo. Be', dall'intervento sui soldati non è che potessero nascere grandi complicazioni. Una massa di disgraziati tenuti nelle caserme solo per giustificare gli stipendi di centinaia di generali e mascherare i numeri sulla disoccupazione. Addestrati a ubbidire e più a lavare piatti e pelare patate che a sparare.

Ma sui carcerati il discorso cambiava. Non erano ragazzetti spaesati cui il servizio militare offriva di certo angustie e violenze ma anche l'occasione di gironzolare in grandi città. Erano uomini cresciuti nella violenza e di cui la violenza era diventato pane quotidiano nelle carceri in cui erano rinchiusi. Uomini che, a differenza dei soldati, le armi le avevano già usate, non le avevano solo portate scariche sulla spalla. Gli apprendisti stregoni avevano evocato il genio. E il genio si levò. Gli era stata data un'identità. Erano criminali, potevano essere rivoluzionari. Il compito se lo presero da soli. Conseguentemente. La vendetta. Magistrati, sbirri, funzionari e quanti altri avessero messo mano alle, troppe, angherie contro i carcerati.

Il loro retroterra ideologico era tutto in quelle parole che avevano dato loro uno scopo altro dal rapinare, sputtanarsi i soldi, rapinare ancora, e finire di nuovo in galera. Le loro capacità tecniche non erano indifferenti. Sapevano usare una pistola, sapevano rubare auto, sapevano condurre una sommaria ricognizione del luogo d'azione. Ma sapevano poco delle regole di un'organizzazione clandestina, e ancor meno delle bombe che si misero a usare. Ne morirono parecchi delle loro stesse bombe. Uno perse un occhio, e non è che arrivato in galera se ne preoccuparono più di tanto, anzi fu lasciato lì su un tavolaccio. A monito. Il tam tam con l'esterno era veloce e non riportava solo quel fatto ma altri cento, mille. Così quelli fuori accelerarono la loro corsa verso la distruzione. Uccisero e furono uccisi. Altri morirono per la mano sbadata di un loro stesso compagno. Gli apprendisti stregoni di Lotta Continua non volevano si arrivasse a tanto. Si può esserne certi. Ma hanno scherzato col fuoco e altri si sono bruciati.

# VITA DA BRIGATISTA

Era ormai prossima l'estate, quella del '76, quando Adriana e io chiedemmo di entrare nelle BR. Ci dissero quali sarebbero stati i nostri compiti, per me il Fronte Logistico, e per lei quello della Controrivoluzione, e che, vista la nostra esperienza politica e militare, saremmo entrati direttamente come «militanti regolari». Cioè come clandestini. E ci diedero il primo appuntamento al 28 di agosto. La gatta ci covava due volte. La prima perché, contrariamente a uno dei motivi per cui io avevo fatto il salto – entrare in un'organizzazione già forte e trovarmi un cantuccio dove leccarmi le ferite – se ci facevano entrare da subito come «regolari», spocchiosi com'erano, voleva dire che non stavano messi poi tanto bene. Noi eravamo rimasti in sette. Se loro erano altrettanti forse tanto valeva restare. E anche questo campanello suonò a vuoto.

La seconda perché quell'appuntamento al 28 di agosto era, allo stesso momento, il sintomo della loro natura bacchettona e della loro coda di paglia. In vacanza ci andavano i borghesi. La Rivoluzione non dormiva mai. Quindi ci si va ma si torna tre giorni prima. Tanto per marcare una risibile differenza. Certo, a rivederle dopo, tutte le cose si rimettono in fila. Non erano proprio la giusta compagnia. Ma ormai era fatta.

Un'altra sorpresa fu quando, appena entrati, ci dissero che ogni «regolare» aveva uno stipendio di centoventimila lire. Equiparato a quello degli operai. Perché quelli erano soldi del proletariato in loro momentanea gestione a fini rivoluzionari. La cosa si fece più grottesca quando uno di loro disse che ne riportava indietro almeno un quarto. Non riusciva a spenderli tutti. Era uno arrivato a Roma dal Nord con la suola aperta delle scarpe tenuta su da un pezzo di scotch. Moretti, già bene adattatosi alla nuova regola, aveva faticato a convincerlo che il centro di Roma, il cuore dello Stato, non era come un quartiere operaio di Milano. Se andava in giro conciato in quel modo poteva dare nell'occhio. Non riuscire a spendere centoventimila lire e le scarpe con lo scotch. Erano fuori di testa.

Ma, tanto per spezzare una lancia in loro favore di contro alla marea di imbecillaggini dette e scritte, erano «puri». Anche se i puri di spirito hanno spesso la loro sola forza nella fede. Dispotica. Quando occorre combattere gli «impuri». Per gli eccessi consumati in nome della sua fede, il papa si è cosparso il capo di cenere dopo un millennio. Noi, per i nostri, dopo pochi anni.

Mi chiedi perché me ne chiamo fuori. Non ero «puro» come loro? No, non lo ero. Diciamo per un paio di motivi. Il primo è che la mia ideologia era stata contaminata da elementi spuri. Non direttamente riconducibili ai fari del comunismo: Marx, Engels, Lenin e, ultimo nell'ordine ma primo nei loro pensieri, Stalin. Non era così ferrea. Lasciava, anche dopo il «salto», un piccolo spazio al dubbio. O forse è che ero sempre stato più portato alla deroga delle regole che non al loro pedissequo rispetto. In soldoni che la mia militanza non potesse essere strettamente regolata da quanto era stato scritto dai Padri Fondatori, del marxismo quasi, delle BR proprio no.

Il secondo motivo è che indulgevo a pensare che non tutto quello che era stato prodotto dalla borghesia fosse pattume della storia. Non parlo solo dell'ovvio. Lo splendore del suo declino da Mahler a Musil, per dirla come sintetizzò quarant'anni fa uno dei «maestri» del filone operaista. Ma anche della scoperta di tutto ciò che poteva allietare la vita dopo il lavoro. Posso farti un esempio, ed è una discussione per nulla amichevole che ebbi con Moretti l'estate successiva, al mare. Fu l'estate in cui Kappler «scappò» dal Celio dentro una valigia, quella del '77. Con lui, se arrivavi ad aggredire il granito delle convinzioni, la discussione non era mai «amichevole». In quel posto c'erano molte barche. E da lì nacque la querelle. Per fartela breve, per lui il comunismo era «anche» togliere le barche ai borghesi. Toglierglele nel senso di dargli fuoco. Uno dei loro oggetti di depravazione, uno dei simboli del loro potere, frutto del sangue versato dagli operai. Come diceva la madre trozkista a Morgan a proposito della Rolls Royce della sua ex moglie, nell'esilarante *Morgan matto da legare*.

Per me il comunismo era «anche» che gli operai potessero avere la loro barchetta su cui portare al mare moglie e marmocchi. Se no che cavolo stavamo lì a faticare e rischiare la pelle? Oltre che toglierla a qualcun altro. Per lasciare gli operai a marcire nelle fabbriche in cui già stavano? Una balera il sabato, un cinemino e un gelatino la domenica, e poi di nuovo in fabbrica a produrre per il socialismo? Senza buttare via i soldi come i borghesi perché c'era anche da rinnovare la tessera del Partito?

Non ridere. Non c'è molto da ridere. È un dramma storico. Non a caso D'Alema che la barca ce l'ha, e molto più grande di quelle di cui parlavamo noi, ha dovuto smettere di essere comunista. E, ancora una volta, non avendo ben capito da che parte tirava quel vento, non feci fagotto. Pensando «Poi si vedrà. Intanto arriviamoci, alla rivoluzione. Vuol dire che dopo faremo la guerra delle barche».

# I FINANZIAMENTI «OCCULTI»

Nonostante la parsimonia di impronta operaia, soldi in cassa non ce n'erano quasi più. E, come in ogni partito che si rispetti, questo era in quel momento il primo punto all'ordine del giorno. Loro, i partiti, lo risolvevano a modo loro: anticamente ci pensavano lo zio Sam e zia Confindustria da una parte, e lo zio Ivan dall'altra. Poi soldi raggranellati di qua e di là. Puliti, sporchi, fa lo stesso. Pecunia non olet. Noi non potevamo risolverlo che a modo nostro. Santi in Paradiso non ce n'erano, quindi dovevamo canonizzarne uno noi. I soldi utilizzati fin lì venivano dalle rapine a banche e uffici postali delle province del Nord. Niente di che. Pochi e tanto rischio. Quando riuscivano a portarsi via venti milioni era andata di lusso. E, all'inizio, si portavano appresso anche un sacco di sensi di colpa. «Non ci piace» dicevano i giovani operai mandati lì a gridare «mani in alto è una rapina», «non siamo delinquenti, siamo comunisti.» Ma tant'è, alla fine dovettero farci il callo. Ma soldi ora ne servivano di più. Erano aumentati i «regolari» clandestini che dovevano disporre di un appartamento, e gli affitti costavano cari, bisognava impiantare una tipografia per la stampa e, magari, per la produzione di documenti falsi. Bisognava acquistare armi a pezzi e bocconi al mercato nero, e anche quelle costavano care. E, soprattutto, bisognava disporre di un qualche appartamento non soggetto al capriccio, e alle inopportune visite, di un padrone di casa. Cioè andavano acquistati. E qui i milioni arrivavano a qualche centinaio. Le rapine non sarebbero state sufficienti. Quindi bisognava fare il botto grosso sequestrando qualcuno che quella quantità di denaro poteva sborsarla.

Tutte le colonne si diedero da fare in questa ricerca. Ma non è che «i ricchi» se ne andassero in giro con una scritta sulla fronte «sequestratemi e diverremo amici». Anzi, visto che quel genere di finanziamento era stato inflazionato da sardi e calabresi, si guardavano bene dall'esporsi. Anche qui ci fu una qualche resistenza, visto il pessimo accostamento, ma sequestrare un capitalista era certamente meno vergognoso che spaventare pensionati e massaie dentro un ufficio postale. Un vero esproprio. Un «es», come li chiamavano i bolscevichi. Anche se Lenin era di maggiore ingegno. E a un certo punto si inventò di far sposare i più belli e meno operaiacci tra i suoi con qualche ricca ereditiera. Ma a proporlo alle BR si sarebbe rischiata la fucilazione sul posto. E altre idee non vennero in mente a nessuno. Traffico di diamanti? E chi ne sapeva niente. Traffico di valuta? Ad averla. Gioco al ribasso in Borsa? Ma la nostra, di borsa, era vuota. Traffico di droga? Be', c'è un limite a tutto. Quello lo facevano la CIA, per finanziare operazioni troppo sporche per essere contabilizzate, e la mafia.

Alla fine fu scelto un ingegnere appartenente alla più ricca famiglia di armatori genovesi. I Costa. Non aveva quella scritta sulla fronte ma, in compenso, non girava su macchinoni scortato dai suoi gorilla. Anzi andava e tornava dal lavoro a piedi. Utilizzando i mezzi pubblici. Era genovese. Altra razza.

Appunto. Altra razza. I capitalisti e la loro particolare sottospecie genovese. L'idea del capitalista era allora ancora quella da vignette satiriche d'anteguerra alla Grosz. Uno sfruttatore crapulone e spendaccione. Capace di buttare i soldi dalla finestra solo per il gusto di farlo. Avrebbero mollato subito. Errore. I ricchi, quelli veri, non gli arricchiti dell'ultima ora, anche se non si facevano mancare nulla, erano tirchi per tradizione. Capaci di tirare all'inverosimile su ogni prezzo, che fosse di un cavallo o di una boccetta di profumo. Molto più della massaia che faticava ad arrivare a fine mese. Lei, oltre tanto, poteva essere frenata dalla vergogna. Loro la vergogna non sapevano cosa fosse. Erano e sono, quelli rimasti, ricchi, signori.

I capitalisti genovesi erano ancora più particolari. Loro non erano ricchi, avevano solo capitali. E, si sa, denaro e capitale non sono la stessa cosa. Non erano interessati alla ricchezza ma all'investimento. E al lavoro. Molto più dei giovani arrabbiati saliti dal Sud alle fabbriche del Nord cui la fatica poco dava. La loro etica del lavoro era ferrea, e speculare, o viceversa, a quella degli operai professionali in via di estinzione. Quelli che «costruivano» col tornio e che salvarono le «proprie» fabbriche dalle mine dei nazisti, poi spiazzati e soppiantati dall'avvento della catena di montaggio automatizzata. Non che gli altri capitalisti non avessero l'etica del lavoro, era la loro fonte di profitto, ma la ricchezza l'ostentavano di più. Vedi Agnelli che, comunque, si alzava alle cinque come i «suoi» operai del primo turno.

Per farla breve, col cavolo che mollarono subito. Trattarono e trattarono ancora, duri, freddi. Ricordo Moretti che dopo una telefonata con loro staccò la mano dalla cornetta come fosse stato un pezzo di ghiaccio. In quella famiglia ne sapevano qualcosa di trattative. Il patron, il vecchio Angelo Costa, era stato presidente della Confindustria negli anni ruggenti dal dopoguerra al '55 e di nuovo nel '66. Era il prototipo del padrone-mastino, pareva uscito da un romanzo di Cronin. Non sapeva cosa fosse un sorriso, abbaiava. Ne ha fatti tremare di sindacalisti e, al suo cospetto, il tanto terribile D'Amato gli si sarebbe accoccolato ai piedi come un cagnolino da salotto.

Avevano un figlio sotto minaccia ma sapevano di avere il coltello dalla parte del manico. E sapevano che non era nelle mani di sequestratori sardi o calabresi che mozzavano orecchie e dita con la stessa naturalezza con cui tagliavano un pezzo di formaggio. Sapevano e volevano riportarlo a casa. A differenza dei politici che si bloccarono in preda a catatonia acuta durante i cinquantacinque giorni del sequestro Moro.

Questi non si accorsero di avere, pur nella strettoia del momento, più d'una carta da giocare per riportarlo a casa. E non parlo di un impossibile cedimento.

Tornando alla famiglia che il suo diletto lo ha salvato, i Costa, sapendo di trattare da una posizione di forza, non mollarono finché la cifra pattuita non corrispose a quella prevista nella polizza assicurativa dei Lloyd's. Cioè non mollarono un bel niente. E Piero Costa, il sequestrato, giusto prima di tornarsene a casa controllò con minuzia la restituzione di tutto quello che gli era stato tolto dalle tasche. Poi, puntiglioso, chiese che fine avesse fatto il biglietto d'autobus che aveva timbrato da un solo lato. Era stato tre mesi sotto una tenda da campeggio dentro un appartamento. Nelle mani delle BR. Gli aveva fatto un baffo.

Che gente. Erano rimasti in pochi già allora. Scalzati poi da altri senza arte né parte se non quella di saper giocare con scatole cinesi finanziarie. Avventurieri, predatori della peggiore specie. È la fine dei mammiferi, stanno tornando i dinosauri.

Quella era gente che veniva da lontano, partita dal nulla se non la febbrile attività della loro testa. Si erano inventati commerci andando a pescare fino in culo al mondo le merci da rivendere. Avevano finanziato le crociate con la vincolante clausola che, prima di andare a «liberare lo Santo Sepolcro», i crociati gli «liberassero» le isole in mano ai pirati che minacciavano i loro commerci. Gente che aveva risparmiato sull'unghia accumulando capitali che gli avevano consentito di finanziare le guerre, e le corti, di tutti i re d'Europa. E con tale faccia tosta da darglieli a un tasso d'interesse che farebbe oggi svenire i nostri tremuli «garanti». E quando quei re erano diventati un intralcio all'espansione dei loro commerci li avevano impiccati, ghigliottinati. E poi, dopo, avevano riservato lo stesso servizio a quelli che gli erano serviti come massa di manovra, e si erano messi a frenare con assurde richieste e rimostranze la ruota, benefica quanto insanguinata, del loro progresso. Gente spietata ma con sotto due cocomeri così. Bella gente da combattere.

Ma anche quel tempo è finito. Era già finito allora. Una coda, una sopravvivenza nella retrograda anomalia italiana. Il più potente capitalismo delle grandi famiglie, il più radicato partito cattolico e il più forte partito comunista d'Europa. Una triade che già non era più al passo dei tempi. Ma che ha segnato fin nel profondo la storia di questo Paese. E noi non lo capimmo, ingannati dall'apparenza, dalle ombre vacillanti fuori della caverna in cui ci eravamo accampati. E noi, proprio noi, quelli che si illudevano di porvi fine, gli abbiamo infuso nuova linfa vitale. Gli abbiamo consentito di sopravvivere oltre il loro momento.

Dal primo pezzo di quella triade arrivarono nelle nostre casse esauste un miliardo e trecento milioni. Soldi benedetti e fatati. Infatti le banconote erano cosparse di una polverina dorata luminescente che pareva quella usata dalle fate nelle fiabe. Non so cosa avesse avuto in mente la polizia mettendocela. Forse era il patto che aveva raggiunto con la famiglia per non intralciare la «riscossione». Che infatti, anche se ci eravamo premuniti con un piano di giri e controgiri per Roma che più depistante non si poteva, andò liscia come l'olio. Solo dovemmo pulire una a una le banconote con una spugnetta bagnata. Per poi riciclarle cambiandole nelle banche, coi cassieri che se le rigiravano ancora umide nelle mani guardandoci interrogativi.

Avevamo ritirato le due valigie con tutti quei soldi in tre. Moretti, Adriana Faranda e io. Poi, portata la nostra auto in un garage, restammo qualche minuto a guardarcele. Ci aspettavamo ogni sorta di diavoleria ed eravamo indecisi su come aprirle. Ci eravamo procurati anche delle maschere antigas. Le infilammo, Moretti e io, e con quelle sulla faccia, annebbiate dal fiato della tensione, tagliammo i coperchi con dei taglierini. Ci abbassammo per aprirli. Ben sapendo che, se qualche trucco c'era, sarebbe stato comunque inutile.

Un miliardo e trecento milioni del 1977. Una fortuna. Il sogno di qualsiasi criminale di quelli che, una volta incontrati in galera, non riuscivano a capacitarsi che non ce ne fossimo subito andati in qualche isola dei Caraibi.

# PADANI A ROMA

Già a cavallo del sequestro Costa, alla fine del '76, seppi il motivo della discesa delle BR a Roma. Si erano avventurati fin quaggiù dalla Padania – e su Roma la pensavano più o meno come, in seguito, i leghisti – per portare un attacco diretto al «cuore dello Stato». Cioè sequestrare un alto dirigente del partito democristiano padrone dell'Italia. Il secondo pezzo di quella triade. Si erano portati appresso un consunto ritaglietto di giornale in cui era scritto che Moro andava a messa tutte la mattine alla chiesa di Santa Chiara ai Giochi Delfici. Prima di allora avevano controllato per un po', ma l'avevano visto poche volte. Poi avevano lasciato perdere, presi dall'onerosa unità d'azione coi NAP. Onerosa perché erano qui in due, o forse tre. Volti e nomi, nel ricordo, spesso non si incastrano nella scansione dei fatti. Comunque le ricognizioni a Santa Chiara potevano farle solo loro tre perché non potevano coinvolgere il pugno di «irregolari» che c'era allora. Sia per ovvi motivi di compartimentazione sulle «azioni strategiche», sia perché pensavano che non sarebbero stati in grado neanche di fare una ricognizione sull'arrivo del camion del latte sotto casa.

Una volta entrati, a tempo perso dalle altre attività, fu quindi affidato anche a noi, a me e Adriana, il compito di «verificare qualcuno». Cioè vedere se un qualche grosso esponente democristiano abitava davvero dove si credesse, e con quale frequenza uscisse e tornasse a casa. I «grossi» non erano poi molti. Due cavalli di razza e uno che i cavalli era abituato da sempre a sferzarli. Moro, Fanfani, Andreotti. Andammo al Trionfale a cercare Fanfani. La via intestata a un filosofo greco, mi par di ricordare. Il filosofo, o almeno il suo nome, era lì a piantonare la strada dalla sua garitta di marmo. Di Fanfani nemmeno l'ombra.

Andreotti invece c'era, eccome se c'era. Eravamo diventati quasi intimi. Perché Adriana e io mangiavamo quasi ogni giorno in una trattoria di via Paola, di fronte a casa sua al corso Vittorio. Era gestita da un vecchio comunista e ai tavoli servivano dei ragazzotti dell'area di Autonomia. Ed era la stessa dove ogni giorno mangiavano gli uomini della sua scorta. E con questi eravamo arrivati a salutarci. C'era un grande buffet con pietanze già pronte. E loro, la scorta, che erano tanti, si mettevano sempre al tavolo grande davanti a quello. Noi poco discosti. Quando andavamo lì a prepararci qualche piatto ci scappava ogni tanto con loro un sorriso di convenienza. Mentre noi, cercando di non darlo troppo a vedere, ci premevamo col gomito la pistola sul fianco.

Un giorno, senza dirgli di quella insolita compagnia, ci portammo a mangiare anche Moretti. Sbiancò e, ovvio, ci diede dei matti. Ma la Rivoluzione può essere «anche» un pranzo di gala. In parte noi due giocavamo. Ancora forte l'impulso a toccargli il naso, metterli alla berlina, piuttosto che ammazzarli. Anche quell'ultimo gioco finì presto.

Andreotti c'era. Ma in quel momento avevamo già lasciato perdere. Non solo perché era impossibile fare alcunché nelle vie del centro dove abitava. Difficile uscirne e troppa gente che rischiava di finire nelle traiettorie di una possibile sparatoria. Ma anche perché, nel frattempo, le priorità erano cambiate. La colonna cresceva. E non si poteva tenere una colonna con le mani in mano in attesa di una scadenza. Un nucleo solo logistico, che dà le case e la necessaria capacità di manovra, si può anche tenerlo a bagno finché non si è pronti, e a questo pensavano quando erano arrivati a Roma, ma una colonna no. Una colonna non è più un'entità logistica ma politica. La colonna poteva costituire un altro polo di intervento delle BR. Un polo ficcato proprio dentro il «cuore dello Stato». Non si poteva fare solo il sequestro ma molto di più. E per farlo bisognava accantonare quel progetto e ricominciare dal basso. Addestrare e far agire gli altri «regolari» arrivati nel frattempo e gli irregolari delle brigate. Dal centro alla periferia. Auto bruciate, scritte sui muri, propaganda e proselitismo. Per poi, dopo, tornare al centro. Ferimenti. E diversificare gli obiettivi. Non solo la DC. Ma, come nelle colonne del Nord, tutto lo spettro dei nemici del proletariato. I giornalisti «servi del regime», soprattutto, in quel momento.

E così fu. Ti sarai accorto per inciso che, stando così i fatti, vanno a finire in marmellata tutte le chiacchiere di comodo sulla preordinazione millimetrica del sequestro Moro. Era importante per le BR ma fu accantonato per ragioni «politiche». Lo sviluppo della colonna. Se le BR non avessero trovato a Roma il riscontro positivo che trovarono, avrebbero impiantato solo il nucleo logistico che gli sarebbe servito per portare a termine il sequestro. E sarebbe potuto, forse, avvenire molto prima. Con buona pace dei «Promessi storici» DC e PCI e dell'intenzionale intralcio al loro idilliaco matrimonio.

Dopo, col senno di poi, e constatato un buco di analisi politica non da poco, le BR per bocca di Moretti nel suo libro hanno detto che loro avevano tenuto in conto, e come, l'alleanza DC-PCI. (Tanto per non fare la figura di quelli che, assiepati per vedere il Prete Liprando di Enzo Jannacci affrontare il giudizio di Dio, «pur assistendo a fatti determinanti la storia dell'umanità, neanche se ne accorgono».) Be' io non la ricordo proprio così. E se qualcuno ci aveva pensato se l'è tenuto per sé. La preparazione del sequestro è precedente al lavoro di Moro per costituire il governo di solidarietà nazionale coi comunisti, e il daffare successivo era talmente tanto che non c'è stato alcun «aggiornamento» in corso d'opera. Il PCI era già da prima per le BR il servo sciocco della DC, e che ci andasse o meno al governo non cambiava le cose. L'occhio, e le pistole, erano sempre puntati solo sulla DC. Questa era l'artefice della strategia controrivoluzionaria, tutti gli altri semplici e ininfluenti comprimari.

# INIZIA LA SCALATA

Dicevamo dei giornalisti «servi del regime». Vennero colpiti da tutte le colonne. A Roma si pensò a Emilio Rossi, un uomo non di punta finito chissà come a dirigere il TG1. Forse per una lite interna alle fazioni della DC cui «spettava» quel posto. Come sovente accade in questi casi, una nomina transitoria in attesa di un accordo sulla spartizione della polpetta. Ma tant'è, ciò che per noi contava era il ruolo. Oltre non vedevamo. Gli sparammo alle gambe. Me ne vergogno? Come un cane. Anche se ho ben altro di cui vergognarmi.

Mentre le brigate bruciavano macchine in periferia, consiglieri democristiani, professori, poliziotti, il Fronte della Controrivoluzione, quelli tra noi incaricati di leggere i giornali e capirci abbastanza sulle mosse del nemico da tirare fuori un altro obiettivo, vagliavano e scartavano. Rivagliavano e sceglievano. Con accuratezza. A differenza delle azioni di brigata, che potevano anche avere obiettivi generici, gli obiettivi centrali dovevano essere calibrati sul punto più alto dell'iniziativa controrivoluzionaria. In quel periodo ci era parso di capire che i nemici più pericolosi fossero quelli che si facevano paladini del «rinnovamento», di una maggiore incisività dell'azione della DC. Di una sua efficientizzazione, per usare uno degli impronunciabili neologismi brigatisti.

Forse ti sto annoiando, ma cerca di fare uno sforzo. È un passaggio chiave per arrivare alla scelta di Moro quale vittima del sequestro del secolo. Ci sono dietro un sacco di storie, ma cercheremo di tagliare per campi. La prima è il SIM, lo Stato Imperialista delle Multinazionali che, come tutto il resto tranne la determinazione all'errore, non è farina del sacco delle BR. Te l'ho detto. Erano dogmatici e stalinisti e, in più, avevano a che fare con una guerriglia clandestina che non è proprio una passeggiata, e gli arresti erano all'ordine del giorno. Date queste premesse non è che potessero produrre chissà quale elaborazione teorica. Quindi acchiappavano di qua e di là, riadattando quel tanto che serviva e che potevano. Ma, stante la difficoltà oggettiva di cui sopra, il lavoro più grosso lo facevano i brigatisti in carcere, perché di certo avevano più tempo. Seppure tra una mazzata e l'altra delle guardie e le «escursioni» fino a un dirupo dell'Asinara, dove li portava il direttore chiedendogli se per caso non volevano suicidarsi.

Anche il SIM era «rubato». Faceva già parte del patrimonio non troppo sotterraneo, e vastissimo, dell'elaborazione dell'estrema sinistra. E, peraltro, era tutt'uno con la propaganda comunista maturata durante la guerra fredda e a lungo portata avanti. Collegata al SIM, anzi sua matrice, c'era la Trilateral. E su questa non bisognava rubare niente perché aveva editato un libro. La Trilateral era un consesso internazionale di «studiosi» messo su dai padroni del vapore (tutti ma proprio tutti, dalla Coca-Cola alla FIAT) per sviluppare teorie politiche più adeguate alla loro bisogna. E la loro bisogna era in quel momento di disporre nei paesi capitalisti di un apparato politico più efficiente, con una più rapida capacità di attuazione delle decisioni. Cioè più capace di fare da sponda alle loro. Perché le vecchie strutture politiche nate nel dopoguerra già non erano più in grado, tantopiù in Italia, di seguire la velocità di movimento del «loro» mercato. Ti ricorda il «decisionismo» craxiano e, oggi, l'insofferenza per gli intralci dell'opposizione, cioè della democrazia, all'azione del governo? Ci sei. In soldoni volevano, e sponsorizzano tuttora, una maggiore possibilità di manovra dell'esecutivo. Più che maggiore, totale. Cioè una democrazia autoritaria. Che sarebbe una contraddizione in termini. Scusa la gaffe tardocomunista. Diciamo una democrazia senza lacci e lacciuoli. Come diceva Craxi con stringente eufemismo.

Quello che è cambiato rispetto ad allora – ma poi solo di poco perché anche i comunisti erano stati accettati nel grande gioco – è che importa meno chi ci sia all'esecutivo. Tanto, tolte le sfumature e le cordate di riferimento, sono tutti allineati. Anche se, in verità, qui da noi si è arrivati a questa «modernizzazione» nell'ultimo dei modi previsti da quegli «studiosi». L'ultima ratio nel caso gli altri non avessero funzionato. Perché qui da noi è così che è sempre andata. I passaggi politici segnati costantemente dalla violenza. E perché le forze politiche che andavano «modernizzate», cioè in primis la DC, non volevano proprio saperne di riconvertirsi, anzi. Al di là delle chiacchiere – quelle in cui noi siamo cascati come tonti prendendo fischi per fiaschi – la DC, che per di più partito fedelmente capitalista, o liberista, non lo è mai stato per via della sua matrice populista-cattolica, opponeva una resistenza passiva.

(Una litigiosa federazione più che un partito, la DC. Unita dalla comune fede cattolica e, di più, dalla necessità di contrastare il grande nemico comunista. Al suo interno anime diverse e finanche contrapposte. Non solo e non tanto per la diversa visione politica ma per la diversità, anche contraddittoria, degli interessi sociali rappresentati da ogni anima. Anime capitaliste, anime agrarie, anime populiste. E anime locali. Feudi. Da qui i suoi tempi lunghi, il suo passo da elefante. Perché prima d'ogni passo andava bene o male rabberciata una mediazione tra quelle anime e quegli interessi contrapposti. Da qui anche i ruoli di spicco di quelle correnti, come l'andreottiana e la morotea, che traevano dalla loro esiguità una maggiore capacità di manovra. E che tutto questo potesse essere fatto passare per un monolito, un blocco omogeneo rappresentante gli interessi dei «padroni», si deve in gran parte alla propaganda del PCI nei decenni precedenti.)

Così per giungere a quel passaggio di «modernizzazione» ci

si è trovati costretti a invocare l'aiuto del «caso». E il caso si è presentato sotto forma di una bustarella – ridicola al confronto di quelle degli scandali Italcasse, Esso o Lockheed cui, nei decenni precedenti, la DC era sopravvissuta giusto con qualche affanno – finita nelle mani di coriacei magistrati. Che, ancora per i casi della storia, e a differenza di quanto era sempre avvenuto, non hanno trovato soverchi ostacoli ad andare fino in fondo, o quasi. Da quella bustarella è partita la valanga di «Mani Pulite» che ha polverizzato anche la DC e portato alla nascita di forze politiche più «rispondenti», più snelle. Senza gli inutili fronzoli della democrazia interna e menate varie. Un ricalco della loro fabbrica ideale. Il PCI, uscito solo un po' malconcio dalla buriana anche perché proprio tutto non poteva essere buttato nel cesso della storia, aveva capito in anticipo l'antifona e si era «riconvertito» da solo. Diventando la caricatura di un sempre tentennante partito in cerca di collocazione. (Sono ex-comunisti, socialisti, socialdemocratici, liberal-socialisti, liberal-capitalisti? Non si sa. E sembrano non saperlo neanche loro. Anche se, al fondo, tutte quelle definizioni non hanno forse oggi più ragion d'essere. Troppo vincolanti, la politica è quella del momento. Non più modelli contrapposti ma solo modi diversi all'interno dello stesso modello.)

Ora, sempre molto accorciando, il punto è che tutta la nostra analisi aveva all'origine un inganno. Nella visione forzatamente semplicistica di un gruppo che era passato «dalle armi della politica alla politica delle armi», avevamo scambiato per «direttive vincolanti» quelli che erano solo i desiderata dei padroni del vapore, il SIM. Perché allora, con la politica che ancora poteva disporre di un certo aggio per via del perdurare della contrapposizione Est-Ovest, i partiti avevano un margine d'autonomia. Non era tanto facile dirgli «va e salta», dovevano convincerli. Con le buone o con le cattive, come sempre. Qui da noi, giusto un po' dopo – ancora per caso – che l'Est si era sfracellato, sono arrivate le manette.

Ma tant'è. Se avessimo capito, e previsto, tutto questo avremmo dovuto sbaraccare. Per chiamare la gente alle armi occorre un grande e terribile nemico. Ieri per noi il SIM, oggi per loro l'Islam. Quello era dunque il quadretto schematico che ci eravamo fatti. E se il SIM voleva modernizzare ai suoi fini la DC, giocoforza i maggiori nemici del proletariato erano quelli che nella DC in questo senso spingevano.

In tutte le colonne iniziò l'attacco delle BR contro la DC. Auto bruciate come azioni periferiche di brigata «nel territorio», e ferimenti come azioni centrali. Un martellante crescendo in preparazione dell'attacco finale.

A Roma il nostro Fronte della Controrivoluzione trovò un democristiano che si dava un gran daffare, Publio Fiori. Un consigliere regionale con un discreto seguito tra i «rinnovatori». Abitava in Prati e usciva ogni giorno alla stessa ora. Arrivava alla sua auto, saliva, si dava una ravviata ai fluenti capelli guardandosi nello specchietto, e partiva.

Andarono in quattro, il nucleo base in quei casi. Doveva sparargli alle gambe una compagna. Uno nell'auto, un altro di copertura nei pressi e un altro ancora vicino a lei. Per ogni evenienza. Be', non era come quel giornalista del TG1. Era armato e, giuntigli alle gambe i primi colpi, mise mano al revolver e lo estrasse per difendersi. Non ricordo se riuscì a usarlo. So che l'altro compagno che gli era sotto gli sparò subito alzando il tiro. Anche in questo caso per difendere sé e gli altri. Andava solo ferito ma non ci si poteva far ammazzare. Fiori si salvò perché il colpo che avrebbe potuto fargli male si fermò sulla sua tessera di consigliere regionale. Meglio così. E tanto di cappello al suo coraggio.

# L'UOMO SBAGLIATO

La DC si stava quindi «modernizzando», adattandosi, per noi, alle necessità del SIM. E Moro, questo si evinceva dalla lettura dei giornali, era il cantore di questo rinnovamento. Ovvero la tragedia della stupidità. Come prendere Togliatti per un rivoluzionario perché concionava che bisognava tenere in una mano la colomba e nell'altra il mitra. Pronti a usarlo al momento opportuno. Sapevamo che quelle erano sempre state chiacchiere per imbonire la base comunista che, fino a pochi anni prima, spingeva ancora per la Rivoluzione a ogni affronto del governo. Sapevamo che erano chiacchiere ma non capimmo, accecati dalla terribile potenza del SIM, che la DC era un partito come un altro. Le enunciazioni significavano spesso altro da quel che poteva sembrare all'apparenza.

Moro, alle domande di Moretti su questo punto, rispose che la DC aveva difficoltà nel «rinnovamento». Scarsità di fondi e di intenzioni. Mi par di ricordare dalla molto successiva lettura del suo memoriale. Posso solo immaginare la reazione di Moretti. A noi diceva allora che Moro parlava molto ma non concludeva granché. La solita ottica rovesciata. Quello che doveva concludere era lui, non Moro. E avrebbe dovuto concludere che qualcosa non quadrava. O Moro tergiversava, ma era la realtà della DC a tergiversare, oppure quel tanto chiacchierato rinnovamento era una bubbola. Ma se era una bubbola che fine faceva la terribile potenza del SIM? Il SIM non riusciva a comandare a bacchetta la DC e non disponeva di fondi per adeguarla ai suoi bisogni? Vogliamo scherzare?

L'ho detto, per combattere occorre un nemico, facilmente identificabile, senza troppi distinguo, senza dover seguire vie tortuose e confuse per trovarlo. Meglio non aver sentito. Meglio aspettare che «il prigioniero» dicesse quello che ci si voleva sentire dire.

È apparso evidente dopo, e poteva esserlo anche a noi se solo fossimo stati capaci di approfondire le cose, che Moro tutto era tranne che un portavoce dei desideri dello Stato Imperialista delle Multinazionali. Anzi gli americani, quelli col «k», lo vedevano come il fumo negli occhi. Compreso uno – a quanto detto da chi a Moro era molto vicino – che americano non era, ma rimediava con una bella «k» all'inizio del cognome, Kissinger. (Quello che aveva avviato la distensione Cina-USA, ma anche dato il via libera al sanguinario golpe di Pinochet in Cile nel '73.) Era storia vecchia quella inimicizia tra Moro e gli amerikani. Già ai tempi del primo centrosinistra del '64, quando l'amministrazione democratica degli USA aveva accettato il progetto di Moro. Sarebbe servito a rompere il fronte dell'opposizione socialcomunista, ripulire il PSI dagli «estremisti», rafforzare la leadership democristiana, allargare la base di consenso col risultato finale di tagliare fuori il PCI da ogni aspirazione di governo. Tutto in una mossa. Ma quelli col «k», che lo vedevano come anticamera del governo comunista, si preparavano alla guerra. E spalleggiavano neanche troppo sottobanco, ma tramite CIA, NATO e ambasciata, il progetto di «pulizia politica» affidato al generale De Lorenzo nel 1964. Se quel progetto fosse riuscito Moro se la sarebbe vista brutta. Altro che amerikano. (Quando l'allora segretario di Stato Dean Rusk tentò di far passare all'ambasciata USA a Roma la scelta positiva del suo governo sul centrosinistra, si sentì rispondere picche. Quel progetto era l'anticamera del passaggio dei comunisti al potere e, in quel caso, loro avrebbero scatenato la guerra.)

Ma anche qui sarebbe stato meglio per noi non andare troppo al fondo. Perché scoprire che addirittura negli Stati Uniti, la patria del SIM, il potere non era univoco, ma aveva molteplici livelli, avrebbe troppo ingarbugliato le cose. Tanto più se quei livelli potevano arrivare ad agire in netto contrasto l'uno con l'altro. Quale sarebbe stato il «vero» nemico? Quali i veri canali percorsi dalla strategia controrivoluzionaria? Meglio tenere tutto assieme nello stesso calderone.

Ora si può ritenere, senza andare troppo lontani dal vero, che il «rinnovamento» interno della DC, di cui Moro parlava nel 1977, non fosse altro che il pendant a quel rinnovamento politico di ben più vasta portata che andava preparando. L'ingresso del PCI nell'area governativa. Erano a uno stallo, dovevano inventarsi qualcosa. E quel qualcosa era, grosso modo, una riproposizione degli obiettivi normalizzanti del centrosinistra. Stavolta col PCI da trasformare in anestetizzato garante. Una brutta gatta da pelare. Non tutto filava liscio come l'olio, mentre le contraddizioni erano all'ordine del giorno. E Moro era l'uomo delle contraddizioni. Quello che aveva la testa e le capacità, ed era il meno coinvolto nella gestione del potere democristiano, da poter fungere da mediatore, risolutore delle crisi, da uomo del rilancio, delle strategie di grande respiro.

Come l'altro suo omonimo di qualche secolo prima, Tommaso Moro, il suo pretendere da prigioniero delle BR che la politica seguisse regole, e valori, con essa contraddittori, finì in mezzo agli ingranaggi trituranti della storia. Come l'altro scrisse intense lettere dal carcere a familiari e amici. E anche lui vagheggiava un'Utopia. Più prossima, più terrena. Salvaguardare lo Stato nel futuro salvaguardando la vita nel presente. Utopia, se quella salvaguardia nel presente poteva portare lo Stato a non avere più un futuro. E per entrambi, per di più, cosa difficile da chiedere a un sovrano pronto a tutto per difendere lo sponsale appena celebrato. Anche se, si sa, entrambi i matrimoni non ressero a tanto imperiosa determinazione.

L'altro, Tommaso, fu riconosciuto colpevole di tradimento alla Corona e fatto decapitare dal suo sovrano Enrico VIII. Anche lui, Aldo, fu di fatto tacciato di tradimento. Perché chiedeva una deroga a quelle leggi della politica di cui pure era stato un artefice. Ma non per questo venne ucciso. Ché questa, semmai, poteva essere una prova a suo favore. Le BR, sovrane della politica insipienza, lo uccisero proprio perché non si resero conto che quelle leggi erano inderogabili per tutti. Anche per loro che se ne credevano fuori. Ma su questo sarà forse il caso di tornare.

E tu come l'hai vissuta? Malamente. In sei, sette al bar sulla piazza. Col movimento allo sbando e questa mazzata del sequestro Moro sulla testa. Che fare? Che dire? Più che quelli ufficiali leggevi i giornali di movimento. «Lotta Continua», «Il quotidiano dei lavoratori». Per capire cosa succedeva da quella parte. Per avere una qualche indicazione. Leggevi le lettere che i compagni scrivevano a quei giornali. Lettere drammatiche. È colpa nostra. Abbiamo spinto troppo in avanti. La nostra generazione ha sbagliato.

Non le ho mai lette. E questo che mi dici è un'altra coltellata nello stomaco. Loro non c'entravano proprio un fico secco. Il sequestro Moro, o chi per lui, era in programma da tempo remoto. Era già sceso a Roma Franceschini a dare un'occhiata prima che l'arrestassero nel '75, figuriamoci. E le BR ci sarebbero arrivate con o senza il movimento del '77. Siamo stati noi a stringerli in quell'angolo. E per quanto possa essere vero che loro abbiano spinto troppo in avanti, anche qui è in gran parte colpa nostra. Noi tiravamo e loro in qualche modo dovevano starci dietro.

# LA FINE DELL'INIZIO

Rimasi allibito, francamente, nel vedere ergersi all'unisono il fronte compatto dell'intransigenza. Avevo già manifestato qualche dubbio sul sequestro appena fu annunciato che eravamo giunti alla scadenza. Dal primo momento in cui se ne era parlato molte cose erano poi cambiate. La più importante era stata l'improvvisa esplosione di quel nuovo movimento giovanile. E non era da poco. Per tutto il 1977 centinaia di migliaia di giovani erano scesi nelle piazze urlando a squarciagola.

Certo le cose, come al solito, erano contraddittorie. Perché quei giovani proletari urbani – la parte teppista e parassitaria della società, come era stata prontamente definita dagli ideologi del PCI per giustificarne una dura repressione – erano sì creativi ma anche incazzati neri. Tanto incazzati, bastonati, sparati, e svincolati da ogni possibile controllo anche da parte delle organizzazioni di Autonomia, che ripresero pari pari il «Vogliamo tutto e subito» delle lotte operaie del '69. Soltanto che non volevano riprendersi solo le parole, ma le piazze, le città, e l'abbondanza della ricchezza e delle merci che era lì ma gli era negata. Con le pistole. Un moto insurrezionale durato mesi. Con assalti e sparatorie. E morti.

Quindi non condividevo la pratica «impolitica» di quel

movimento ma pensavo comunque che ci andassero fatti i conti. Che non si poteva appiccicargli sopra un'iniziativa che, anziché andargli incontro, se ne separava drasticamente assolutizzando il confronto tra l'apparato delle BR e quello dello Stato. La lotta armata andava fatta un passo avanti al movimento, nelle cose concrete, non nella stratosfera dello scontro tra forze astrattamente rappresentative. Ed entrambe mille miglia lontane dalla società. Le BR, partite dalla concretezza operaia, si erano smarrite nell'universo di specchi deformanti che la politica costruisce attorno alla realtà delle cose.

La diatriba era vecchia. Loro mi risposero quello che avevano sempre detto. Se no non si sarebbero neanche messi a fare un'organizzazione clandestina. «È il movimento che si deve organizzare nella lotta armata e non viceversa. Loro perdono tempo a fare a pistolettate in piazza coi poliziotti mentre bisogna attaccare lo Stato al più alto livello. E per farlo hanno una sola possibilità, stare nelle Brigate Rosse.» Tutti? E dove li mettiamo?

(Ma mi rendo conto ora che te ne parlo, col riaffiorare dei ricordi nello scavo, che quel mio argomento, per quanto reale, fu forse la politicizzazione di un timore. Il timore che il livello di quella azione fosse troppo alto. Non solo e non tanto in rapporto al movimento. Troppo alto per noi. Ed era forse questo il vero punto. Ma, oltre che a sentirlo più nello stomaco che nella testa, era un timore indicibile dentro una banda armata rivoluzionaria.)

I poliziotti ammazzati in piazza aumentarono e quel movimento era sempre più infognato. Poi, nel settembre del 1977, ci fu il rapimento dell'ex-nazista Schleyer da parte della RAF, e i reparti speciali tedeschi – col contributo segreto di due ufficiali inglesi per l'uso delle bombe flash bang – avevano reso la pariglia a Mogadiscio, sparando all'impazzata contro il commando palestinese che aveva dirottato un aereo in collegamento col sequestro. E forse tutte queste cose assieme cambiarono il quadro. Perlomeno il mio.

Non soltanto il quadro politico ma anche quello psicologico. La RAF aveva sequestrato il presidente degli industriali tedeschi uccidendo tutti gli uomini della scorta. La morte era all'ordine del giorno nelle strade tedesche come in quelle italiane. E così, messi da parte i dubbi, mi ci buttai anch'io. Per tutto quello che era avvenuto e per l'enormità della sfida. Può sembrare una contraddizione. E lo era. Ma siamo sempre lì. La contraddizione tra il pensare e il fare. Alla fine, se il pensare non portava da nessuna parte, ho sempre privilegiato il fare. E non era un fare da poco. Nessuno era mai arrivato fino a quel punto. Il sogno segreto d'ogni guerrigliero. Come non da poco fu il mio ruolo anche nella preparazione. Anzi, per dirla tutta, sostanziale, perché ero quello che meglio conosceva la città. Con me a cercare, studiare, pianificare, e Moretti, che era quello che aveva più esperienza, a controllare, valutare, correggere. E anche perché, come sai, avrebbe dovuto essere altro da ciò che è stato. Qui la sfida, lo sprone. Doveva essere uno scippo. Uno sfilare via Moro senza colpo ferire. Un aggiungere al danno la beffa.

Ma così non è stato. Forse per il precedente di Schleyer, forse per tutto il resto che era avvenuto. Forse perché ci impiegammo mesi e non si poteva ricominciare tutto daccapo, qui avvenne il salto che predispose tutti noi al passaggio che mise in secondo piano la ricerca di un'azione incruenta.

# LA «PUREZZA» DELLO STATO, E QUELLA DELLE BR

Rimasi quindi allibito, incredulo. Con democristiani e comunisti, soprattutto questi anche se con diversi motivi, a sgolarsi che in Italia non c'erano i «detenuti politici» la cui liberazione sarebbe stata richiesta in cambio della vita di Moro. Ma solo criminali comuni. (Era accaduto che per tenere i primi brigatisti in galera – che altrimenti, non avendo reati particolari, sarebbero potuti uscire in capo a breve – li avevano condannati per i reati politici previsti, con alte pene, dal codice fascista Rocco: banda armata e associazione sovversiva. La cosa era passata alla chetichella ma ora il sequestro Moro aveva riportato in luce la contraddizione. Una democrazia che si avvale di un codice fascista.)

Il fuoco di sbarramento era incessante. Tutte le batterie disponibili furono caricate e usate. Scalfari scomodò perfino la «ragion di Stato» dandone una lettura alla rovescia. Perché da Machiavelli in poi quando la si invocava era per contravvenire alle leggi nell'interesse superiore dello Stato, non certo per auspicarne il fermo rispetto. La «ragion di Stato» in uno Stato la cui unica ragione era sempre stata accomodare tutto. Mediare, rattoppare, scambiare. Favore per favore, silenzio per silenzio. Uno Stato che si reggeva sul ricatto reciproco non poteva accettare il ricatto delle Brigate Rosse? Perché?

Perché non era sottobanco, ma pubblico. Perché era esterno al loro mondo di compromessi. Tornò alla mente la vicenda di Nixon, che aveva fatto ciò che prima e dopo di lui sempre hanno fatto tutti gli altri presidenti. Spiare gli avversari. Solo che lui si era fatto beccare. Le magagne del potere erano pubbliche. Doveva pagare uno per salvare tutta la baracca. E tutti gli ipocriti a dargli addosso.

(Così la vedevo. Con l'occhio rivolto all'urgenza del momento. E alla nostra presunta potenza del momento, con Moro in mano. Senza rendermi conto allora che quella nostra potenza non era presunta perché scarsa ma, a rovescio, perché troppa. Non era il nostro un ricatto per riaccomodare le cose, ma un ricatto che andava oltre ogni possibile riaccomodamento. E non si può ricattare se non è possibile un accomodamento. Come chiedere la luna in cambio della vita di un uomo. Se era la luna che si voleva bisognava andarsela a prendere. Ma anche su questo sarà forse il caso di tornare con un discorso più compiuto.)

Per Moro – un po' prima del rabdomante che doveva trovare la sua prigione col bastoncino – venne messo in mezzo anche uno «psichiatra», a dire che era sicuramente affetto dalla sindrome di Stoccolma. (E i quotidiani, tutti, a buttarcisi a man bassa. Scrivendo cose tanto indegne e servili che a rileggerle oggi vieni tu assalito dalla vergogna per loro che le hanno dovute scrivere.) Tralasciando di dire però che quella sindrome funziona da entrambi i lati. Come ben sanno i «negoziatori» che trattano in casi di ostaggi. Più riescono ad allungare i tempi e meno è probabile che i sequestratori arrivino a ucciderli. E forse solo su questo i politici contavano. Perché nell'allungare i tempi erano maestri. Valutando malamente che la determinazione di un gruppo di rivoluzionari poteva essere ben maggiore di quella della banda di criminali di cui andavano cianciando.

Ma ciò che risalta è che, di quei due lati della sindrome di Stoccolma, Moro non era certo quello più debole. Era forte della sua ragione, della sua capacità di uscire dalle situazioni più ingarbugliate. Si credeva forte delle sue argomentazioni e dei precedenti scambi, o liberazioni di prigionieri, che gli altri ben conoscevano. E si credeva forte dell'aiuto che i suoi «amici» non gli avrebbero fatto mancare. Quello la cui ragione era più debole, meno pronta alla tenzone in cui si era cacciato, e che quindi poteva vacillare era Moretti. E così fu. Anche se purtroppo non fino in fondo.

Me ne spaventai, ovviamente, di quel muro. Credevamo la questione già risolta col solo essere riusciti a prendere Moro. Avrebbero ceduto. Un po' di chiacchiere ma poi avrebbero ceduto. Avevamo l'asso nella manica. Sì, al momento di procedere, il Comitato Esecutivo delle BR aveva messo le mani avanti dicendo che non si sarebbe ripetuto l'errore di Sossi. Se lo Stato non avesse ceduto l'ostaggio sarebbe stato ucciso. Ma chi ci credeva? Moro non era un giudice di provincia. Era il presidente della DC, cardine della strategia del SIM.

Me ne spaventai e fui ben lieto quando seppi che Moro aveva scritto una lettera «riservata» a Cossiga.

> Sono indotto dalle difficili circostanze a svolgere dinanzi a te [...] alcune lucide e realistiche considerazioni. [...] è fuori discussione [...] che sono considerato un prigioniero politico, sottoposto, come Presidente della DC, ad un processo [...] In tali circostanze ti scrivo in modo molto riservato, perché tu e gli amici [...] possiate riflettere opportunamente sul da farsi, per evitare guai peggiori. Pensare quindi fino in fondo, prima che si crei una situazione emotiva e irrazionale. Devo pensare che il grave addebito che mi viene fatto si rivolge a me in quanto esponente qualificato della DC [...] In verità siamo tutti noi del gruppo dirigente che siamo chiamati in causa [...] Il sacrificio degli innocenti in nome di un astratto principio di legalità [...] è inammissibile.
> E non si dica che lo Stato perde la faccia, perché non ha saputo o potuto impedire il rapimento di un'alta personalità che significa qualcosa nella vita dello Stato. [...]
> Capisco che un fatto di questo genere, quando si delinea, pesi, ma si deve anche guardare lucidamente al peggio che può venire.

Lucido e stringente. E fin troppo pacato per tutto quello che stava avvenendo e per la condizione in cui si trovava. E la chiave pareva essere al fondo. A quel «peggio che può venire».

Forse quella era la strada. La strada che i politici preferivano. Riservata, senza chiasso. E che poteva portare a una soluzione senza che si sputtanassero pubblicamente. Poteva essere seguita anche dalle BR.

Forse che Lenin nel 1917, vista la strada altrove bloccata, non aveva accettato che si trattasse sottobanco cogli agenti del Kaiser per poter tornare in Russia, fare la sua rivoluzione e poi dare in cambio la chiusura del fronte orientale? Quello che contava non erano i mezzi ma il risultato che si raggiungeva?

(Te l'ho detto, non erano leninisti, ma una più rigida sottospecie. Sapevano giusto che la sua mummia stava ad ammuffire sotto il Cremlino. Di quello che aveva fatto da vivo non sapevano nulla, al di là dell'agiografia. Nulla delle misteriose rette curvilinee che l'avevano portato a realizzare un'impresa ritenuta impossibile anche dai suoi più intimi compagni. Le BR credevano di fare politica con le armi, mentre erano le armi a fare la loro «politica». Un proiettile va dritto al bersaglio, no? Quindi anche loro dovevano andare dritti. Avevo già letto l'illuminante *Lenin a Zurigo* di Solgenitsyn. Illuminante e quasi commovente per l'amore-odio dell'autore verso l'uomo per la cui tenacia e intelligenza non riusciva, nonostante tutto, a nascondere l'ammirazione. Se lo avessi proposto ai capi BR, in sostituzione dei loro vangeli, lo avrebbero buttato nel rogo. Di quel dissidente traditore quelli del PCI avevano messo all'indice anche *Arcipelago gulag*, figuriamoci loro.)

Così, alle reiterate, e al fine supplichevoli, insistenze per non rendere pubblica quella lettera risposero: «Nulla deve essere nascosto al popolo». Una massima del libretto rosso di Mao. Quello che dopo il '68 quei deficienti di «Servire il Popolo» ci agitavano in faccia prima che regolarmente gliela rompessimo. Erano bravissimi a spillare soldi a danarosi discepoli e agli intellettuali in crisi, per poi usarli al fine di incitare alla rivolta i contadini del Sud. Perché così aveva fatto il Grande Timoniere Mao Tse-tung. Una rivoluzione contadina in un paese a capitalismo avanzato! Maoisti. Erano stati tanti sì. E avevano sfilato con le loro bandiere con sopra il faccione del Maestro. Ma non avevano mai contato nulla. I boy scout della sinistra rivoluzionaria. Come diceva Shaw? Bambini vestiti da cretini guidati da cretini vestiti da bambini.

(Maoisti-stalinisti. Gli ultimi che dovevano organizzare la lotta armata in Italia erano quelli delle BR. L'avevano ripresa pari pari da dove era stata interrotta quella dei loro padri disillusi del PCI. Come se in mezzo non fosse successo nulla. E, peggio che peggio, loro erano «puri». Ci potevamo sporcare le mani di sangue, ma mai del mefitico fluido del compromesso. Quella era roba da «partiti borghesi». Loro erano «più oltre». I primi rivoluzionari della storia puri. Fare politica restando puri. Un'altra contraddizione in termini. Se nella società non ci fossero interessi diversificati non ci sarebbe bisogno di mediazione e compromesso, di politica. Ma loro, appunto, erano più oltre. La politica da cui traevano la linea di condotta era quella rivoluzionaria, e la rivoluzione avrebbe portato a una società senza conflitti. Quindi una società senza necessità di mediazione, di compromesso e della sporca politica borghese. Una politica pura. Vallo a dire al commissario del popolo all'Agricoltura che avrebbe dovuto decidere a chi destinare più risorse tra gli allevatori di mucche e i coltivatori di cavolfiori. Il compromesso lo cacci dalla porta borghese e rientra dalla finestra rivoluzionaria.

Comunque, a essere onesti, anch'io ero abbastanza sognatore, o sprovveduto, da crederci. A una possibile società senza conflitti. Ma il punto era un altro. Ed era che portavano la linea retta della politica di un sognato futuro in quella tortuosa del concreto presente. Come usare un raggio laser per togliere una vite. Si distrugge tutto. Se vuoi salvare la vite devi usare un cacciavite, e se non ce l'hai te lo devi inventare, costruire. Da lì viene questa nostra società, dalla nostra capacità di costruire strumenti. Avessimo aspettato che cadessero dal cielo staremmo ancora nelle caverne. Ma loro no, loro guardavano a quel radioso cielo del futuro per illuminare con la sua luce la via maestra del presente. Ovvio che non vedessero vicoli e traverse, messi ancora più in ombra dall'abbaglio. Quelli devi esplorarli passo a passo, col pericolo dell'agguato, ma anche col possibile vantaggio della scoperta. La vita è anche rischio, e si rischiava, la politica è anche azzardo, ma non si azzardava. Be', come chiosava Togliatti, «ogni Paese ha i rivoluzionari che si merita». Se era vero quel che diceva, l'Italia dei politici culi di pietra, pronti a rischiare col codice penale ma recalcitranti all'azzardo politico, si era meritata quei brigatisti. Volevano essere puri e sono stati dei puri mentecatti. E io più di loro a essermici messo assieme.)

Ovviamente la pubblicità data dalle BR a quella lettera ebbe un effetto boomerang. Fece da sponda all'avvio della stura sul Moro che non era lui, che scriveva quello che gli dettavano le BR. Non poteva essere altrimenti. Che dovevano fare? Mettersi a parlare in piazza dei loro arcana imperii? Loro, i capi BR, erano più che soddisfatti, giubilanti. Perché nel loro contorto cervello a tutto pensavano meno che al modo di chiudere la partita. Tanto avevano l'asso nella manica. Anzi più restava aperta e meglio era. Ci sarebbe stato modo – come scrissero nel volantino – di mostrare al popolo la natura corrotta del sistema democristiano e di portare alle estreme conseguenze le contraddizioni del fronte della borghesia. Non volevano solo vincere ma stravincere. Non solo ottenere la liberazione dei detenuti, che da sola sarebbe stata d'avanzo come vittoria, ma anche sconquassare definitivamente il fronte nemico. Un colpo ben messo e tutti giù per terra.

Ma logica militare, e politica, (che, rovesciato Clausewitz, è la sua prosecuzione con altri mezzi) voleva che per sconquassare il fronte nemico bisognasse essere capaci di incunearsi tra le sue fila. Non andare all'assalto con la fanfara e le bandiere. Non solo non capivano granché dell'arte politica ma anche dell'arte militare a quella applicata. Come se Napoleone non fosse mai esistito. Certo parlavano e straparlavano della superiorità della guerriglia, fondata sulla sorpresa e sull'agilità di movimento. Roba da manuale. Ma un conto era recitare il catechismo guerrigliero e altro tradurlo nella pratica. Perché, come tutti quelli che riducono le contraddizioni ai minimi termini, e come gli invasati di «purezza» politica, vedevano la tattica come semplicistica riduzione della strategia. Della tattica che poteva essere contraddittoria con la strategia non volevano neanche sentire parlare. Un'eresia. Se ci si contraddiceva nella tattica si finiva poi col contraddirsi nella strategia. Certo. Se non si era capaci di seguire le curve. Non erano abilitati a quel tipo di guida. Sapevano solo andare dritti a tutto gas.

Così quell'assalto con le fanfare, anziché dividere, compattò ulteriormente il fronte dei partiti di governo. Se c'era uno spiraglio fu chiuso. Da quel giorno guai a chi si fosse azzardato a cercare un'altra strada da quella stabilita dal governo. E dal PCI suo mentore. Le reprimende contro chi osava incrinare quel fronte erano all'ordine del giorno.

# LETTERE DAL CARCERE

La lettera a Cossiga era bruciata. Ero quasi alla disperazione. Non solo le BR avevano basato la loro lotta sulla clandestinità come separazione dal movimento, e c'ero passato sopra per la mia pochezza nell'attendere un'alternativa, ma quelli si erano messi in clandestinità anche il cervello. Impossibile ragionarci. Impossibile fargli entrare nella testa la necessità della mediazione, della furbizia politica. Granitici, stolidi come una pietra. Puri. Mentre io, e lo sapevano, non lo ero.

Moro deve esserne stato certamente sorpreso. Non solo le BR erano svincolate da qualsiasi potere con cui patteggiare uno scambio, una reciprocità di favori – e quindi non c'erano santi a cui votarsi e fin lí aveva capito – ma erano anche svincolate dalla politica. Da quella che lui sapeva essere la politica e riteneva fosse, tra i praticanti, un linguaggio universale. Un linguaggio che permettesse di trovare altrove lo scambio necessario. Lui aveva scritto una lettera riservata e loro l'avevano resa pubblica. Da non credere.

(Ma quella delle BR era un'altra politica. O, meglio, la stessa ma portata alle estreme conseguenze. Chiedevano all'altra politica di essere «pura». Come Savonarola lo chiedeva alla «sua» Chiesa. Purificatori del mondo, o angeli sterminatori.

Non erano il nuovo che avanza ma il vecchio che cerca di sopravvivere attraverso la purezza. Perché? Ci torneremo. Ora è meglio andare avanti.)

Moro cedette, per un po' la testa tra le mani, immagino. Ma non si arrese. Molto era compromesso ma forse non tutto. Un'altra strada. Doveva trovare un'altra strada. Non più diretta ma un aggiramento. Mobilitare tutto ciò che c'era intorno. Tutti gli amici e tutte le sponde. Accerchiare il fronte della fermezza. E riprese a scrivere.

Attendevamo febbrili, Adriana e io, che Moretti ci desse un'altra delle lettere del prigioniero. Le leggevamo ansiosi prima di fotocopiarle e andarle a consegnare. E non ricordo se era maggiore l'ansia per gli esiti del loro contenuto che non per i rischi che correvamo. Trovare un posto dove la lettera non fosse visibile al primo passante ma al contempo recuperabile dagli intermediari. Poi scegliere chi chiamare, ben sapendo che tutti i loro telefoni erano sotto controllo e che non c'era molto tempo per spiegare. Per spiegare come e dove recuperare la lettera a gente che neanche s'aspettava quella telefonata e certo non era abituata alla nostra scaltrezza di strada. Al massimo avevano giocato alla caccia al tesoro. E poi rimanere nei pressi, a vista ma non troppo, per controllare che nessun passante trovasse la lettera. E il più delle volte era la polizia ad arrivare per prima. Fermi. Indifferenti. Nessun gesto inconsulto.

E gli intermediari facevano consumare tempo. Tempo pericoloso. Non lo facevano apposta. Anzi la loro partecipazione era totale, sperando anch'essi che da quelle lettere potesse uscire per magia la salvezza di Moro. Lo facevano consumare non solo perché non capivano e bisognava ripetergli tutto, ma anche perché dall'altro capo del filo c'era un brigatista. Uno di quelli che avevano sequestrato Moro. Posso solo immaginare i loro mille interrogativi e il loro spavento. Ricordo un magistrato suo amico che chiamammo una sera passate le dieci. Un'ora proibitiva a quei tempi per stare ancora in giro. Solo che non avevamo trovato nessun altro. E la lettera andava consegnata. Era vitale. Ogni lettera lo era, speravamo. Gli dissi che doveva prelevare una missiva di Moro e quello, dopo, a chiedermi: «Come mai chiama l'onorevole Moro "presidente"?». Rimasi interdetto. Neanche ci avevo mai fatto caso. Mi veniva naturale. E non credo soltanto a me. Che gli dicevo? Che era per rispetto? Gli dissi: «Perché? Cosa pensava che fossimo? Lupi mannari?». Infelice pronostico.

Ma quelle lettere, Adriana e io, le rileggevamo anche la sera nel nostro appartamento. Con la calma della fine del trambusto quotidiano. Calma relativa, perché non sapevamo se avremmo superato la mattina. Con la polizia che rastrellava a caso interi quartieri della città. E noi eravamo dal primo giorno nella lista dei ricercati. Ma non si può convivere più di tanto con la paura. Alla fine la metti da parte. Accada quel che accada. E in quei momenti tutto era accantonato.

Senza la fretta della prima lettura, quella in cui cercavamo indizi di una buona mossa di Moro, le parole scorrevano lente. E ognuna lasciava il suo segno. Non è per nulla piacevole trovarsi dall'altra parte. Quella dei carcerieri. Una dislocazione emotiva, e morale. Alle valutazioni politiche se ne aggiungevano altre. Che potevano diventare politiche anche se la loro origine era di altra natura. Non si poteva uccidere un prigioniero. Era un abominio. Inaccettabile tanto più perché la soglia dell'omicidio l'avevamo già varcata solo come mezzo necessario. Ma Moro non era un bersaglio fermo nella via. Un nemico senza volto. Era un uomo prigioniero. Di qualsiasi cosa potesse essere colpevole era un nostro prigioniero.

Le lettere seguivano alle lettere, e le iniziative dei volenterosi ad altre iniziative. Ma anche quelle dei meno volenterosi. Arafat ci sconfessò. Non certo per condanna del terrorismo che era suo pane quotidiano, ma per via della politica filo-araba seguita dalla DC, e dal PCI.

# I NON ALLINEATI

Il Partito Socialista era la spina nel fianco del fronte della fermezza. L'unico partito, a parte voci isolate di pochi coraggiosi – perché chi rompeva il fronte poteva essere tacciato di oggettiva collusione coi terroristi –, ad avere una posizione trattativista. Di certo il psi viveva momenti drammatici. Chiusagli la porta in faccia dal pci, che aveva snobbato la «strategia dell'alternativa» ritenendo la dc un più qualificato e meno competitivo alleato, e stretto nella morsa del loro patto d'acciaio, il psi rischiava di finire come uno dei partiti satellite della dc. Doveva cercare di uscirne. Tirando la corda ma non troppo. Perché se troppo l'avesse tirata rischiava di finire nel pantano del difetto di «senso dello Stato». Una fantasia, ovviamente, ché nessuno sapeva cosa fosse il senso dello Stato se non la salvaguardia del proprio partito, e dei connessi interessi. Ma era una fantasia, come sempre in politica, che aveva un suo peso. Un girone dell'Inferno. Quindi il psi assunse una «posizione umanitaria». Una buona locuzione. Uno scartamento dalla politica «lo Stato prima della vita», propria del governo, e che apriva un risicato margine di manovra. Nel rispetto delle leggi. Be', non lo sapevano ovviamente, perché nessuno sapeva cosa fossero le br – erano tutti cascati dal pero – ma quel margine c'era, a saperselo giocare.

Stretto e sul filo del rasoio, ma avrebbero potuto fregare le BR, e salvare Moro.

Solo interesse politico quello di Craxi? Molti, e le BR in loro compagnia, così la misero. Poi il PSI è morto, Craxi lo era ancora prima di morire. Non credo sia stata solo acrimonia verso il «traditore» di allora, probabilmente anche la rivalsa verso uno di maggior peso caduto nella polvere.

Si dice di Moro che avrebbe potuto essere un grande statista per la lungimiranza della sua visione politica, ma che quella lungimiranza era sempre stata troppo trattenuta dall'innata prudenza. Non so se sia proprio così. Credo che grinta l'avesse sempre avuta. Lì, nella prigionia, sentitosi abbandonato da quelli che credeva suoi amici, sentitosi discreditato come vaneggiatore agli occhi di tutto il Paese, aveva messo da parte la prudenza e tirato fuori la grinta. La grinta del politico che lotta, che argomenta, che staffila gli infingardi e rimbrotta gli smemorati. Mentre fuori gli pareva che tutti non trovassero migliore mossa che restare fermi, lui e solo lui, Moro, ha cercato di gestire il sequestro Moro. Prendendo la mano alla smarrita pochezza dei brigatisti, ridottisi da suoi potentissimi sequestratori a suoi umilissimi postini, e cercando di acchiappare quella sfuggente dei suoi interlocutori.

Craxi con quella grinta c'era nato. Fino all'arroganza. Fino a un mal digeribile autoritarismo. Un'anticipazione, quella, di quanto sarebbe poi divenuto il fare quotidiano del potere. Ed è ancora lui, emulo del Mussolini nei panni del quale era solito ritrarlo Forattini, a firmare la revisione del Concordato col Vaticano. E, ancora in anticipo, mentre i timidi cugini comunisti erano impegnati nel giochetto della «terza via», è lui a togliere l'anticaglia della falce e martello dal simbolo del suo partito. Gli spocchiosi cugini del PCI, molto dopo, li manterranno sotto un grande albero, in timida e piccola posizione. Poi scompariranno nel nulla. Come nel nulla è scomparsa, assieme a un motivo d'essere, la critica dei concreti passaggi cui li aveva portati la loro ideologia. Dalla quale molto era uscito. Di buono e di cattivo. Comprese, in quest'ultimo, le Brigate Rosse.

Un personaggio scomodo Craxi. Un outsider. Uno da ridimensionare. Suo negli anni Ottanta il più lungo governo in carica in questo paese che non è mai uscito dalla logica dei comuni. Scomodo perché è stato l'unico, mentre Berlinguer si riduceva a dirsi più sicuro sotto l'ombrello della NATO, a sfidare gli Stati Uniti mandando avieri e carabinieri contro i loro marines. E lì, nella base di Sigonella nel 1985, quegli uomini avevano l'ordine di sparare se i marines avessero fatto un altro passo. L'Italia non era una colonia statunitense. E lui poteva rimandare a casa l'aereo con i terroristi palestinesi che avevano ucciso un americano sull'Achille Lauro, se ciò rispondeva ai sovrani interessi della politica estera italiana.

Qualcuno, da «sinistra» del PDS, si è avventurato a dire che Craxi è stato tutto un bluff, compresa la vicenda di Sigonella. Si potrebbe essere indotti a pensare, augurandosi di no, che quell'affermazione sia stata un involontario pendant all'annientamento condotto dopo il '92 dal neonato PDS contro il moribondo PSI, preso sotto interessata e fraudolenta tutela. Per farlo completamente fuori e occupare così uno spazio politico che del vecchio PCI non era mai stato.

La politica è sempre un bluff. Tutto dipende da quante palle si hanno per rilanciare fino a costringere l'avversario a non andare a vedere. E Craxi rilanciò.

(Chi c'è stato, poi, a sinistra, in grado di sottrarsi ai diktat della dissennata, e guerrafondaia, politica imperiale degli Stati Uniti? Seppure fosse vero quanto detto su Craxi, sempre meglio il bluff dello sbraco.)

E altra grinta Craxi ha tirato fuori quando di quella classe politica era stata fatta scoccare l'ultima ora. Quando, di mezzo allo spettacolo pietoso di verginelle che non sapevano come avevano fatto a restare ingravidate, lui andò a dire ai giudici di Milano, ma più che a dire a rivendicare, che quella era la regola della politica. I costi della politica. Trovare finanziamenti senza troppo badare alle quisquiglie (lacci e lacciuoli). Così era se si voleva che la politica funzionasse, che svolgesse il suo compito di mediazione degli interessi. Così era qui e così era, ed è, ovunque, d'altronde. E si può presumere che non stesse parlando solo ai giudici.

Lui fu giubilato e condannato, praticamente a morte. Ma, stranamente e in barba ai referendum popolari, il finanziamento pubblico ai partiti è stato mantenuto, sotto le mentite spoglie del «rimborso elettorale», e il reato di finanziamento illecito è praticamente scomparso.

Non credo che Craxi abbia assunto quella «posizione umanitaria» solo per interesse politico. Era ambizioso, di certo e smodatamente. Tanto ambizioso da ritenere che di più andasse fatto per salvare Moro e, salvando lui, salvare la legittimità dei partiti a essere rappresentativi del Paese. E sarebbe stato lui a farlo. Il suo partito. Solo lui poteva, e doveva, crearsi l'occasione. Ma quale strada seguire?

# IL DOPPIO TRADIMENTO

CRAXI VOLEVA INNANZITUTTO CAPIRE. Cosa che gli altri si guardavano bene dal fare. I comunisti per non tirare fuori i loro scheletri dall'armadio, il governo per non dover spiegare come mai si erano accorti della pericolosità delle BR solo quando avevano sequestrato uno dei loro. Perché quella del sequestro Moro è la cronaca d'un sequestro annunciato. Ma loro non se n'erano accorti.

L'avvocato dei «capi storici» detenuti, Curcio, Franceschini e tutti gli altri, era di fede socialista. Ovvio che Craxi fece chiedere a lui di farsi spiegare dai suoi assistiti che diavolo stava succedendo. Davvero la liberazione dei tredici detenuti richiesta in cambio della vita di Moro era ciò che volevano le BR? E se sì, fino a che punto? O c'era un'altra strada? Qualche altra cosa poteva essere data in cambio?

La risposta fu laconica. È tutto in mano a quelli «fuori». Leggetevi i volantini. Con loro ci provò anche qualcun altro. Non ricordo chi. Forse un parlamentare socialdemocratico. Ma potrei sbagliare. È cosa nota, e poco conta. Questa notizia fu fatta filtrare all'esterno. Gliene tornò indietro un esplicito divieto di qualsiasi contatto al di fuori dei canali ufficiali dell'organizzazione. Cioè, ancora una volta, i volantini. Perché «nulla doveva essere nascosto al popolo».

Già da qui si può cominciare a capire che le BR hanno agito come guardandosi in uno specchio. Quel che gli appariva facesse lo Stato lo facevano anche loro. Le stesse presunte regole. Non per imitazione, che già sarebbe stato un modo di giocare la partita. Ma perché le BR credevano che lo Stato che combattevano fosse la stessa cosa, rovesciata, dello Stato proletario che loro rappresentavano. Uno Stato forte. La dittatura della borghesia sotto le mentite spoglie democratiche. Tanto quanto lo Stato a dittatura proletaria che volevano costruire. Più realisti del re, pretendevano che lo Stato borghese si comportasse da tale. E in questo senso leggevano ogni sua mossa. Dico «loro» ma in questo conto ci sono anch'io. Anche se, leninista come mi ritenevo, credevo che non tutto fosse rigido e lineare. Che, nel farsi dell'attuazione pratica del modello, si dovessero comprendere i singoli passaggi anche contraddittori con quel modello.

Per dirla in due parole, le BR vedevano lo Stato come il SIM che si erano costruite nel pensiero. E, per paradossale che possa apparire, sono in parte riuscite a farcelo diventare. Anche se quella «fermezza» che ci parve un rigido e guerriero sbarrare le porte al nemico, non era stato altro che un chiudere le porte dopo che i buoi erano scappati. In questo caso portati via dai predoni. (Da qui l'equivoco che portò alla morte di Moro. E, per me in parte e per le BR fino alla fine, a quello che accadde dopo Moro.)

E, alla fine, che ambedue non fossero quegli Stati pensati ma solo una loro approssimazione poco contò. Entrambi non sapevano che pesci prendere e si rifugiavano sotto il comodo mantello dell'ufficialità e della «fermezza». Cioè dell'immobilità in attesa che qualcosa succedesse a loro favore. Parlo dell'immobilità politica, naturalmente. Perché sul fare entrambi facevano. Tanto per far vedere che affrontavano bene la crisi. Di idee, soprattutto.

Lo Stato chiamò l'esercito e lo mise a cingere la città. Come a difesa dai reggimenti corazzati sovietici. Nell'abitato fece partire mattutini rastrellamenti a casaccio. Ma Roma era troppo grande per potersi affidare al colpo di fortuna. Certo, l'ho detto, non sapevamo se avremmo mai superato la mattina. Ma la fortuna, e l'impossibilità per loro di sfondare qualsiasi appartamento chiuso, sono stati dalla nostra. Avessero sfondato ogni uscio ne sarebbe nato il terrore. Dalla parte sbagliata. Ma avessero usato tutti quegli uomini per controllare stabilmente e a setaccio le strade della città, che erano in nostra mano, ci avrebbero certamente procurato qualche guaio. Nel frattempo gli «esperti» del Viminale facevano finta di analizzare la situazione e i servizi facevano il loro mestiere. Cioè riportavano ogni notizia «acquisita», anche la più strampalata.

Mi par di ricordare da uno dei resoconti quella del possibile avvistamento di un sottomarino sospetto al largo di Civitavecchia. O qualcosa del genere. Che altro potevano fare? I nostri servizi segreti, oltre che tenere d'occhio qualche possibile spia sovietica, avevano dedicato la maggior parte delle risorse in funzione delle lotte interne alla DC. Ogni potentato ne aveva un pezzo che spiava gli altri. Per avere un qualcosa in mano quando, per forza di cose per quello che era la DC, si doveva arrivare a una qualche mediazione interna. O fare fuori qualcuno con cui non si poteva mediare. Tutti spiavano tutti, e i microfoni erano arrivati fin dentro il Vaticano. L'altra sponda delle lotte interne.

Mentre l'antiterrorismo del ministero degli Interni diretto da Emilio Santillo era stato smantellato, e non certo a opera della P2 ma dei loro governi. E quello vero, quello del generale Dalla Chiesa, venne dopo. Quando non riuscirono più a dormire sonni tranquilli.

Noi, dal canto nostro, mettemmo in campo tutta la nostra potenza operativa per i fuochi d'accompagnamento al botto finale. Azioni in tutte le colonne. A Roma attaccammo la caserma della brigata meccanizzata dei carabinieri, quella creata dal Generale De Lorenzo in preparazione del suo cosiddetto golpe del luglio '64. Caserma che, per un caso puramente logistico, era anche una delle sedi dell'attività di Dalla Chiesa per il «riordino» dei carceri speciali. Poi fu ferito un esponente locale democristiano. A Torino ci fu un attentato contro una guardia carceraria. Ma quella, prima di essere colpita a morte, riuscì a ferire uno dei brigatisti. Dato che non sapevano che pesci prendere, gli investigatori si precipitarono all'ospedale e insistettero coi medici perché, nello stato d'incoscienza, gli somministrassero qualcosa che potesse scioglierli la lingua. Non ne avrebbero comunque cavato molto. Non su Moro. Anche se avrebbero risollevato un po' la malmessa reputazione delle forze dell'ordine. Unico risultato concreto, perché si venne a sapere, fu un ulteriore incarognimento della già precaria situazione. Cioè un'ulteriore spinta per le BR a mettersi su un piano di guerra intransigente. A facilitare l'affossamento della già scarsa capacità di leggere gli avvenimenti.

Poi, i casi della vita, aprirono una via traversa. Un'ex di Potere Operaio, cui Adriana e io eravamo stati molto legati, si dava un gran, quanto vano, daffare, come del resto tutto il movimento, per evitare che Moro venisse ucciso. Prendere il contatto era una via pericolosa per noi e per lui. Ma tant'è, non sapevamo come si potesse uscire da quello stallo. È evidente che, non essendo lui un suo carceriere, i suoi motivi non avevano appieno la stessa origine dei nostri, ma quelli politici coincidevano. L'uccisione di Moro avrebbe segnato la morte del movimento, schiacciato nella guerra privata delle BR contro lo Stato e di quella successiva dello Stato contro chiunque avesse odorato di brigatista. Cioè, in pratica, contro tutti loro.

Lui, Lanfranco Pace, frequentava l'ala sinistra del PSI che, a differenza del PCI, riteneva che non tutto ciò che si agitava alla sinistra di quel partito fosse da buttare nel cesso. O in galera. (Anche qui in parte per interesse a stuzzicare i cugini comunisti, in parte per reale curiosità.) Pace aveva già tentato di fornire ai socialisti, visto il loro convergente impegno sulla «posizione umanitaria», una lettura degli avvenimenti che li mettesse in grado di compiere la mossa giusta. Una lettura che avrebbe potuto fornire un qualsiasi dirigente del movimento, perché sapevano bene chi erano le BR, non solo in molti dei nomi ma anche nelle intenzioni. Ma, come è ovvio, i socialisti pensarono, vista la posta in gioco, che Pace potesse anche essere un millantatore. Uno dei tanti che in casi clamorosi del genere pensano di capire, pensano di aver visto o sentito cose determinanti. Quindi gli chiesero papale papale: «Ma a te l'hanno detto le BR, o sono tue fantasie?».

Be', Pace a differenza degli altri aveva una carta in più. Ci conosceva e poteva trovare modo di contattarci. E così fece. La richiesta ci arrivò di terza mano ma riuscimmo a combinare un appuntamento. Un appuntamento proibito. Perché se lo avessero saputo quelli per cui «nulla andava nascosto al popolo» ci avrebbero fatti a fettine. Ma chi se ne fregava. E non solo parlammo con lui ma poi, quando la cosa sembrava potesse portare da qualche parte, lo riferimmo, impudentemente. O la va o la spacca. Eravamo davvero disperati. Moretti ci guardò col suo solito sguardo a palpebre calanti. Supponenza e un briciolo, ma giusto un briciolo, di condiscendenza. Dietro la condanna. Non gliene fregava niente del PSI. Quello che le BR volevano era la resa della DC. Tutti cercavano di farsi belli in quella storia per proprio tornaconto. Ma il conto era aperto solo con la DC. Roma o morte!

Ci proibì di proseguire quel contatto. Pericoloso politicamente e pericoloso per la sicurezza dell'organizzazione. Ce ne fregammo ancora. Il pericolo politico, e l'abominio, sarebbe stata l'uccisione di Moro. E quanto alla sicurezza dell'organizzazione anche quella sarebbe finita con la morte di Moro. Sarebbe stata la guerra, una guerra senza quartiere dalla quale nessuno sarebbe uscito vincitore.

(E così fu. Il matrimonio del secolo tra i «promessi storici», quello per salvare il quale si trovarono costretti a sacrificare Moro, quello che venne fatto quasi passare per il nostro New Deal – sempre provinciali con scarso senso della misura – finì ben presto in malora. La Prima Repubblica morì il 9 maggio del 1978, sopravvivendo poi stancamente a se stessa. Più delle BR, comunque, che morirono ancora prima affogate nel sangue.)

Ci affannammo a spiegare a Lanfranco che la possibile chiave d'uscita dall'impasse era doppia. Da una parte il soddisfacimento, anche parziale, della richiesta di liberazione di detenuti politici. Dall'altra un atto della DC che, anche implicitamente, sancisse un riconoscimento delle BR. Cioè, in soldoni, attraverso il riconoscimento dell'esistenza di detenuti politici, quello che in Italia esisteva una forza comunista combattente in lotta contro lo Stato.

Dalla prima parte, la semplice liberazione di un brigatista, anche non della lista dei tredici richiesti, ma comunque non un cane perso, avrebbe messo in forte difficoltà le BR. Perché, volenti o nolenti, e i contrari nello Stato lo sapevano bene, questo fatto avrebbe portato al secondo punto. Cioè il riconoscimento.

Dalla seconda parte non era in gioco necessariamente la liberazione richiesta. Le strade erano molte. Anche se tutte da scoprire. Però, per esemplificare, posso dirti che la chiusura del supercarcere dell'Asinara, quello dove erano la maggior parte di quelli di cui era stata chiesta la liberazione, avrebbe avuto un non indifferente peso politico. Mi pare che anche di questo si parlò all'epoca. Forse sotto la copertura di farlo passare per un atto già pensato in precedenza. Per fatiscenza delle strutture o non so che. Ma morì lì.

I falsi sprovveduti, quelli che fingono di non sapere come gira il mondo, hanno sempre fatto domande oziose su questi punti. Roba buona per chiacchiere da caffè. E, purtroppo per il nostro Paese, per articoli di quotidiano e dichiarazioni politiche. «Chi assicurava che uno di questi atti sarebbe stato sufficiente a salvare Moro?» La domanda implicita era: «E se Moro fosse stato ucciso ugualmente che figura ci avremmo fatto?».

Adriana e io non parlavamo con Pace a nome delle BR. Ci era stato vietato. Però eravamo convinti che uno di quegli atti avrebbe messo in mora la possibilità di uccidere Moro. Avrebbe smosso le acque. Facilitato noi nel premere per una diversa soluzione, per quel poco che potevamo e, cosa più importante, costretto le BR a uscire dall'arrocco. Andare a vedere, anziché limitarsi a rimirare le proprie carte convinti d'avere in mano un poker d'assi. Come sempre è miglior giocatore quello che riesce a vincere con poco in mano. Le schiappe si fanno fottere anche se il punto ce l'hanno.

Un inutile, e impossibile, doppio tradimento. Quello nostro e quello di Craxi.

# WALDHEIM, CHI ERA COSTUI?

E ARRIVÒ NEL FRATTEMPO UN MESSAGGIO dall'etere. Eravamo agli sgoccioli, gli ultimi giorni di aprile. Il segretario generale dell'ONU Kurt Waldheim parlò direttamene alle BR per televisione. Qualcosa si smuoveva. E non una cosa qualunque. Waldheim, rappresentante di tutti gli Stati del mondo, fece quello che noi speravamo facesse la DC, e in ambito planetario. Riconobbe, di fatto, le BR. L'esistenza in Italia di un'organizzazione rivoluzionaria comunista. «L'esecuzione della condanna arrecherebbe solo danno alla causa che le BR cercano di servire. Mentre, in caso di rilascio del prigioniero, tutti coloro che consacrano la loro vita alla ricerca di un mondo in cui regni maggiore giustizia plaudirebbero.»

Era troppo, e la cosa creò un qualche imbarazzo e parecchie incazzature. Come, noi stiamo facendo di tutto per farli passare per criminali e questo viene a dire che le BR hanno una causa? Una causa rivolta a tutti quelli che consacrano la loro vita alla ricerca di un mondo in cui regni maggiore giustizia? Fecero la voce grossa. Proteste scritte e verbali. Ci mancava poco che l'Italia uscisse dall'ONU.

Ma Adriana e io avevamo finalmente una carta da giocare per tentare di far liberare Moro. La mettemmo sul piatto calandola come fosse una scala di colore. Ma i nostri compagni non sapevano giocare a poker, un gioco borghese, sapevano giocare solo a tresette. Chi era questo Waldheim? Un austriaco? L'onu, il Palazzo di vetro, New York. Dall'altra parte dell'Atlantico. Troppo lontano. Troppo mediato rispetto allo scontro «qui e ora».

«Operai rude razza pagana» scriveva uno dei maestri dell'operaismo. Abbiamo chiesto da mangiare al padrone, non li vogliamo i pacchi della Croce Rossa. È lui che deve cedere.

Ancora peggio dei falsi sprovveduti con le loro domande oziose. Con il sequestro Moro le br erano arrivate a essere conosciute anche nelle isole Figi, ma loro volevano che parlasse Roma. Roma covo del potere. A noi due cascarono le braccia. Bastava niente a quel punto, ne ero convinto. Bastava che qualcuno con lo scudo crociato sul petto riprendesse le parole di Waldheim. Le rigirasse come voleva ma ne ripetesse il senso, e la partita sarebbe stata riaperta. A tresette, l'unico gioco che i nostri conoscevano. Una traduzione che ne spiegasse il senso alle esigenti orecchie della rude razza pagana.

Ci battemmo comunque. Insistemmo. Era fatta, ormai. Anche cosí. Il riconoscimento c'era stato. Bisognava solo trovare il modo, la giustificazione, per rimandare Moro a casa. E non è che non ce ne fossero. Le br avevano gli occhi di tutto il mondo puntati addosso. Da quel momento in poi ovunque arrivava la televisione, ovunque arrivava un giornale, avrebbero voluto sapere che altro succedeva in Italia nello scontro tra le br e lo Stato. Non dico fans, ma attenzione sí. E l'attenzione ha il suo peso politico. Non indifferente, a volte cruciale. Ma le br non volevano l'attenzione di tutto il mondo, troppo vasto, troppo indistinto, volevano solo quella della dc. Qui e ora.

Forse sarebbe bastata una mossa a quel punto, un'avance. Ma nessuno se la sentiva di correre il rischio di infettarsi.

Tranne che coi soldi. Quelli non puzzano e non infettano. Da più parti arrivarono proposte di offrire alle br montagne di soldi. Addirittura dollari a milioni dall'America, mi par di ricordare. E poi dalla Santa Sede. Un altro Stato. Meglio di così. Dice il presidente Cossiga che lui e il capo del governo Andreotti, i due alfieri della «fermezza», diedero un beneplacito. E, dulcis in fundo, racconta che anche il comunista Pecchioli, l'altro ministro dell'Interno potente quanto quello ufficiale – quello che dopo la lettera di Moro a Cossiga aveva già chiuso la pietra tombale: «Per noi è politicamente morto» – gli disse: «Se verrà fuori protesteremo, ma non verrà meno il nostro sostegno». «Se verrà fuori.» Anche il PCI, l'integerrimo PCI, quelli dalle «mani pulite» a fare giochetti sottobanco? Quelli del non «si tratta a nessun costo, faremmo lo stesso anche se lì ci fosse uno di noi» che appoggiano una forma di trattativa, anche se pecuniaria?

Quindi i comunisti avrebbero appoggiato il governo anche se fosse «venuto fuori» che si volevano dare dei soldi alle BR. Nessuna trattativa, nessun cedimento ma i soldi sì. Non era un cedimento anche quello? Non proprio, anzi tutt'altro. Glieli avesse passati lo zio Ivan, i rubli, ce li avrebbero messi loro. Sempre sottobanco e magari facendoci prima la cresta. Perché se le BR avessero accettato soldi come contropartita era bello che dimostrato che erano una banda di criminali. Non di comunisti rivoluzionari. Ciò che il PCI neanche sperava. Un po' di soldi, e nemmeno dei loro, per avere tutto il piatto. Questo sì, loro. Allontanare il più possibile da sé lo spettro del coinvolgimento ideologico con le BR. Figlie dello stesso sangue. La vita di Moro, ovviamente, non c'entrava nulla. Non era malanimo, era politica.

(Dici che in queste ultime parti siamo stati un po' confusi. Saltabeccando da un punto a un altro indietro e avanti nel tempo. Ne avevo avuto il sospetto, ma non credo si possa fare altrimenti. Almeno per me. Te l'ho detto all'inizio. Già rimettere in fila i fatti coi ricordi, dargli un bell'ordine, può diventare un primo momento di falsificazione. Perché se a filtrare i ricordi c'è di mezzo la ragione può venire fuori che si sta più appresso all'ordine, a una precisa sequenzialità degli avvenimenti, che alla loro sostanza. A me, sinceramente, dei fatti importa relativamente. Intendo dei fatti artatamente slegati da tutti gli innumerevoli fili che si portano appresso. Possono diventare uno specchietto per allodole se non riesci a dargli un senso. E assieme a quel senso trovi, più che spesso, una gran confusione. Un intrecciarsi di eventi, e umane vicende, che si muove come un pendolo. E laddove trovi tutto chiaro e lineare, la pappa pronta da mandare giù senza fatica, puoi star certo che c'è di mezzo l'imbroglio.

I fatti, da soli, possono diventare come un album di figurine. Si prendono e si attaccano con grande soddisfazione, e con ansia senza pari si rincorrono quelle mancanti. Poi quando ci sono tutte e l'album è completato lo si mette via e lo si scorda.

Solo quello in realtà interessa al collezionista di fatti. Rimettere in ordine ciò che era stato sconvolto. Ritrovare un equilibrio purchessia. Tappare tutti i buchi e metterci soddisfatto una pietra sopra. Che alcuni, a quella pietra, ci rimangano sotto, morti e vivi, assieme a mille perché senza risposta, poco importa. E non importa neanche che quei fatti siano piatti come la pagina dell'album che li ospita. Ha tappato i buchi. Tanto basta.

Di album di figurine su questa storia ce n'è già tanti. Inutile stare qui a faticare per farne un altro. Chi a quelli fosse interessato può trovarne tanti da ubriacarsi. Il nostro, e quello già da alcuni altri compiuto, è un altro viaggio. Non stiamo ripercorrendo un risaputo elenco di fatti. Stiamo riattraversando un dolore collettivo. Che ha quelli come sfondo o come pozzo cui riattinge, a momenti come placato, in altri più convulso, per proseguire la sua strada. Il dolore è poco interessato alla storia, e alla verità. Se non alla sua. Confusa, parziale, animosa e, a volte, sopra le righe. Perché altro la spinge dalla ragione. Più, semmai, una ricerca tormentosa delle ragioni, sbattendo la testa a destra e a manca alla ricerca di un appiglio.)

# CAVALLI DI RAZZA

Fanfani, l'altro cavallo di razza, era da tempo a riposo nelle scuderie di Palazzo, ma i suoi garretti erano ancora buoni. Non si può dire che di Moro fosse amico. Non è un mondo, quello, dove ci si può fare impunemente degli amici. Bruto, ed era ancora più che un amico, insegna. Ma erano stati più volte alleati, come quando nei primi anni Sessanta avviarono assieme il centrosinistra. E poi un cavallo di razza sa cosa è il rispetto per un altro suo simile. E Moro lo era. I ronzini, no. Quelli possono solo macerare nell'invidia, pronti allo sgambetto. Sollecitato da Craxi, o forse sua sponte, Fanfani aveva già da subito iniziato a scaldare i muscoli. Una corsa del tipo che doveva intraprendere non era un rush in cui bruciare le energie tutte e subito. Era una gara in cui occorrevano una tattica e una pre-tattica. E qualche altro cavallo, anche da meno, che facesse gioco di squadra. Ma purtroppo, e come già detto, la tattica non era il forte delle BR. Quindi non potevano comprendere tutto il suo lavoro.

Fanfani si mosse. Andò dalla famiglia di Moro. E di certo fu uno dei pochi lì bene accolti, ché a molti degli altri, gli ipocriti, gli avrebbero volentieri chiuso la porta in faccia. Fece altro, ma vallo a sapere. Però fece. Ce ne arrivarono scarne notizie tramite Pace. Dettagli avuti da qualcuno vicino a Craxi, o da egli stesso. Così Adriana e io leggevamo avidamente i giornali alla ricerca di qualche traccia di quel sotterraneo daffare. I tempi stringevano, l'ora dell'ultima decisione stava per arrivare e quindi, ancora impudentemente, riportammo la notizia avuta da Pace sulle mosse di Fanfani. Non venne bene accolto il modo in cui l'avevamo appresa, avevamo sgarrato di nuovo al divieto, ma la notizia sì. Fanfani lo scudo crociato sul petto ce l'aveva in bella evidenza. Fiammeggiava. Tanto che al posto di Moro avrebbe potuto starci egli stesso.

Adriana e io puntavamo il dito su qualsiasi notizia dei giornali che parlasse di lui. Anche i più labili segni della sua iniziativa. Ma, appunto, erano labili. Non trovavamo grande rispondenza. D'altronde ci sarebbe voluto qualcuno in grado di decifrarne il senso. Non lo eravamo noi due, che pure volevamo coglierne di più, e non lo era neanche Moretti. Che è 'sta roba? Notiziole, inchiostro sulla carta, nulla di più.

Fremevamo. Perché Fanfani non si smuove? Perché non si decide? E già. Perché anche per noi due la politica era più semplice. Prendi e vai. I giochi delle correnti, gli abboccamenti, i ballon d'essai, la ricerca di alleanze, e del modo più indolore per far digerire un'amara medicina, ci erano del tutto sconosciuti. Moro, da presidente della DC, perché era ancora vivo e nessuno lo aveva esplicitamene esautorato ma implicitamente anche peggio, aveva chiesto la convocazione d'urgenza della direzione del partito. La chiedesse anche Fanfani. Che aspetta?

Poveri sprovveduti. Durante quei giorni non si era neanche mai riunita la segreteria della DC, troppo pericoloso, meglio che la cosa restasse in mano ai pochi fidati, figuriamoci la direzione. Era una battaglia anche quella. Una lunga battaglia. Troppo lunga. I tempi non coincidevano. Non è che ce ne stavamo sull'Aventino a fare picnic in attesa del richiamo a valle. Eravamo braccati. E la fortuna non poteva restare ancora a lungo dalla nostra. È statistico. Prima o poi sarebbero arrivati da qualche parte. E se arrivavano alla prigione di Moro i giochi erano chiusi.

Anche qui c'era forse un'esagerazione. Perché facevamo quello Stato molto più potente di quanto non fosse. Ma forte non lo era. E, essendo fatto da uomini, qualcosa poteva anche sfuggirgli. Non è che Moro stesse sotto una tenda in mezzo a una stanza come Piero Costa. La sua prigione era perfettamente mimetizzata. Difficile da scoprire. Per di più arrivando per caso in quel palazzo, e nell'appartamento, in uno dei rastrellamenti a largo raggio.

Ciononondimeno, pensando al peggio, i brigatisti che erano lì avevano il mandato, in quel caso, di trattare la loro salvezza contro quella dell'ostaggio. Ne sarebbero usciti vivi, forse.

Comunque, se così fosse andata, la partita sarebbe stata chiusa. Nel peggiore dei modi per le BR. Una sconfitta secca che andava evitata. Non c'era tempo. Non ce n'era più. Doveva essere un lungo sequestro perché più lungo fosse stato e più sarebbero emerse le «contraddizioni aperte all'interno del fronte della borghesia». Ma di quelle contraddizioni noi non ne vedevamo neanche l'ombra, nonostante tutta la buona volontà che un rivoluzionario di solito ci mette per vederle. Mentre si vedeva l'ombra minacciosa dei poliziotti che potevano arrivare da un momento all'altro.

# LA DILAZIONE

Il Comitato Esecutivo delle br aveva già deciso negli ultimi di aprile. Facciamola finita. Non è arrivata la vittoria che volevamo ma sarebbe peggio se arrivasse la sconfitta. Abbiamo «mostrato al popolo» di che pasta sono fatti i pescecani che governano l'Italia. E bla, bla. I toni erano sommessi, tutt'altro che trionfalistici, anzi scorati. Le balle grosse sono arrivate dopo, con l'opuscolo sulla «Campagna di primavera». Anche quello scritto in carcere perché quelli fuori non sapevano proprio con quali parole magiche tramutare una cocente sconfitta in una sfolgorante vittoria.

Era deciso. Ma, evidentemente, o forse no, il Comitato Esecutivo br aveva dato mandato a Moretti di fare una qualche ultima verifica.

(Può dirlo solo lui, ma Moretti, il generale sconfitto, preferisce parlare delle sue battaglie, quel tanto – ma poco – che ha detto. Sufficiente per la critica del passato ma non altrettanto per la sua comprensione. Anche se pur sempre troppo per tutti quelli che ci vorrebbero muti per ammutolire con noi anche le loro coscienze. Gli altri, quelli che quella storia la vogliono comprendere, quelli che ne sono stati attraversati in forma di pallottola, come Montanelli, quelli che quelle pallottole hanno rischiato di prenderle, come Ichino, hanno voluto e vo-

163

gliono sapere come si è arrivati a quello strazio. Per capire. E magari evitare che ciò che è stato continui a ripetersi. Come è poi avvenuto perché chi doveva non ha voluto capire, e fare.

E a poco serve trincerarsi, come troppi hanno fatto fin dal primo momento, dietro chi quei lutti li ha avuti. Anche loro vogliono sapere perché. Lo hanno chiesto a molti di noi. È umano voler capire da dove sia potuta venire fuori la disumanità. E se per trarne più dura condanna o travagliato perdono è a loro insindacabile giudizio. Non certo degli opinionisti che insegnano morale un tanto a riga. E neanche nostro, che già ci arrovelliamo nel non certo facile riattraversamento dei fatti, dei tragici errori e delle incatenanti ideologie. Il resto ad altri. La fine è nota. Ma il resto non può essere silenzio.)

Era deciso, dunque. Vedesse lui, Moretti, il come e il quando. Ma presto. Ho detto del funzionamento bilaterale della sindrome di Stoccolma, ma non credo fosse solo questo. Di certo col parlarci e il vederlo affannarsi e scrivere con acume in cerca di una soluzione, credo che il suo odio possa essere stato in parte sopravanzato da un vago apprezzamento. E, in più, Moro aveva da subito fatto quello che gli altri neanche si sognavano. Aveva riconosciuto le BR. Aveva riconosciuto che un qualche errore era stato fatto per arrivare a quel punto. Perché era prigioniero? Troppo facile. Come tutti, tutti quelli che ci passano, non quelli che se ne stanno comodi sulla loro poltrona, quando arriva una botta, quando la vita pone un fermo forzato, ha ripensato al passato. Ha rimesso in fila i fatti prima ingarbugliati dalle urgenze del presente. No, non credo che Moro sia stato condizionato più di tanto dal suo stato di prigionia. Può essere stata un'occasione non una causa.

Una controprova? Be', basta rileggersi il suo memoriale. Può sembrare chissà che, può sembrare la prova che Moro abbia ceduto. Che il «dominio pieno e incontrollato» cui era sottoposto l'abbia indotto a dire cose che altrimenti non avrebbe mai detto. Sempre per i prevenuti che non sanno o fanno finta di non sapere. Sì, ha parlato di Gladio. Ma si è guardato a questo col senno di poi. Ci sarebbe voluta allora una palla di vetro per comprenderne appieno la portata. E, peraltro, quella portata non interessava più di tanto le BR. Anzi.

Il suo era un dire della realtà delle cose. Contraddittorie. Mentre per le BR, e per la maggior parte del movimento rivoluzionario, non erano affatto contraddittorie. Il potere era unico. Unica la sua testa e unici i suoi arti. Tutto ciò che avveniva era conseguenza di decisioni prese e azioni compiute in un unico grande disegno. Quello controrivoluzionario. Venire a sapere che c'erano forze altre che si muovevano «dietro», che portavano avanti un proprio disegno che aveva fini più radicali di quelli ufficiali e, di conseguenza, usava mezzi più radicali, avrebbe fatto saltare il quadro. Avrebbe portato alla conclusione che c'erano due nemici. Che non sarebbe poi stato così grave, se non fosse stato che il secondo, quello «dietro» – per quanto in alcuni punti intrecciato, anche se più con alcuni industriali che coi politici – giocava una diversa partita. A che punto sarebbero arrivate le BR? A dover riconoscere che, sì, la DC era il nemico ma forse non l'unico? E che ne facevano di Moro? Visto che gli amerikani erano altri? Visto che il gap della «doppia fedeltà», quella di governo e quella atlantica, dei nostri servizi, e di tutto l'apparato a quelli legato, li portava a operare anche all'insaputa dei governi in carica? Troppo complicato. Lo Stato era troppo complicato. Saltava tutto.

Ancora cecità, ideologia. Sarebbe bastato guardare dalla nostra parte per capire che anche nello schieramento avverso le forze in campo erano molteplici. L'una contro l'altra. Soltanto a guardare alle «organizzazioni combattenti», solo le maggiori – e tralasciando l'infinito e variegato mondo del movimento –, avevano tutte più o meno lo stesso fine ma ognuna lo portava avanti a modo suo. L'una in contrasto con l'altra. Bastava guardarsi dietro anziché sempre costruirsi nella testa un immaginario «nemico».

Certo Moro ha fatto a fettine quelli che l'avevano «tradito». Forse su loro non si è risparmiato molto. Ma confronta quanto trovi in rete, e quanto è stato poi pubblicato dall'«Espresso» nel 2001 sulla base dei documenti CIA liberalizzati, e quello che Moro ha detto della «pulizia politica» del generale De Lorenzo nel '64. Poche parole. Giorni travagliati e poco più. L'ostilità verso il centrosinistra. Il presidente Segni che era malato e mal consigliato. De Lorenzo che era da sempre un fedele servitore dello Stato e non si capiva come si fosse cacciato in quel pasticcio. Verità, ma omissive.

Si è guardato bene dal raccontare della riunione di metà luglio di quell'anno in casa del fido Tommaso Morlino. Presenti, pare, soltanto lui, il segretario DC Rumor, e i capigruppo di Camera e Senato Zaccagnini e Gava. Una strana riunione senza ministri per discutere il da farsi in quella pericolosa situazione. Né, tanto meno, ha raccontato della riunione a quella successiva, cui era stato convocato il diavolo in persona De Lorenzo, e con la ben strana presenza del governatore della Banca d'Italia Carli e del capo della polizia Vicari. I soldi e i poliziotti armati. De Lorenzo disse poi alla moglie che «volevano farlo passare per un Bava Beccaris, ma non ci sarebbero riusciti». Comunque la sua operazione rientrò e Moro fece il governo coi socialisti.

Ma che cavolo avevano detto a De Lorenzo per rabbonirlo? Vista la presenza dei $oldi e della Polizia e il commento di De Lorenzo, si può intuire non sia stata solo la garanzia che il PSI avrebbe completamente annacquato il suo programma. Probabilmente un cruciale momento di verifica, o di momentanea tregua, tra le ormai troppo diverse strategie di quelli che apparivano sotto i riflettori e di quelli che agivano dietro il proscenio. Perché è difficile credere che il progetto di De Lorenzo fosse contingente. Più probabile un momento di allerta di piani da tempo predisposti. Però sarebbe stato interessante saperlo allora. È storia vecchia oggi, cosa da storici. Ma non lo era poi così tanto nel 1978. C'erano ancora troppi coinvolgimenti, personali, politici, internazionali. (Non foss'altro perché se tentativo di golpe fu, non era militare ma politico, un «golpe bianco». Un utilizzo di piani ad altri più radicali scopi predisposti per un ben più imbarazzante autogolpe del presidente della Repubblica. Al fine di togliere di mezzo Moro e instaurare un governo di Salute Pubblica che avrebbe rimesso le cose a posto. Cioè la sinistra al suo posto. Confinata sotto guardia armata in campi di detenzione in Sardegna.) E Moro, lui che tutto ne sapeva e aveva posto gli omissis sulla relazione della commissione d'inchiesta, tacque.

E allora? Allora Moro ha giocato la sua partita da politico consumato. Ha dato gli spiccioli. Quel tanto che gli occorreva per prendere tempo. Uno che ha svolto il suo ruolo fino in fondo pensando di sapere, da una parte e dall'altra, con chi aveva a che fare. Come il vecchio Angelo Costa. Solo che nel suo caso non c'erano Lloyd's che potessero coprire la spesa.

# E L'ATTESA

Per Moretti non credo abbia giocato solo la sindrome di Stoccolma. In parte, ma soprattutto altro. Era ovvio che per le BR l'uccisione di Moro sarebbe stata tutt'altro che una vittoria. E finalmente si smosse. Finalmente uscì dallo stato catatonico dell'attesa. Qualcosa andava fatto. Cominciò con quel gerundio «eseguendo» nel volantino finale. Anche quello era un segnale. Ci si spaccarono la testa, ovviamente. La risposta era la più semplice. Avete ancora un po' di tempo. L'ultimo.

Ma non bastava soltanto l'ufficialità dei volantini, ci voleva qualche altra cosa. Ora non è che questo «qualche altra cosa» potesse essere chissà che. Del PSI, l'ho detto, alle BR non gliene fregava nulla. Su quello solo Adriana e io continuavamo imperterriti a sperare. Moretti non poteva certo cercare un contatto diretto con la DC. Con chi? E come? L'unico canale aperto era quello con la famiglia Moro. Si era visto che non contava nulla. Hai voglia a sbracciarsi. Isolati e sorvegliati a vista. Ma non c'era altro. Era un tentativo disperato e perso in partenza, ma lo fece ugualmente.

E se risenti quella telefonata di fine aprile puoi capire come. Doveva essere breve, come tutte per via dei telefoni controllati, ma non lo fu. Lui in quella cabina alla stazione Termini e noi fuori. A guardarci intorno convinti che sarebbe finita lì, che quella volta ci avrebbero acchiappato. La voce disperata della moglie di Moro a dirgli che non potevano fare granché, che tutto quel poco che poteva essere fatto l'avevano fatto. Li avevano congelati. E Moretti a interromperla. A dirle che non poteva stare molto e invece restava. Per spiegare. Finalmente a tentare di fare capire che la posta in gioco poteva essere altro. Per dire che occorreva una mossa della DC. Solo della DC. Non parlò della liberazione richiesta. Dello scambio di prigionieri non disse nulla. Non era più quello il punto ormai. Solo una mossa della DC.

E attese ancora. Attese gli effetti di quell'ultima chance, e delle nostre insistenze a seguire le mosse di Fanfani. Così credo. Ma non l'ha detto. Era lui il generale. Nessuno poteva dargli consigli. E questo non è poi così importante. Visto come è finita. Su tutte le nostre altre argomentazioni, quelle che gli ponemmo appena avuta la notizia della decisione finale, aveva fatto spallucce, irritato. Unica concessione ci ascoltò a lungo, oltre due ore, in mezzo alla strada.

«Non possiamo chiedere la liberazione dei detenuti politici sotto regime di annientamento e poi uccidere noi un nostro prigioniero.» Niente. Se eravamo a quel punto era perché lo Stato voleva la guerra. Le BR non potevano tirarsi indietro. Anziché forza avrebbero mostrato debolezza. (Pari pari il ragionamento della parte avversa.) E il movimento? Uccidendo Moro lo avremmo stretto in una tenaglia. Annichilito ogni sua possibilità di sopravvivenza. Ancora niente, meno che mai. «L'unica possibilità di crescita del movimento è nella lotta armata, non nei loro giochetti insurrezionali. Meglio così, capiranno la scelta da fare.» Un muro. Un ottuso muro. Ma forse qualcosa, sotto, deve aver poi sedimentato. Forse.

Fanfani alfine si smosse. Il suo sotterraneo lavorio poteva ora arrivare a un'emersione. Significativa nel suo gioco ma irrilevante per le BR. Perché fu un'emersione per interposta persona. Parlò Bartolomei, un senatore, forse con qualche altra carica, non ricordo. Un discorso peraltro abbastanza ambiguo, preparatorio per loro. Peggio di Waldheim, che era, pur se troppo lontano, il segretario dell'ONU. Chi era 'sto Bartolomei? Chi lo conosceva? Nessuno, tranne gli addetti ai lavori. Non era agli occhi delle BR, e della nazione, uno con lo scudo crociato fiammeggiante sul petto. Non era un generale dell'esercito nemico. Per Fanfani era una mossa d'apertura. Di lì a pochi giorni ci sarebbe stata la tanto agognata riunione della direzione DC, e lì avrebbe sparato tutte le sue cartucce. Per le BR, che tutto vedevano al rovescio, fu l'ultima mano della partita.

Il ragionamento fu stringente quanto viziato dal sospetto. Se, a questo punto dopo cinquantacinque giorni di chiacchiere a vuoto, la DC va a quella riunione con questa predisposizione, ne verrà fuori una paccottiglia ambigua che rischia di metterci in difficoltà senza nulla ottenere. Abbastanza per non poter più giustificare l'uccisione di Moro, ma troppo poco per poter cantare vittoria. Le direzioni dei partiti non ne avevano mai cambiato la linea politica. Tutt'al più potevano ratificare decisioni già prese. Questo valeva per loro e valeva per il PCI, il cosiddetto centralismo democratico che di democratico non ha mai avuto nulla. Quindi doveva valere anche per la DC. Quindi era solo una mossa per prendere tempo. E tempo non ce n'era più.

Nella storia del genere umano ha certamente fatto più danni il sospetto che le cattive intenzioni. E le BR li avevano tutti e due.

Questo è quanto ho sempre creduto sia avvenuto nelle loro teste e quanto è stato confermato da Lauro Azzolini e Franco Bonisoli, due dei quattro del Comitato Esecutivo BR di allora, nella loro deposizione al processo 7 Aprile. Questo è quanto andai a dire alla prima commissione d'indagine parlamentare. Ma a tutto quegli onorevoli pensavano meno che a capire perché era successo quello che era successo. Stavano lì solo per tenere ognuno il proprio partito lontano da ogni possibile coinvolgimento e ovviamente, per fare questo, tentare di coinvolgere gli altri. La morte di Moro era la donna di picche che nessuno si voleva ritrovare in mano. E io cretino che pensavo fosse possibile affrontare lì i nodi. Volevano solo i fatti. Cioè ognuno dei fatti particolari, estrapolati dal tutto, che avvalorassero la tesi sua e del suo partito. Ma i fatti già si sapevano, erano al processo, quella non era una sede giudiziaria ma politica. E ogni volta che mi avventuravo in considerazioni generali mi guardavano storto. Un brigatista che si metteva a fare il loro mestiere. Alla politica ci avrebbero pensato loro. Appunto, la loro.

Altra cosa la seconda commissione, o terza, non ricordo. Quella presieduta da Pellegrino. Sempre la stessa pippa degli schieramenti e delle domande tendenziose. Prima che ne arrivasse una dovevi aspettare che la smettessero di litigare tra loro sul suo senso e sulla sua ammissibilità. Già, ancora prima della risposta, a tirare le loro conclusioni prefabbricate. Ma ha prodotto materiali notevoli. Sugli antefatti oltre che sulle BR. Anche loro, alla fine, si sono accorti che quello che era avvenuto dipendeva in gran parte dalla storia accartocciata di questo paese. Finalmente uno sguardo di largo respiro. E molto più su ciò che si muoveva «dietro» di quel poco che ti ho detto. Se solo qualcuno avesse il coraggio di dare a quei materiali un'adeguata diffusione. Ma anche quelli, benché pubblici, sono arcana imperii. Ci sono cose in quegli atti, e in quelli delle varie commissioni antimafia, da far tremare i polsi a più d'uno. Non è poi così male la democrazia. Se fosse usata, al solito, non solo per le loro guerre ma anche per «rendere edotta la popolazione», come cantava De André.

(Hanno detto in molti che se i socialisti avessero detto di quel loro contatto con Pace si sarebbe potuti arrivare a liberare Moro. Credo che i più abbiano usato speciosamente questo argomento per azzerare la «posizione umanitaria» del PSI. Se anche fosse andata così, e non è assolutamente detto – la polizia era troppo sotto pressione per mettersi a predisporre una lunga serie di pedinamenti –, avrebbero preso Adriana e me per fare il botto e lì si sarebbero fermati, accelerando all'istante l'uccisione di Moro. Ma, e qui i conti non tornano, se ci fossero arrivati cosa sarebbe successo? Il presidente Cossiga ha detto che, nel caso di sua liberazione, per Moro era già pronta una clinica dove ricoverarlo per farlo «riprendere». Cioè, si può intuire, per tenercelo finché non fosse rinsavito. Cioè fare ammenda delle sue «false» ed «estorte» accuse, ritirare le dimissioni dal gruppo democristiano, eccetera eccetera. Ora, non ho conosciuto Moro, se non indirettamente, ma credo che, per quanto prudente, non avrebbe accondisceso con tanta facilità. Così come non aveva accondisceso alle ben più pressanti richieste delle BR. Non so se questa può definirsi «liberazione». Dipende.

Una controprova? È sempre il presidente Cossiga a dirci che le BR non avevano capito che «Moro libero avrebbe avuto effetti dirompenti».)

Eravamo alla fine. L'ultimo giorno, l'8 maggio. La televisione era accesa, ricordo. Discutevamo e guardavamo. Loro distratti, già sconfitti, Adriana e io speranzosi della notizia dell'ultimo momento. Insistemmo. Insistemmo di attendere i risultati della riunione della direzione DC. Sapevamo da Pace che lì qualcosa sarebbe avvenuto, ma cosa? Non ci importava granché. Bastava un appiglio. Ma era proprio quello che le BR non volevano. Un appiglio tutto dalla parte sbagliata. Fu un vano insistere. E perdemmo. (Me ne sono rammaricato a lungo. Poi credo d'avere capito che non poteva essere altrimenti. Ne riparleremo tirando le somme.)

Dice ancora il presidente Cossiga che lì, in quella riunione DC del giorno successivo, lui e il governo sarebbero stati messi in minoranza. C'è da credergli, non solo perché da tempo chiama le cose col loro nome, ma anche perché parla di una sua sconfitta. I politici di solito, se parlano di un'occasione mancata, si riferiscono sempre a una loro fulgida vittoria sfuggita per un soffio, o per torbide manovre. Dice che lì avrebbe vinto l'ala cattolica più sociale, quella capace di «mettere anche la vita di un nipote davanti a ogni altra cosa».

(E c'è da credergli anche perché quella di Fanfani non sarebbe stata una rottura ma uno strappo. Un affermarsi di una morale provvisoria per salvare Moro e per poi ritornare all'ordine. Perché la politica, finché quella politica durerà, non può permettersi il lusso dei valori morali. Ha solo fini e mezzi. E questo anche lui ben lo sapeva.)

Non è che Adriana e io aspettassimo speranzosi perché avevamo capito quel passaggio. Volevamo che Moro uscisse vivo ma non sapevamo proprio niente dell'ala «cattolica sociale» della DC. Noi, le BR, avevamo commesso il più grave degli errori quando si entra in guerra. Politica o militare fa lo stesso, hanno le stesse regole. Non sapevamo nulla del nemico che andavamo a combattere. Nulla del suo reale schieramento, dei suoi punti di sicura tenuta e di quelli più deboli. Un'immagine vaga, propagandistica. Una guerra alla Guareschi. Solo che non era una vignetta su un giornale.

Avessimo studiato più a fondo la DC avremmo capito che in quel momento non era in atto un gioco delle parti. Col governo a fare il poliziotto cattivo e Fanfani quello buono. Era una battaglia. La battaglia per la vita di un uomo. E per la coscienza di tanti. Da quella battaglia non sarebbe uscita un'ambigua paccottiglia ma molto di più. Forse un solo giorno, poche ore. Un impossibile forse.

# IL PREZIOSO ALLEATO

GUARDANDO SOLO A QUELLO CHE succedeva in casa DC non avevamo capito il motivo delle contraddizioni in cui quel partito si agitava. Da qui i suoi tempi lunghi. Avevamo sottovalutato il ruolo dell'altro nemico. Il PCI, pilone di sostegno del fronte della fermezza. Il terzo pezzo della triade della anomala situazione italiana.

Il PCI di Berlinguer era per noi una ruota di scorta del SIM. L'utile pagliaccio che si presta a ogni rinuncia per ottenere una qualche briciola di potere. Pensavamo che la DC lo tenesse in ostaggio pronta a farlo ballare sui trampoli. La tattica, sempre la tattica. La visione tattica che difetta. Sostituita da quella strategica. In quel frangente il PCI si ritrovò inaspettatamente il coltello dalla parte del manico. Era l'unico che, qualsiasi cosa fosse successa, avrebbe vinto lo stesso. Da qui la sua forza in quel momento.

La DC aveva in Cossiga e Andreotti due duri combattenti. Convinti che non fosse in gioco l'onore di quello Stato ma la sua tenuta, la sua ragion d'essere. E avrebbero tenuto duramente il piede fermo. (E poi, se qualche dubbio avessero avuto, sarebbe stato raggelato all'istante dal fucile puntato del PCI.) Ma loro non erano tutta la DC. Le spinte contrarie per salvare Moro erano forti, e i dirigenti del PCI diedero man forte a respingerle. A muso duro e con piede più che fermo. Ma sapendo anche che, se quelle spinte interne alla DC avessero prevalso, il loro partito sarebbe stato, a buon diritto secondo il metro di quella politica, l'unico ad avere dimostrato vero «senso dello Stato». Il che si sarebbe tradotto in una più credibile candidatura al governo del Paese. Di fatto, se non proprio il governo, avrebbe ottenuto un maggiore e determinante potere di contrattazione. Mentre se la DC avesse retto, il PCI avrebbe rafforzato la propria posizione di indispensabile alleato. Come sopra. La logica degli ostaggi si era capovolta. È stato il PCI a tenere in ostaggio in quei cinquantacinque giorni qualsiasi parte della DC che cercasse una strada alternativa a quella dell'intransigenza.

Quanti ostaggi in questa storia? Tanti, troppi. È la politica. Ostaggi e ricatti. A vicenda. E siamo alle somme. La mossa «politica» delle BR, la richiesta dello scambio dei tredici, ha portato a questo. Avessero fatto lotta armata non si sarebbe arrivati a quel punto. Loro facevano politica con le armi, che è un'altra cosa. Però quella la fanno gli Stati, che giocano anche queste loro partite all'interno di altre, bene o male riconosciute, regole. Non poteva farla una banda di guerriglieri comunisti. Questa deve necessariamente calibrare la sua azione alla propria forza reale. Allo scopo raggiungibile momento per momento. Ottenere il massimo senza varcarne il limite. Se il suo scopo è «disarticolare», per rafforzare il potere della propria parte, non può chiedere allo Stato con una singola azione di firmare l'atto della propria avvenuta «disarticolazione». Non può porsi contemporaneamente come forza armata di quel futuro potere e suo anticipato rappresentante politico.

Ma, appunto, le BR non si ritenevano una banda armata di guerriglieri comunisti. Credevano di essere lo Stato proletario in fieri. Da qui il delirio di potenza. La mancanza di misura e di senso tattico.

Non si può sequestrare un politico di quella levatura e poi chiedere di trattare. Se si vuole trattare col ricatto vuol dire che non si è ancora vinto, e se non si è vinto non si ha l'autorità per trattare a quel livello. E, oltretutto, era con i politici di quella levatura, finché c'erano, che si sarebbe trattato. Non potevano, i politici, essere contemporaneamente giocatori e posta in gioco. O, comunque, non potevano trattare alle condizioni poste. Su questo avevano pienamente ragione. Ne sarebbero politicamente morti. Quindi, ancora, a meno di non sequestrarli tutti come avrebbero poco dopo fatto i sandinisti in Nicaragua, non gli si poteva chiedere con uno solo di loro in mano di firmare il proprio atto di morte. Le BR non solo non avevano capito cosa avevano di fronte, ma non avevano neanche capito chi erano loro stesse.

E, poste quelle condizioni di scambio, fuori mercato per tutti, comprese le BR, fu poi da sprovveduti credere di poterle mercanteggiare. Di far finta che fosse altro ciò che si chiedeva. Stavamo con le armi dentro lo Stato, non a vendere tappeti in un suk arabo.

Il solo sequestro di Pirelli – quello che doveva avvenire in contemporanea e che poi è saltato – sarebbe stata altra cosa. Lì la politica, anche perché le pressioni sarebbero state altre, avrebbe avuto più carte da giocare. Ma le BR volevano lo Stato. E, sempre perché facevano politica con le armi e non lotta armata, sempre perché, per questo, volevano una qualche cartuccella scritta e non potevano accontentarsi degli effetti dell'attacco, non si sono accorte che lo Stato l'avevano già messo in ginocchio sequestrando Moro. L'avevano già battuto. Come aveva scritto Moro a Cossiga, come Cossiga poi – una volta «impazzito» – ha evidenziato con la sua solita chiarezza. E, anche, come cercammo di argomentare Adriana e io di frammezzo ad altre cento, e altrettanto inutili, considerazioni.

Fu una tragedia degli equivoci nella quale tutti recitarono la parte assegnata, ognuno dentro la propria verità, a sua volta prodotta dalla storia di questo Paese. E senza porsi soverchie domande né sulla bontà del copione né su cosa s'annunciava al di là del palcoscenico. Nessuno, in questa tragedia, ha avuto la possibilità di essere personaggio in cerca di un altro autore.

Neanche Moro. Che rifiutò il ruolo, classico, del martire, ma non quello di politico. Neanche Craxi, il difensore della vita, della pietas, contro le regole della politica, un'Antigone al maschile. Non Fanfani, il compagno indeciso arrivato in tardivo soccorso. Non Waldheim e tutti gli altri, compresi me e Adriana, che si affannarono per impedire il sacrificio. Il coro di quelli che inutilmente cercano di opporsi al fato.

Fu una tragedia degli equivoci e le BR non si accorsero che le carte si erano sparigliate. Moro non era l'amerikano che noi credevamo. Era però il cuore dello Stato. Non dell'astratto Stato del SIM, ma di quello Stato reale. E, non essendo quello il ferreo SIM ma uno Stato che si reggeva su precari equilibri, il suo sequestro, il suo solo sequestro aveva già inferto un colpo mortale.

Mentre pretendere dopo questo un riconoscimento fu come se una banda di rapinatori avesse svuotato Fort Knox, il tesoro degli Stati Uniti, e poi chiesto al loro presidente il riconoscimento di essere la più grande banda del secolo. E, peraltro e per paradosso – una volta fuori da ogni logica politica – la richiesta dei tredici era risibile a fronte della vita di Moro, del cuore dello Stato. A quel punto, come equiparato contrappeso, poteva chiedersi qualsiasi cosa. Anche la riscrittura della Costituzione. Facendo di quella italiana una Repubblica comunista fondata sul potere del proletariato.

Ma le BR, non accorgendosi di aver già ottenuto il massimo che potevano ottenere, lo persero, e non ne ebbero nulla più se non la propria sconfitta. E così, per quello che erano, doveva essere. Anche loro avevano recitato fino in fondo la propria parte. Il dramma era compiuto. Come doveva essere, e come era scritto sul quel trito copione.

Un copione che, oltre a quello umano, aveva anche previsto un intervento divino per bocca del suo rappresentante in Terra. Papa Montini ci chiamò nella sua lettera «uomini delle Brigate Rosse». E il finale, quel «rilasciate Moro senza condizioni», non era quello che allora ci apparve. Anche a me. E mi ci arrabbiai, ovviamente. La capacità di analisi, di vedere oltre quello che appariva, annebbiata dall'urgenza e dall'iniziale equivoco della trattativa.

Stupide e risibili le insinuazioni, neanche troppo velate, che Montini abbia scritto sotto dettatura del governo. Stupide e risibili perché Montini era un papa «politico». Non veniva da una diocesi di provincia dove si era distinto per l'ispirata catechesi, ma direttamente dall'interno delle stanze del potere Vaticano. Ed era tutt'uno con la DC senza bisogno che alcuno glielo ricordasse. E da papa, per quel margine di differenza che faceva la sua investitura divina, andò ben oltre quello che aveva fatto la DC. Quell'inizio, quelle sole quattro parole, condensavano tutto il discorso di Waldheim. Uomini delle Brigate Rosse. Non diavoli. E neanche «appartenenti alle Brigate Rosse». Uomini. Come lui, come Moro. Lì era il papa che riconosceva dignità umana anche a chi aveva già ucciso. Uomini come tutti gli altri che si affannano sotto lo stesso cielo. Mentre nella chiusa non c'era il papa che chiedeva di risparmiare la vita di Moro. Non ha detto «non uccidetelo». C'era il papa politico. «Senza condizioni» perché condizioni non potevano porsi. Erano fuori da ogni logica politica. Le BR avevano già ottenuto più di quello che avrebbero voluto ottenere.

Il sequestro Moro non è stato solo ciò che è stato. È stato uno di quei fatti storici andati al di là delle intenzioni di tutti i suoi protagonisti. Non è stato solo un evento tragico, ma epocale. E, come tale, il suo copione andò oltre. Era un copione perfetto. Tanto perfetto da avere anche previsto una adeguata e sontuosa scena finale. L'unione rara e ai massimi livelli tra la liturgia religiosa e quella politica. Un funerale di Stato alla presenza del pontefice nella basilica di San Giovanni, la prima della cristianità. Quella che ben oltre mille anni prima aveva simbolizzato il suggello del patto tra Chiesa e Potere.

Un funerale che ai disattenti, come allora anche noi eravamo, può essere sembrato una farsa, visto che mancava la salma di colui per cui veniva celebrato. Ma farsa non era, era una tragedia. E che non ci fosse la salma di Moro non era così importante. Non era il suo funerale. Era il funerale della Prima Repubblica, e quella c'era tutta. Ma non era soltanto questo. Era il funerale della politica. Di quella politica che dal dopoguerra era fondata sull'etica del sacrificio. Di tutti per il benessere collettivo. Fino a quello del singolo per la salvaguardia della politica che le contraddizioni di quella ricerca di benessere rappresentava e regolava. Dentro modelli che, pur nella differenza ideologica, allo stesso fine tendevano. E gli stessi sacrifici contemplavano.

Era già fuori tempo quella politica. Già superata dalla potenza produttiva che era in grado di andare ben oltre quel minimale benessere. E che stava definitivamente sconvolgendo la società e le classi sociali su cui quella politica si reggeva. Le BR, nate già vecchie, incapaci anch'esse di cogliere il segno dei mutamenti sociali prodotti dallo sviluppo capitalistico, erano a pieno diritto dentro quella stessa politica. Erano portatrici della stessa etica del sacrificio. E alla loro etica sacrificarono Moro. In quella chiesa c'era anche il loro cadavere.

# DUE PASSI INDIETRO

ORA CHE SIAMO AL DRAMMATICO EPILOGO del più eclatante dei fatti degli anni Settanta, sarebbe forse il caso di fare un piccolo passo indietro. Per ridare completamente a Cesare quel che gli appartiene. E per evitare che l'emozione contingente favorisca la rimozione di antefatti che, nella rielaborazione di questo lutto, possono sopravanzare l'importanza di ogni singolo pur tragico episodio.

Abbiamo detto che il movimento del '77, anziché incanalare tutte le energie verso un pieno dispiegamento delle sue potenzialità, si è buttato nel vicolo cieco dell'Insurrezione. Anche se quei giovani non avevano fatto soltanto quello. Avevano fondato radio, giornali, avevano inventato attività d'impresa, e dato vita nei luoghi da loro occupati a una diversa e creativa ricerca di socialità. C'era una ricchezza esplicitata in quel movimento, più che in quello del '68. Perché i mutamenti che allora a malapena si intuivano si erano più compiutamente manifestati.

Si può dire che forse da solo non sarebbe arrivato fino al fondo del vicolo insurrezionale. Anziché concedere a quei giovani spazi e fondi – tanto per dire due delle molte cose che uno «Stato forte», e sociale, avrebbe potuto fare per gestirlo politicamente fuori dall'avvitamento nella violenza – il nostro

*La peggio gioventù*

Stato figlio della Resistenza li ha messi contro un muro. E al loro aumentato scalpitare ha pensato bene di ammazzarne qualcuno. Magari così avrebbero ancor più messo mano alle pistole e sarebbe stato più facile criminalizzarli? Poi, a cose fatte, gli ha mandato contro i cingolati. Lo stato d'assedio. Per dei teppisti?

Lo Stato è Stato, si sa. Se c'è qualcuno che si agita in piazza diventa nervoso. Sì, non era più quello protervo di una volta che non guardava in faccia nessuno. Quello che, negli anni in cui la piazza supportava l'operato del PCI – il nemico mortale che avevano allora dentro al Parlamento – ci era andato assai pesante. Più di cento morti, si è detto, dal dopoguerra agli anni Sessanta. Le cose erano cambiate. La democrazia aveva fatto il suo corso. Il PCI ora invocava le masse non per combattere il governo ma per appoggiarlo. E anche quando così non era, quando Berlinguer scalpitò con gli operai davanti ai cancelli della FIAT occupata nel 1980 – tardiva e ultima sortita operaista del PCI dal Palazzo della Politica –, poté farlo senza che nessuno sparasse addosso agli operai.

Ma quei giovani non avevano nessuno in Parlamento. Anzi, quel qualcuno che c'era – che avrebbe potuto e dovuto prestare attenzione ai turbamenti sociali – tutto fece meno che appoggiarli, o blandirli. O quel che poteva. Il PCI sparò a zero tutte le sue batterie ideologiche e propagandistiche contro quel movimento. Gli ideologi a vituperarlo come movimento di parassiti, piccolo borghesi estranei al mondo rigoglioso della produzione, nemici della classe operaia. I propagandisti ad azzannarli dai giornali, dai microfoni del TG2 e da ogni altro microfono che nella «spartizione» era finito in mano comunista.

È che quel movimento, come sempre tutto ciò che si agitava al di fuori del suo controllo, contrastava alle radici col progetto del PCI. Lui e solo lui doveva essere il rappresentante della «sinistra». E su questo patteggiare la sua fetta di potere. Non sarebbe stato più utile come alleato della DC se la rabbia sociale se ne andava per suo conto. Anche qui, come per le BR, ma al rovescio, le armi che hanno ucciso quei giovani sono state usate sotto la copertura del vasto bagaglio ideologico comunista. Non dalla parte rivoluzionaria, pur ancora non completamente abbandonata nelle parole, ma da quella nemica giurata di qualsiasi forza adombrasse il suo monopolio dell'opposizione. Meglio morire teppisti tout court o «teppisti para fascisti nemici della classe operaia»? Meglio sarebbe stato, per tutti, giovani arrabbiati e poliziotti, non morire affatto.

Ma la sola difesa del suo monopolio della «sinistra» non credo che spieghi tutta la virulenza dell'odio del PCI verso quel movimento. C'era altro. I suoi non erano cattivi ideologi, erano scrivani in malafede. E in malafede elaborarono la loro teoria delle «due società». L'una quella del lavoro, produttiva, dove capitalisti e operai si confrontavano democraticamente con le loro rappresentanze, e la seconda, quella improduttiva e parassitaria della prima, in cui si agitavano gli spettri piccolo-borghesi dell'ingovernabilità e dello sfascio. Qui è detta in sintesi ma il succo era quello. Ed era un succo che poneva una questione. Come mai tanto teorico argomentare per dei teppisti di strada? Teorizzando in quel modo, i professori chiamati a supporto avevano avventatamente scoperto le carte. E, ahinoi, dovremo marcarne le piste su questa strada per tentare di capire, tra l'altro, uno dei perché della «fermezza».

Quei dotti signori sapevano benissimo che quella loro «prima società» era in via di divenire, proprio essa, secondaria. Perché già la produzione di merci si stava avviando a essere secondaria nel mercato capitalistico. E sapevano anche che quei giovani erano lo scarto della società che aveva già messo da parte i suoi sogni sulla piena occupazione. Si era già scoperto che maggiori investimenti e maggiore sviluppo non aumentavano ma diminuivano la quantità degli occupati. Era una balla che aveva tenuto tutti buoni per un po' di tempo. Ma si era arrivati al suo punto di tracollo. Impreparati come al solito. Quei giovani erano la massa emergente dei non garantiti. E una massa che aveva preso coscienza di non avere un futuro. Che a loro questa società non offriva sbocchi. E minacciavano con la loro ribellione la stabilità della società dei garantiti. Quella i cui interessi il PCI voleva difendere a tutti i costi, e non solo perché dentro c'erano anche gli operai. (O, meglio, la parte di quelli che sarebbe sopravvissuta alla ristrutturazione.)

È storia nota, per quelli che non si sono foderati gli occhi facendo di tutto un gran calderone, che quel movimento aveva due anime. Una era di quelli grandemente insofferenti della loro condizione, e quindi di molto incazzati. L'altra di quelli che della loro condizione vedevano il lato liberatorio. Per loro non c'era lavoro? Si sarebbero inventati altro. E se lo inventarono. Nel senso verso cui andava lo sviluppo della produzione sociale, che avrebbe posto al suo centro la comunicazione, l'informazione. Da qui radio – tra tutte la più famosa, Radio Alice di Bologna con le prime cronache in diretta –, giornali, manifesti, fanzine, concerti, la ripresa creativa della satira politica. (E da lì, per anni, si è poi pescato a man bassa.) Ma non è che questi fossero meno incazzati, tutt'altro. L'essersi posti altrove dalla società, li metteva con questa in un antagonismo forse più esacerbato dei primi, che pur cercavano uno sbocco nel mercato del lavoro. Una miscela esplosiva.

Tanto esplosiva che avrebbe potuto mandare a carte all'aria i grandi disegni strategici delle BR. E poco ci mancò. Quel movimento tenne occupato il centro di Bologna per una settimana, tanto che il sindaco Zangheri non poteva neanche arrivare al municipio. Ci vollero i blindati per riconquistarlo. A Napoli ci furono tre giorni continuativi di scontri. E a Roma, ma non solo a Roma, ogni sabato c'era una manifestazione di decine di migliaia di giovani. E ben più di mille tra loro erano armati. Quando si arrivò agli scontri in cui a San Lorenzo fu ucciso un poliziotto – e non erano scontri casuali ma predisposti con un autobus a sbarrare la strada dove i poliziotti erano stati attirati con una finta ritirata –, la polizia, che sapeva di essere ascoltata, chiese via radio ai rivoltosi una tregua per recuperare il corpo del poliziotto morto e quelli feriti. E la tregua fu accordata, sventolando un fazzoletto bianco. Poi si riprese. Regole di guerra, praticamente.

In uno di quei sabati la fiumana di giovani si arrestò a piazza Venezia. Dovevano decidere da che parte prendere. Sfondare il cordone di poliziotti che sbarrava via del Corso e arrivare a Palazzo Chigi, oppure girare verso corso Vittorio passando sotto la sede della DC. La piazza era stracolma e scalpitante ma, nei giardini ai due lati, si stagliavano a confronto due aree più calme. Sostavano lì in attesa più di mille giovani. Col passamontagna e la pistola. Dopo convulsi conciliaboli fu deciso di prendere verso corso Vittorio. Ne nacquero anche lì scontri e sparatorie. Ma, ad avere il coraggio per vedere le cose con realismo politico, potrebbe dirsi che se la decisone fosse stata l'altra, se quelle migliaia di giovani si fossero riversati verso Palazzo Chigi, le cose sarebbero andate ancora peggio. I morti avrebbero potuto raggiungere e superare la decina. E a quel punto l'attività delle BR – con le sue uccisioni pedagogiche misurate col bilancino alchemico della disarticolazione dello Stato – sarebbe divenuta risibile. Sorpassata dalla violenza di quella ribellione sociale che loro ritenevano ben poca cosa a fronte della loro azione di guida. Sognata nella separatezza della clandestinità e nella spocchiosa superiorità verso un movimento di massa estraneo alla loro logica operaista. (Ma su questo forse dovremo tornare. Perché è un altro dramma, ma non certo casuale, che le BR vedessero l'anima di quel movimento come la vedeva il PCI.)

L'arrocco del PCI attorno alla società dei produttori di merci, garantiti ma che avevano i giorni contati, e di cui il partito aveva ancora salda rappresentanza, era difensivo. Ma non c'era solo questo. Sui nuovi scenari della produzione sociale, e sui nuovi soggetti che questa avrebbe prodotto – anticipati allora dall'ala creativa di quel movimento –, sapeva di avere enorme difficoltà ad applicare i suoi strumenti ideologici e politici. Insomma, non ne avrebbe avuto rappresentanza. La loro affermazione, la loro crescita, avrebbe inesorabilmente ridotto il suo potere di contrattazione. E, in più, era un'affermazione che in quel momento passava per la rabbia e la violenza. Se il progetto era quello di condividere con la DC il governo del Paese – portando in dote il controllo della piazza, nonché quello della classe operaia e la ragionevolezza a questa imposta nell'accettare le esigenze di ristrutturazione industriale – tutto quel nuovo che stava venendo fuori violentemente gli strappava lustrini e strascico dal vestito di nozze con tanta cura confezionato. E non pochi sacrifici, quelli degli operai. E quelli dei morti di entrambe le parti che sarebbero rimasti sul terreno.

Forse abbiamo sbagliato ad arrivare fin qui. Non ti pare un po' noioso? Il mercato capitalistico, lo sviluppo della produzione sociale, i nuovi soggetti, la ristrutturazione industriale, i progetti politici del PCI. Noioso anche per due vecchi comunisti come noi che 'sta roba ce la siamo sempre sorbita. Immagina come potrà reagire lo sventurato lettore che, beato lui, non ci ha mai dovuto fare i conti. Credi che salterà? Cercando di riprendere più avanti un filo del discorso più accattivante? Ma se questo è ciò che c'era dietro che possiamo fare? Saltiamo anche noi o cerchiamo di farla più corta possibile per quei pochi davvero curiosi e resistenti? Che poi anche qui c'è un altro rischio. Perché essendo arrivati a questo punto conversando, e non storicizzando, giocoforza abbiamo un po' tagliato le cose con l'accetta. O con la pala, visto che stiamo scavando. Possiamo solo sperare che chi ci criticherà per questo avrà poi anche la pazienza di andare a cercarsi altrove più approfonditi, e certamente più qualificati, riscontri.

# L'ARROCCO DEL '77 PRELUDIO A QUELLO DEL '78

Eravamo all'arrocco del pci a difesa del suo potere di rappresentanza. Da qui la sindacale «svolta dell'eur» di quell'anno, sorretta a spada tratta dall'alleata cgil, e che era l'ultima spiaggia per difendere, assieme ai padroni, la fabbrica e la società dei garantiti. (Ultima spiaggia per il sindacato, che con questa troppo si avvicinò al ruolo delle Corporazioni fasciste.) Quella «prima società» produttiva e tanto decantata doveva pur funzionare. Se no che figura ci avrebbero fatto? Quindi con quella «svolta» i sindacati misero da parte la loro politica di difesa a oltranza del salario, e acconsentirono a subordinarne gli aumenti alle «compatibilità del sistema», cioè bloccarli, e ad accettare le esigenze di ristrutturazione, cioè tagli, licenziamenti, cassa integrazione. I padroni si nascondevano dietro le «leggi del mercato», dicevano «o si taglia o si chiude». (Bluffando, perché il grande capitalismo italiano non è mai stato un vero capitalismo di mercato ma sempre assistito dalla mano pubblica, e perché quel ricatto aveva come fine l'azzeramento della conflittualità operaia.) E i sindacati, per salvare il salvabile, decisero di far digerire alla classe operaia l'amara pillola. Non stavano svendendo, come allora si disse e come qualche nostalgico ancora dice oggi, stavano semplicemente cercando di sopravvivere. A coltello. Sacrificare i non garantiti, poco male, e un po' di classe operaia destinata alla rottamazione per salvare di questa lo zoccolo duro. Cioè, ancora, la loro rappresentanza. Il loro motivo di esistere. E di contrattare.

E sempre da qui Lama che va all'università ad angariare i ribelli del '77. Che c'entrava un sindacalista all'università? C'entrava, c'entrava. Era andato lì in prima persona per difendere i suoi interessi. Che coincidevano con quelli del PCI. A ogni costo. Anche di prenderle. E le prese. Ma come andò? Quelli del PCI decisero di mandarci lui perché aveva grinta da vendere e perché, essendo il capo della CGIL, pensavano potesse avere un qualche ascendente in più. Ci avessero mandato uno dei loro non avrebbe neanche superato i cancelli. La sera prima, tramite intermediari, fu patteggiato coi rappresentanti del movimento che oltre a Lama avrebbe parlato anche uno di loro, ma la mattina l'accordo era già rimangiato. Cominciò proprio male. Già erano tutti incazzati e lui – dal coperto del camion circondato dal suo servizio d'ordine, anziché dalla scalinata del Rettorato come si era concordato – usò toni tutt'altro che interlocutori.

Li angariò, come detto, e non essendo uno dei dotti che avevano capito cosa quei giovani rappresentassero, gli parlò come fossero studenti. E studenti in parte lo erano, e usavano l'università come punto di raccolta e dibattito. Ma erano studenti che, a differenza di noi del '68 che volevamo cambiarla, avevano la testa oltre l'università. A quel futuro che non avevano. Quindi già non lo erano più. Erano altro. Gli disse in soldoni, per quel poco che riuscì a dire prima di prenderle, «Che cavolo andate cercando voi studenti, la selezione c'è nella società e dovete accettarla volenti o nolenti...». Non andò molto oltre, ovviamente.

Quella «svolta» rese benemeriti i sindacati, ma troppo cara gli costò la perdita del ruolo di difesa degli interessi della classe operaia. Accordi capestro fatti passare in barba al parere contrario delle assemblee di fabbrica e tessere strappate a volontà. Così, col venire meno dell'affratellamento dell'unità nazionale DC-PCI, avrebbero poi ripreso a combattere qualche battaglia per recuperare il mimino indispensabile di credibilità. Costose battaglie di retroguardia, perlopiù, contro lo smantellamento di fabbriche e modi di produzione davvero fuori dal mercato.

Il PCI-PDS ha poi saltato completamente il fosso e portato a termine il suo distacco da una classe operaia ormai minoritaria e non più motore dello sviluppo. Ormai spostato nel vasto e ribollente mare del terziario, i «servizi». La società era andata altrove, e altrove doveva cercare voti e rappresentanza. Ma, essendo in ritardo cronico, si è ritrovato ad abbandonare l'ideologia comunista finendo dritto dritto – anche se subito adeguatosi come tutti i parvenu – in una società che stava anch'essa già abbandonando i miti del progresso. Il lavoro per tutti, a ognuno uguali opportunità di accesso, l'eliminazione delle disuguaglianze sociali, e via utopizzando. Era la società dei ceti medi, dei due terzi garantiti, e per il resto Dio provveda. Un Dio bizzarro che può prendere, a seconda, le sembianze della galera con l'aumento vertiginoso delle detenzioni, del volontariato, delle mense dei reietti, delle collette benefiche a fare ammenda del disprezzo verso il terzo di non garantiti, di parassiti. Di non produttori e scarsi consumatori. Lo scarto.

Nel 1977 il PCI, per arroccarsi attorno a un punto irrinunciabile che è poi scomparso nel nulla, ha lasciato, ma più che lasciato istigato, che si arrivasse alle sparatorie in piazza. Ai morti. Ci si sarebbe arrivati comunque. Va detto. Nessun vittimismo o ricerca di giustificazioni. Era nelle cose. E se qualcosa queste ci possono dire, almeno nel caso del movimento del '77, non è tanto sulla irreversibilità dei sommovimenti sociali quanto su come questi vengono affrontati dalla politica.

E in quell'anno il PCI arrivò all'infiltrazione nel movimento, alla delazione – su fatti veri e su altri inventati –, alla raccolta di album fotografici consegnati poi alla polizia. Mentre due anni prima aveva già votato «da sinistra» una legge liberticida come la Reale. Fermo di polizia da regimi dittatoriali e licenza di uccidere alle forze dell'ordine. Un altro centinaio e passa di morti. Famiglie, operai, donne, vecchi e bambini, in auto «sospette» che non si erano fermate ai posti di blocco. Dei «terroristi» per cui era stata pensata, assai poco.

Non se ne sono mai crucciati più di tanto, è la politica. Oggi qui domani là. Cambiando direzione qualcuno finisce sotto le ruote. Poco male, se l'è cercata. E se i conti non dovessero tornare ci penserà la loro ancora potente macchina di propaganda a riaggiustare le cose. Storici, opinionisti, giornalisti. Giù giù fino ai diligenti amanuensi che scrivono i libri di storia in uso nelle scuole. Fatti prestare da tua figlia un testo di storia del liceo, per capire di cosa stiamo parlando.

Quando si ha ancora interesse a mantenere la superata – e da tempo immorale – necessità del sacrificio per il benessere collettivo, che ci finisca di mezzo la classe operaia, o gente qualsiasi, o quei giovani del '77, o poliziotti, o Moro, non cambia nulla.

(Andrebbe forse detto, per chi non c'era, che «sacrificio» non è parola usata qui per aumentare l'effetto. Ma è propria di allora. Usata dal PCI nella sua scelta di congelare i bisogni della classe operaia battezzata come «politica dei sacrifici». Un'enunciazione contingente di ciò che quella politica, e tutte le altre, avevano come comune retroterra ideologico. Una politica ottocentesca, pomposa, retorica e disumana. La politica pauperistica della conflittuale ripartizione della miseria. Una politica buona per la ricostruzione dell'Italia contadina sconquassata dalla guerra – e da lì tutta quella classe politica veniva – ma anacronistica, e bugiarda, a trent'anni di distanza. Con le cambiali della 600 pagate da un pezzo, le campagne svuotate già dai primi anni Sessanta a favore delle fabbriche, e l'enorme potenzialità tecnologica accumulata dal capitalismo, cioè ricchezza, che aveva già iniziato a dispiegarsi. Una politica che a quel punto non era solo un freno ma anche una violenza. Violenza che ha avuto come controeffetto l'esplosione di altra violenza, quella degli anni Settanta. A sua prosecuzione estremistica con le BR, la «pura» società operaia dei produttori fondata, anche per loro, sul sacrificio del lavoro. E a sua totale negazione col movimento del '77, il rifiuto di ogni sacrificio e il rifiuto della politica, dell'accorpamento in identità generalizzanti che appiattisce le individualità. Le due facce totalmente contrapposte delle vicende violente di quegli anni.)

La DC, che ha fatto la sua parte, e non da poco, in quel frangente ne ha avuta una minore rispetto al PCI. Non ha elaborato teorie particolari per cacciare un intero movimento nell'immondezzaio della storia. Non ha tradito se stessa e quelli che avrebbe dovuto rappresentare, costringendoli a fare i conti con una politica ciecamente conservativa. Era al potere. E il potere si innervosisce facilmente se la piazza scalpita. Tanto più se quella piazza è incontrollabile anche da parte dell'alleato di sinistra in via di accorpamento proprio per tenerla buona. Anzi, in questo caso, visto che la temeva anche quello, ha ritenuto che c'era proprio da averne paura. E, in più, aveva avuto da quello il viatico e la copertura politica per usare la mano pesante.

Il presidente Cossiga, come Cassio, è uomo d'onore. Ha già trovato in sé il liberto che ha spinto il coltello sotto la toga. La sua e quella dei sodali. Se pretestuoso fu chiamare «criminali» le BR, perché così si conviene in accordo col PCI per meglio combatterle, altrettanto pretestuoso fu criminalizzare il movimento dei giovani del '77. La «politica della fermezza» – perseguita nell'intento illusorio di fornire una maggiore, e autoritaria, governabilità – non è parto contingente del caso Moro. Aveva già avuto un suo primo banco di prova, o la sua prima pietra sacrificale, nelle piazze del 1977.

L'arrocco del PCI attorno alla «sua» classe operaia – o quel che ne restava dopo sacrifici e rottamazione – è il preludio dell'arrocco governativo dell'«unità nazionale», messa sotto scacco dal sequestro Moro. Chiudere il re in un angolo, protetto da tutti i lati, ogni sua mossa pericolosa. Fermo, immobile. Contando che i pezzi votati al sacrificio riescano a ribaltare la precaria situazione. Foss'anche il più prestigioso di quelli, la regina.

La DC nel caso Moro si ritrovò al fianco un più che determinato alleato. Ma i comunisti, pur grandi tattici, avevano anch'essi sbagliato i conti. Perché il sacrificio di Moro salvò quello Stato ma, al contempo, segnò la fine di tutti i giochi. Forse, però, la sua vita valeva l'impresa. «Politicamente morto» aveva detto Pecchioli. Non sapevano di essere già loro politicamente morti. Moro, nella remota e disperata lontananza dei suoi pensieri e dell'ostinato ostracismo cui era stato condannato, dopo aver chiesto l'impossibile alla politica era divenuto un profeta. Il Giovanni dell'Apocalisse. Perché aveva visto oltre il recinto della contingenza – la politica non può mangiare la politica – e aveva valutato con assai meno cinismo il futuro peso del sangue. «Il mio sangue ricadrà su di voi». E così fu.

# A CIASCUNO IL SUO DISONORE

MA, SI SA, IL SANGUE NON FINÌ LÌ. Salterei volentieri tutto quello che è successo dopo l'uccisione di Moro, ma ricadrei proprio in ciò che ho più volte criticato. L'addomesticamento del ricordo o l'omissione di ciò che più è scomodo. Non è in gioco la verità. Quella è un'invenzione dialettica per rafforzare surrettiziamente il proprio punto di vista, o più spesso l'interesse della propria parte, per meglio contrastarne uno avverso. La Verità non l'ha detta neanche il Padreterno, perché gli uomini che la costruiscono gli hanno messo in bocca cose alquanto contraddittorie. E forse quella è l'unica verità. La contraddittorietà di ciò che ci appare.

La verità su queste vicende, come su qualsiasi altra, non può scriverla nessuno. Sempre punti di vista sono. Approssimazioni. E l'unico punto di vista accettabile è quello che non ha dietro, nascosto nell'ombra del non detto o nella tortuosità del detto a mezzo, l'intento di difendere qualcosa. Se stessi, o le proprie idee preconcette, o la propria conventicola. Politica, culturale, di scuola o di cordata.

Quindi continuiamo a scavare.

Dopo l'uccisione di Moro non me ne sono andato dalle BR. A rivederla col senno di poi può sfuggirne il motivo. Ma il senno, che a quel punto era in parte tornato e stava facendo sotto il suo lavorio, era pur sempre quello di prima. Anche se c'è qualcosa, tracce, che crea un ponte tra passato e presente. Ero contrario all'uccisione di Moro. E ciò che allora mi spinse a esserlo è lo stesso metro con cui da tempo valuto le cose. Sarebbe quindi troppo facile dirmi che allora ero qualcosa che non sono più. Troppo catartico. Ero ciò che sono. Ho in odio il potere, la sopraffazione, la menzogna sistematica, quanto li avevo in odio allora. E se oggi c'è qualche altra cosa è un di meno piuttosto che un di più. Ciò non toglie che, al di là di ogni parola, posso avere grandi difficoltà a misurarmi non con ciò che ero, ma con ciò che ho fatto.

Ma non siamo qui per sviscerare i trasalimenti della coscienza. Se lo si fa per più di mezza riga c'è il rischio di cadere nell'ostentazione. Che è una ricerca mascherata di indulgenza.

Potrei dirti che sono rimasto nelle BR per cercare di invertire la tendenza. Di riportare indietro quella macchina di morte verso un'operatività meno cruenta e altra dalla loro guerra privata contro lo Stato. In parte è stato così. Ma, come detto sopra, sarebbe un punto di vista eccessivamente di comodo. Perché si è continuato a uccidere, e io c'ero.

Forse non potevo ancora lasciare le BR senza lasciare con esse anche la mia fede rivoluzionaria. Perché la separazione tra le due non era ancora del tutto maturata. E questo per un comunista non è passaggio facile. Proprio perché travalicando l'ideologia è stata una fede.

Non cerco certo giustificazioni ma, tanto per dare una concretezza a queste affermazioni che potrebbero sembrare campate per aria a chi nulla sa di cosa stiamo parlando, potremo dare un qualche esempio.

In quel mondo dove anche noi eravamo, c'è sempre stata un'infinità di comunisti in disaccordo con la «linea del partito». Ma senza che il disaccordo li portasse alla rottura. Perché la fede era tutt'uno col partito e soverchiava i suoi errori. Per dire il più famoso, Bucharin. Che durante le purghe staliniane ha accettato di confessarsi spia dell'imperialismo per salvaguardare il partito, la fede, anche se era nelle mani di Stalin, il suo assassino. Perché il partito, la sua missione, non dipendeva dall'accidente di chi lo dirigesse in quel momento.

Da noi Ingrao, padre putativo di tutto ciò che di buono è uscito dalla sinistra comunista, e dissidente «storico», era ai tempi dei fatti d'Ungheria del '56 direttore de «l'Unità». E dovette pubblicare, pur in disaccordo su quella vicenda, un editoriale che diceva da quale parte della barricata bisognava stare. Quella sbagliata. Poi Ingrao si tirò da parte ma nel partito ci rimase. Sbagliava, il partito, ma pur sempre rappresentava la fede.

E molti altri, pur in disaccordo, restarono. Certo, restare in un'organizzazione di assassini potrebbe sembrare altra cosa dalla permanenza critica nel Partito Comunista. E lo è sicuramente perché non poco di buono quel partito aveva fatto. Ma quanto era stato grande quello sbaglio nonostante il quale i molti in disaccordo restarono?

È storia vecchia ma esemplificativa. In Ungheria ci furono 46.000 morti nei mesi attorno all'ottobre della rivolta. 228 esecuzioni a opera del regime fantoccio di Kadar. Escluso il leader comunista «ribelle» Imre Nagy fucilato nel '58. 25.000 ungheresi alla macchia. 75.000 deportati in Russia di cui 8000 mai tornati. Ancora nel 1963 i deportati erano 36.000.

E giusto lo stesso anno dei fatti d'Ungheria, in febbraio, al XX Congresso del PCUS, Kruscev aveva denunciato e condannato le nefandezze di Stalin. Denuncia che, assieme alla solidarietà per gli operai di Poznan già ribellatisi in giugno, fu causa e speranza della rivolta ungherese. C'è da chiedersi cosa sarebbe successo se ci fosse stato ancora Stalin. La popolazione dell'Ungheria sarebbe stata dimezzata. Tutti agenti al soldo dell'imperialismo. E che faceva il PCI? Togliatti, consultato preventivamente da Kruscev, non solo fu favorevole all'intervento ma lo raccomandò. Anche per il PCI i rivoltosi erano «agenti della controrivoluzione». Però questa era già definizione da analisi politica, perché nel più diretto linguaggio giornalistico de «l'Unità» erano «provocatori e teppisti». Tanto quanto i giovani del '77? Tanto quanto.

I dirigenti del partito appoggiavano, o tacevano, e quelli che ebbero l'ardire di pronunciarsi furono triturati. Giuseppe Di Vittorio, che con la sua CGIL aveva appoggiato ufficialmente la rivolta, fu processato dalla direzione del PCI. Tra le accuse più subdole quella di voler prendere il posto di Togliatti, «il Migliore». Non superò mai quel momento. Un anno dopo morì di infarto. Altri furono cacciati o ebbero il coraggio di andarsene. Inseguiti da una condanna senza appello.

E non è che fatti di questo genere, cioè i misfatti del movimento comunista non sufficienti a farne uscire chi era in disaccordo, siano limitati a quelli d'Ungheria. Partirono dal massacro dei marinai rivoltosi di Kronstadt, eseguito da Trotzky su ordine di Lenin, e sono sempre proseguiti.

Ciò non toglie che quegli stessi comunisti – assassini di massa di operai e lavoratori di cui si dicevano protettori e guida – sono gli stessi che poi avrebbero definito dalla «Pravda» «piccoli lupi mannari» tutti i rivoluzionari italiani, e dall'«Unità» «fascisti mascherati di rosso» le BR. Le quali, e non è un'ironia della storia ma un preoccupante dato di fatto, avrebbero marciato anch'esse contro gli insorti «controrivoluzionari» ungheresi.

Ma anche qui non giova poi tanto rivangare. Tutt'altro. Perché queste pessime compagnie non diminuiscono l'errore. E l'orrore. Anzi l'aggravano. Per chi, come me, era partito con l'intento di combattere ogni sorta di sopraffazione. Avrei dovuto essere capace di andarmene e non l'ho fatto. L'uccisione di Moro è stata la nostra Budapest. Per me il momento di crisi della fedeltà e di caduta delle illusioni. Ho accumulato le seconde senza riuscire ancora a maturare la prima.

A Roma, tra il maggio '78 e la mia uscita dalle BR all'inizio del '79, oltre ad altri danni non da poco, abbiamo ucciso due magistrati, funzionari del dipartimento carceri al ministero di Giustizia. Non ci partecipai materialmente. Ma cambia qualcosa? Ho partecipato direttamente a via Fani perché lì occorrevano i più esperti. Per il resto, quando c'ero, sempre di copertura. A garantire l'impatto con la polizia se fosse arrivata. Ad agire direttamente c'erano gli altri che dovevano acquisire più esperienza. In via Fani fu obbligata la regola inversa. C'erano uomini armati dall'altra parte. Non uno o due. Ed erano vigili e pronti. Lo avevamo visto. (E proprio per questo, perché li vedevamo vigili e pronti, era saltata l'ipotesi di quell'azione incruenta a Santa Chiara da cui sarebbe potuta comunque scaturire una sparatoria che avrebbe coinvolto i passanti.) E, in più, non sapevamo cosa altro poteva capitarci addosso per quelle strade dove passava di tutto. Quindi dalla nostra solo i più vecchi. Ed è andata come è andata per un pelo. Altro che geometrica potenza. Solo il caso e la sorpresa. Alleati nella storia di tante fulgide vittorie e altrettanto fulgidi disastri. Il caso non fa distinzioni. Un pelo e anche qualcuno di noi avrebbe potuto rimetterci la pelle. E la vicenda, tutta la vicenda, sarebbe forse stata un'altra.

Ma eravamo al perché ero ancora nelle BR dopo Moro. Ho detto un «forse», cercare di invertire la macchina, ma può essercene un altro. Forse ci sentivamo in debito con quelli in carcere, non essendo riusciti con Moro in mano a tirarli fuori. E la richiesta di quei due omicidi veniva dal carcere. Anche loro, visto che quel sequestro per liberarli si era rivelato un fallimento, non potevano più sperarci, e il carcere non aiuta una lucidità di pensiero. Ma questo non cancella certo le responsabilità dei «capi storici» delle BR. Che un giorno sì e l'altro pure mandavano a chiedere «vendetta». Come se per quelli fuori fosse semplice quanto bersi un cappuccino. Ebbe poi a dire Moretti.

Anche questi sono altri «forse», però. Posso dirti che, pur non giustificando quello di un prigioniero, giustificavo ancora l'omicidio politico. Era una lampante contraddizione non ancora giunta al punto di collasso. Forse perché, anche senza le BR, non è che il nostro fosse un Paese che aveva vissuto in pace e concordia. La violenza e la morte erano state a lungo all'ordine del giorno. O forse perché il discrimine non era ancora politico ma solo morale. E quella politica considerava morale l'omicidio politico. Un passaggio necessario. Una politica votata al sacrificio. Il nostro nel poter morire, e anche nel morire, e quindi quello di chiunque altro. Quello era il punto da superare. Più elaborato, più razionale che non lo sconcerto di fronte all'omicidio di un prigioniero. Questo poteva superare la politica senza ancora necessariamente metterla in discussione. Arrivava dritto a un tabù. Un argine morale precedente alla sovrapposizione della politica.

La politica, tutta la politica della superiorità dei fini rispetto ai mezzi, sempre giustifica l'omicidio. Quella che privilegia non la vita dei singoli ma modelli di quella coercitivi per il raggiungimento di uno scopo. Che può anche essere salvare la Vita, il suo concetto astratto, uccidendo i singoli.

Noi uccidevamo per imporre un modello futuro di rispetto della vita, lo Stato per salvaguardare il suo modello presente. Uno scontro di modelli entrambi superati che aveva di mezzo la vita della gente. Le BR, non rinunciando al proprio modello, continuarono a uccidere dopo Moro. Lo Stato, giocando d'anticipo sugli eventi, aveva già varato nel 1975 una legge antiterrorismo, la legge Reale, che prevedeva la pena di morte senza processo. La legittimità dell'uso delle armi da parte delle forze dell'ordine in strada. Contro qualsiasi «sospetto» che sfuggisse all'arresto o non si fermasse a un posto di blocco.

Il necessario passaggio alla guerra per le BR e un necessario tributo alla sicurezza per lo Stato. E per entrambi un passaggio senza bisogno di verifica. Le BR hanno continuato a uccidere anche quando fu chiaro che tutto era sbagliato, e lo Stato non ha ritirato quella legge neanche dopo i cento e passa morti che ha fatto. Morti, questi, sbagliati due volte. La prima perché in applicazione di una pena di morte inesistente nell'ordinamento. La seconda perché ne fecero le spese pochi terroristi e più gente qualsiasi. Nella stragrande maggioranza dei casi non fermatasi all'alt perché impaurita dalle pistole e dai mitra agitati da agenti in borghese. Le BR sono poi finite, ma la legge Reale ha continuato a uccidere.

La politica sempre giustifica l'omicidio. Con una scusa o con l'altra. Ma quale politica? La mia non doveva farlo. Ci misi un po' ma poi arrivò il disgusto. Con colpevole ritardo la fede si separò dall'organizzazione che così male la rappresentava. Poi, più tardi, la Fede, con la «f» maiuscola, si separò anche dalla politica, finendo con essa. Ma non ci siamo ancora. Ci sono altri passaggi.

# L'ULTIMA ILLUSIONE

Ero responsabile a Roma della brigata logistica e di una brigata territoriale. E con quelle riuscii a conquistarmi una certa autonomia. Come? Surrettiziamente. Come si è costretti a fare quando si conduce una battaglia di minoranza.

Era successo che dopo il fallimento del sequestro Moro – pure se sempre cantato anche all'interno come «vittoria» – le br capirono che, raggiunto il punto più alto dell'attacco al cuore dello Stato senza averne nulla cavato, qualcosa andasse modificato. E il cambiamento fu annunciare il passaggio definitivo alla guerra dichiarata che lo Stato aveva «imposto» durante il sequestro Moro. Cioè «strategia dell'annientamento». Guerra aperta. Morte a tutti gli agenti della controrivoluzione. Fin qui nulla di nuovo, solo una maggiore enfasi. Il colpo di genio fu inventarsi l'mpro, il Movimento Proletario di Resistenza Offensivo. Cioè un parallelo dispiegamento della «guerra» nel territorio metropolitano. A livelli più bassi, naturalmente.

Poteva sembrare un accoglimento delle nostre posizioni, ma non lo era. Sembrava ma era tutto il contrario. È un vecchio gioco stalinista appropriarsi delle posizioni degli oppositori, per quanto di pericoloso potessero creare, e rovesciargliele contro. L'MPRO era un bluff. Una copertura «movimentista» alla strategia militarista dell'annientamento. Se ci fosse stata «guerra sociale» tanto più era giustificata quella strategia. L'MPRO non esisteva, e laddove fosse esistito sarebbe stato una diretta emanazione delle BR sotto altra sigla. Soldati delle BR che si camuffavano da militanti armati del movimento. Parte delle nuove reclute che chiedevano di aderire dopo il sequestro Moro, anziché essere indottrinate e inserite nell'organizzazione sarebbero state indottrinate e messe nell'MPRO. E l'indottrinamento altro non era che un «ripasso» degli errori compiuti prima di capire che le BR erano l'unica scelta rivoluzionaria, e un'adeguata lettura e commento delle Risoluzioni. Fino a impararne a memoria i punti chiave per rispondere alle domande del selezionatore.

Ciò non toglie che, per quanto delineate le linee di massima, la delicatezza della manovra di collocarsi al livello del movimento, per un'organizzazione piramidale e clandestina, lasciava dei margini di ambiguità. E in quelli ci infilammo. Proponemmo di precostituire dei modelli operativi sui quali l'MPRO avrebbe potuto basare il suo intervento. Cioè azioni di più basso livello e con diverse e più semplici modalità operative. Si dissero d'accordo. Forse anche per darci qualcosa da fare oltre che rompere continuamente i coglioni. L'importante era che loro potessero proseguire sul terreno tracciato. Uccidere.

C'era un altro strappo sotto. Perché la brigata logistica, lo diceva il suo nome, non era una brigata operativa. Suo compito era costruire timbri per documenti, modificare le armi per le nostre esigenze – erano per la maggior parte residuati della Seconda guerra mondiale –, reperire tutto ciò che occorreva per le azioni, e via dicendo. Ma nelle BR non c'erano vacche sacre. Tutti dovevano combattere e quindi non ci furono grandi obiezioni.

Con questa e l'altra brigata territoriale organizzai due azioni che avrebbero dovuto aprire «il nuovo corso». Così mi illudevo. Nel senso che illudevo me stesso sulla necessità di restare ancora dentro le BR per cambiare le cose. Trovammo un garage dell'Alfa Romeo sulla via Salaria che riparava le auto di polizia e carabinieri. Ci andammo, bloccammo i meccanici e ci portammo via due macchine. Un'auto ufficiale della polizia e una macchina civetta blindata. Le svuotammo di quel poco che c'era e le bruciammo sulla pubblica via. Non un colpo sparato, non un mitra portato. Solo pistole. Un'azione che poteva essere riprodotta anche da un nucleo territoriale.

La seconda azione fu un attacco a una volante di quartiere. Via dal «cuore dello Stato», in luoghi dove ciò che poteva occorrere non era uno scontro all'ultimo sangue ma la semplice intimidazione delle forze di polizia. Un'auto «sospetta», in una viuzza chiusa senza pericolo di coinvolgere passanti, una telefonata al 113 e la volante arrivò. I compagni del nucleo non erano grandemente esperti e ritardarono il lancio della molotov sul tetto della macchina. Uno dei due poliziotti fece in tempo a scendere e puntare la pistola. Il nostro compagno di copertura dovette sparare. Niente mitra. Era un fucile da caccia. Come quelli prelevati a man bassa dalle armerie durante i moti del '77. Il poliziotto fu colpito di striscio alla mano da un pallino. Non doveva succedere neanche quello, ma l'idea era buona. Bisognava solo essere abbastanza pronti per evitare il peggio. Cioè ammazzare qualcuno o finire ammazzati.

Perché mi sto dilungando tanto su queste vicende di così poco conto? Forse perché qui i polmoni hanno trovato più ossigeno per respirare. Ma anche per altri due motivi. Il primo è che il peggio era già stato. Non si poteva rimediarlo. E quella dell'abbassamento del livello di scontro non era poi una battaglia politica di così scarsa rilevanza. Il secondo è che mi impegnai oltre la ragionevolezza in queste due azioni. Ero talmente compenetrato nella missione di riportare indietro lo scontro, nel voler dimostrare che poteva funzionare, che raggiunsi il ridicolo. Ho detto non solo azioni di più basso livello ma con modelli operativi facilmente riproducibili. Il primo scoglio di un'azione era trovare la macchina. Noi le rubavamo al volo. Un'operazione di destrezza in cui eravamo ormai addestrati. Giravamo nei quartieri commerciali in cerca di auto lasciate in doppia fila con le chiavi nel cruscotto. Un'occhiata, un salto e via. Non era così semplice come può sembrare. Magari il proprietario tornava proprio mentre saltavi e cominciava a strillare. Magari nelle vicinanze c'era un poliziotto. Per questo si faceva in quattro. Con adeguata copertura.

Troppo complicato e rischioso per un nucleo territoriale con scarsa esperienza. Quindi mi inventai che per quelle azioni andavano rubate macchine particolari. Quei vecchi modelli che ancora si aprivano e si mettevano in moto usando la chiavetta della carne Simmenthal. Macchine che potevano essere rubate nottetempo anche da parte dei meno esperti militanti territoriali.

Così facemmo per la seconda azione. Rubando una vecchia 1100. Però, appunto, era vecchia. E quando la volante ci passò davanti e noi dovevamo andarle dietro non ne voleva sapere di partire. La dovemmo mettere in moto a spinta. Un bel salto indietro dalla «geometrica potenza» di via Fani. Ma perché mi ci affannai così tanto?

Non credo solo per far passare nelle BR una linea di possibile ritorno indietro. Non solo di politica si trattava. È che forse ero io in quella diversa materialità a tornare indietro. Un mio personale ritorno agli inizi. A prima dell'involuzione nell'omicidio. Un tentativo di azzeramento, di rimozione di ciò che era stato.

Ma non servì a niente. Perché le BR, intanto, proseguivano sulla loro strada. E, ovvio, non la condividevo più. Uno dei punti che contribuì a colmare la misura fu l'omicidio di Guido Rossa a Genova. (L'operaio che aveva denunciato ai carabinieri un altro operaio nostro militante.) Avevo saputo che era in preparazione a una riunione nazionale del Fronte Logistico in Liguria. E già allora avevo detto che sarebbe stato fuori luogo anche spargli alle gambe. Era un operaio, iscritto al PCI. Ci facevano la guerra, ci volevano morti e in galera. Era il tempo in cui il PCI si inventò a Torino i questionari antiterrorismo da far girare nei quartieri operai e proletari. Roba da ghepeu, da portierato fascista. Non ne venne fuori granché, ovviamente. Da quelle parti non è che fare i delatori di altri comunisti, per quanto scalmanati, fosse visto come il modo migliore per passare la giornata. Ci volevano morti ma Rossa non era un dirigente del PCI, era pur sempre un operaio. Andava trovata un'altra misura. Semmai impeciarlo e lasciarlo davanti all'Italsider con una scritta in fronte: SPIA. Insistetti, ma Moro era già morto. Era stata un vittoria, avevano scritto le BR. Ma tutti l'avevano introiettata per quello che era. Una cocente sconfitta. Anche questo non si diceva ma aveva comunque i suoi effetti. E la sconfitta porta all'incarognimento. Se non si capisce quando è ora di tornare indietro.

Nel volantino di rivendicazione della prima di quelle due azioni scrissi che l'omicidio di Guido Rossa era stato un grave errore. Lo pensavano tutti nelle BR, tranne quello che l'aveva ammazzato, ma non si poteva dire. Errore, parola impronunciabile. Perché lo scrissi? Perché eravamo già in rotta, te l'ho detto. E cercavo un'altra strada. Una strada che allontanasse dalla necessità dell'omicidio, nei margini che avevo. E perché quella storia non mi era proprio andata giù.

E Adriana e io proseguimmo la battaglia. Perdemmo, ovviamente. Perché troppo tirammo la corda. Ma era la corda che ci stava impiccando. Ormai eravamo su quella strada e non volevamo abbandonarla perché ancora non ne vedevamo altre. Anche se l'MPRO era un bluff, noi ci rilanciammo sopra. Per noi le BR dovevano rovesciare la loro ottica. Non più portare il movimento dentro il partito della lotta armata ma portare la lotta armata dentro il movimento. In tre parole, sciogliere le BR nel movimento. Perché continuavano solo a uccidere e non ne potevamo proprio più.

Scioglimento non è parola che si può pronunciare impunemente dentro una qualsiasi organizzazione, figuriamoci le BR. Un partito può sciogliersi per confluire in un altro più forte. Proprio se le cose vanno male. Ma mai in qualcosa di più debole. In qualcosa poi che neanche è un partito. Il movimento. Stiamo scherzando?

Tutti gli scudi si levarono all'unisono. L'eresia era stata pronunciata. Neanche una delle facce di pietra degli altri dirigenti della colonna romana mostrò una piega di riflessione. Eppure un paio di loro venivano dalla nostra stessa esperienza in Potere Operaio. Avrebbero dovuto avere i pensieri più elastici. Nulla. Autolavaggio del cervello. E debolezza. Più si è deboli e più ci si attacca alle gonne di mamma organizzazione. Alla sicurezza. Può essere sbagliato, ma meglio la sicurezza che arrischiarsi a prendere le cose per altro verso.

Quello che avvenne dopo l'ho già detto. Il contrasto era totale e fummo sospesi. Poi saremmo dovuti rimanere chiusi in un casolare della campagna umbra a elaborare il dissenso. Per produrre «le carte» necessarie alla scomunica ufficiale. Quella notte Adriana e io non dormimmo granché. Coi vestiti addosso e la pistola alla mano. Non successe nulla. Non erano ancora matti fino a quel punto. Ma meglio premunirsi.

Due giorni dopo dovevano venire a prelevarci nel nostro appartamento a mezzogiorno. Alle undici eravamo fuori. Dopo aver già compiuto un paio di viaggi per traslocare la nostra roba. Adriana prima di uscire prese un barattolo di borotalco e ne spruzzò sulla moquette per scrivere «No al confino di polizia». Ancora oggi non si fanno capaci di quella scritta. Non si fanno capaci di aver prodotto uno Stato al rovescio. La stessa ottusa rigidità, la stessa vanagloriosa cecità.

## TRE PASSI DALLA FINE

Avevamo chiesto aiuto a Lanfranco Pace. Ce n'erano altri che l'avrebbero fatto ma lui era l'unico con cui potevamo stabilire un contatto. Ci trovò degli alloggi di fortuna. Uno via l'altro, sempre per pochi giorni. Poi riagganciammo i vecchi contatti. Tutti quelli che, finito Potere Operaio e i vani tentativi di darsi un'organizzazione armata all'interno delle lotte, erano rimasti come pesci a nuotare nei flussi e riflussi dell'onda del movimento. Dopo l'uccisione di Moro era stata dura. Ancora più dura di sempre. Ma con le BR mai. Avessi avuto la loro tempra. O mantenuto i loro dubbi.

Dice Moretti nel suo libro che dopo la nostra battaglia all'interno delle BR, su «tesi che erano state verificate ed erano fallite» – non si sa quando –, cercammo di costituire un'alternativa. Senza speranza.

«Già era difficile per noi figuriamoci per loro» in quattro gatti. Ammette la sconfitta ma la spocchia rimane. Le BR erano comunque l'unica possibilità. Forse sbagliata, a quel punto, ma di certo ancora l'unica. Denigrare ogni possibile alternativa. Quisquilie. Come tutti i «veri» grandi. E vanagloriosi. Ha detto che a Roma non sfuggiva nulla alle BR. Se c'era un blocco della polizia in un quartiere i «compagni del movimento» avvertivano subito quelli delle brigate, perché sapevano chi erano e ci andavano a braccetto, e quelli la direzione di colonna. Che prendeva le adeguate contromisure. Questa stupidaggine fa il paio con quelle raccontate da Curcio in un precedente libro-verità sulle BR. Allora erano i beniamini dei quartieri proletari di Milano. Con le bandiere delle BR che sventolavano sui tetti. Vanagloria. Erano un'organizzazione clandestina con contatti limitatissimi verso l'esterno. Non solo per motivi di sicurezza ma per evitare ogni possibile inquinamento. Perché loro e solo loro portavano la fiaccola della Rivoluzione.

Ammette la sconfitta Moretti, ma lo fa rivendicando subdolamente un posto nella storia, rivoluzionaria. Un posto più assoluto che preminente, una volta denigrato tutto il resto.

Quelli che trovammo fuori erano più di quelli che avevamo lasciato dentro. Per un semplice motivo. Roma non era mai stata il brodo di coltura ideale per le BR. Qui, a differenza che al Nord, il modello organizzativo e politico non era ricalcabile su quello rigido della fabbrica. Il movimento rivoluzionario a Roma era multiforme, irrequieto, mai fermo. Impossibile irreggimentarlo negli schemi statici e totalizzanti di un'organizzazione clandestina. Andare a dire a un militante romano che doveva chiudersi da qualche parte senza vedere più nessuno era come dirgli che non doveva più respirare.

(Credi che stia parlando di una figura immaginaria? Così tanto per dire. Be', te ne dico uno che ne è stato il prototipo. Germano Maccari, l'«ingegner Altobelli» di via Montalcini dove Moro è stato rinchiuso nei suoi ultimi cinquantacinque giorni. Maccari era il classico militante romano di quartiere insofferente delle regole rigide della clandestinità. Sommamente insofferente. Durante quei cinquantacinque giorni, pur gestendo assieme a Laura Braghetti la base BR più ricercata in Italia, lui riusciva a vedere di nascosto la sua compagna. Che, peraltro, neanche era nelle BR. E qualcosa poteva anche capire dalle strane sparizioni e circospezioni di Germano – perché non era con noi e nulla sapeva di quello che lui combinava ma qualcosa ne capiva – e non essendo addestrata al silenzio, magari poteva parlarne con qualche amica a sproposito. E poi, subito dopo l'uccisione di Moro, Germano aveva fatto fagotto. Non era per lui. E non lo era in assoluto. Perché smise del tutto.

Lui era la regola. Gli altri, tutti quelli che sono rimasti, erano l'eccezione. Me compreso. Che dell'andazzo romano ero sempre stato fiero avversario. Cercavo l'efficienza, la disciplina, la macchina perfetta. Roba più nordica che romana. E mal me ne incolse.

Germano era un mio compagno fin dall'inizio, un fratello. Ed era entrato riluttante nelle BR solo per seguire me. E già solo per lui, per non contare tutti gli altri da me convinti al grande salto, ho un altro conto non saldato con la mia coscienza.

(Fu arrestato poi di mezzo agli anni Novanta e processato a piede libero. Avrebbe potuto fuggire, ma non lo fece. Iniziò a scontare la sua condanna nel novembre del 2000 ed è morto in carcere sette mesi dopo. Un ictus devastante a neanche quarantotto anni. Messo in un carcere giudiziario, dove un condannato definitivo può avere al massimo cinque anni di pena, e lui ne aveva più di venti, a fare a botte coi comuni. Con gli strafottenti bulli di periferia che aveva sempre odiato. Non ha retto la pressione. Quella la puoi reggere subito, più difficile dopo che per due decenni ti sei fatto un'altra vita. Sono stato al suo funerale. E c'erano anche quelli che ai tempi, e anche dopo, mi avrebbero fatto volentieri a pezzettini. Non hanno emesso un fiato, solo occhiatacce. Tra loro c'era anche Bruno Seghetti, un altro ex di Potere Operaio che con Germano era cresciuto ed era entrato appresso a me nelle BR. E che, meglio di me e di Germano, ci si era integrato anima e corpo. C'era ma non doveva esserci, glielo impedivano le misure restrittive che limitavano il suo parziale stato di libertà. E con questo appiglio, perché era andato non potendo al funerale di un amico fraterno, quella limitata libertà gli è stata tolta.)

Parlavamo del solco di incompatibilità tra le br e i militanti rivoluzionari romani. Noi avevamo forzato la mano nel '76. Saltando a piè pari quel fosso. E senza quelli che seguirono il nostro ingresso nelle br – militanti che della città conoscevano ogni comitato di quartiere, ogni altro militante che teneva nascosta una pistola – la colonna romana br sarebbe rimasta la sola cosa che qui poteva essere. Una minoritaria anomalia.

Quindi le cose, checché ne abbia detto Moretti, andavano per noi al meglio. Strutture elastiche, ramificate nella periferia proletaria. (Ramificate veramente perché da sempre lí presenti. Non come i militanti di brigata arrivati alle br che lì erano già come marziani.) E un programma semplice. Supportare ogni istanza di lotta. Un palazzinaro voleva far sgombrare le case occupate dai giovani di quartiere? Bisognava trovare il modo di convincerlo a desistere. Una sola discriminante, netta. Sulla quale non era occorso neanche un minuto di discussione. No all'omicidio.

Che ti aspettavi? Che proponessimo di andare in giro a distribuire margherite? C'erano ancora le br, c'era ancora Prima Linea. C'erano altre frotte di militanti che, creduta bruciata ogni alternativa, erano lì lì per cedere al richiamo della sirena brigatista. E poi noi avevamo buttato a mare la nostra esperienza nelle br, mica la Rivoluzione.

Comunque sia, di quella esperienza Adriana e io portavamo il peso. Ed erano, oltre al resto, due mandati di cattura per il sequestro Moro. Appena individuatici non si fecero scappare l'occasione del colpo grosso e ci presero. L'occasione gliela diedi io perché, per avere documenti falsi, contattai gente sbagliata. Tra loro un informatore della polizia. Si prese i suoi trenta denari, all'epoca trenta milioni. La solita vecchia storia. Ma per me fine della storia. Doveva finire. Non me ne sono mai crucciato più di tanto. Anzi. Erano gli ultimi giorni del maggio del 1979. Eravamo usciti dalle br in febbraio.

In quel maggio le br avevano ucciso due agenti di polizia nell'assalto alla sede dc di piazza Nicosia a Roma. I poliziotti, credendoci della partita, erano inferociti. Minacce a denti stretti e, dietro queste, irate lamentele. «Perché ve la siete presa anche con noi che non c'entriamo un cazzo? Noi facciamo solo il nostro mestiere, un ingrato mestiere.» Ma non ci torsero un capello. Anzi, uno che provò a colpirmi giù alle camere di sicurezza fu fermato dagli altri. C'erano ancora delle regole. Il diluvio si aprirà più tardi. E ci arriveremo.

# IL CIRCUITO DEI CAMOSCI

Il girone sud delle carceri speciali, quello che in parte mi sono fatto, non era poi così duro. A parte Nuoro. Altrove, come l'Asinara, Novara, Cuneo, il «circuito dei camosci» era molto più scosceso e ci si poteva sfracellare in qualsiasi punto. Da qui il nome che gli venne dato da chi già prima di me c'era passato.

Dopo l'arresto, coi giudici non avevamo parlato. Per dirgli che? Che dalle BR eravamo usciti? Non per quello Adriana e io eravamo dentro, ma per quello che avevamo fatto quando con le BR ci stavamo ancora. Però dopo un mese i nostri compagni fuori avevano pensato fosse il caso di far conoscere quello che era accaduto, e mandarono a «Lotta Continua» il documento da noi scritto dopo l'uscita. Non era tenero con le BR, ovviamente. E loro, che al solito erano troppo indaffarati, demandarono ai capi storici all'Asinara il compito di replicare. (Moretti chiama la loro attività di unica produzione teorica delle BR, *contributo*. Un politico democristiano di allora non avrebbe saputo meglio camuffare la realtà.)

Alcune delle cose da noi scritte, anche se più portate alle estreme conseguenze, ricalcavano un altro documento che proprio i capi storici avevano reso noto durante il processo di Torino. Perché anch'essi, che mal digerivano di stare in galera mentre l'organizzazione era finita in mano a Moretti, mai troppo amato, avevano qualcosa da ridire. Be', in un'organizzazione stalinista un conto sono le critiche interne, anche dure, un altro quelle che vengono dall'esterno. Come le nostre. Per di più, altro imperdonabile delitto, rese pubbliche. E poi, se i brigatisti detenuti avevano ancora una residua speranza che qualcuno li tirasse fuori, questo qualcuno non potevano che essere le BR. Quindi si rimangiarono tutto quello che avevano già detto e fecero muro. Esaltarono il ruolo storico delle BR, faro della Rivoluzione Proletaria, e conclusero dicendo che andavamo schiacciati come moleste zanzare.

Ora era palese a tutti che con le BR avevamo rotto. E in malo modo. A tutti, compreso chi le carceri le dirigeva. Da qui, per ogni carcere dove arrivavo, non sapevano dove mettermi. Ero dentro come brigatista ma quelli avevano detto che andavo schiacciato come una zanzara. Non volevano rogne, come tutti i burocrati, quindi mi mettevano nelle sezioni non BR. Prima Linea e tutti gli altri del vasto arcipelago «combattente», se tale sezione c'era. A Termini Imerese non c'era. Così mi parcheggiarono nell'unico posto disponibile. Assieme a un giovane drogato, che passava le giornate a graffiare con le unghie l'intonaco della cella per spararsene la polvere nel naso, e a un anziano podologo che aveva ammazzato non so chi. Ogni giorno rompevo i coglioni al direttore per farmi mettere nell'unica sezione dei «politici». (Strano, in Italia non c'erano detenuti politici ma solo criminali eppure in carcere – luogo per definizione a questi dedicato – era così che guardie e direttori ci chiamavano.) Ma quello mi diceva che non poteva se no mi avrebbero fatto la pelle. Io a dirgli che era da vedersi. Che erano chiacchiere. Alla fine si convinse. Termini Imerese era quasi allo smantellamento come carcere speciale e non ci tenevano nessuno di «pericoloso». Io stesso ero lì solo di passaggio in attesa che trovassero un carcere più acconcio. Così mi ritrovai in cella con tre «comuni» politicizzati. Di quei cani sciolti che le BR avevano reclutato nelle carceri speciali come massa di manovra per vedersela coi criminali veri, quelli delle bande, che non è che le amassero più di tanto. Quelli erano tagliagole nati col coltello in mano e non erano granché impressionati che loro avessero sequestrato e ucciso Moro. Anzi, tutta la militarizzazione conseguente alla lotta al terrorismo gli aveva creato non poche noie.

Questi tre, che erano del Sud, seguirono dapprima l'indicazione di re Franceschiello ai suoi soldati che se la facevano sotto dei garibaldini e misero su una «faccia feroce». Ma già pochi giorni dopo dovevano andare a discutere una qualche misura alternativa e si misero a scarnificarsi la pelle con le lamette per togliersi i tatuaggi della stella a cinque punte. Sopra le ferite, per cauterizzarle, ci mettevano il bicarbonato che friggeva come un uovo nell'olio. Sapienza carceraria, il come, e lungimiranza, il perché. Le BR avevano promesso Liberazione e Rivoluzione per tutti, anche se la seconda era per loro più un optional. Ma non erano riusciti a tirarne fuori nemmeno uno. E dato che lì non c'era nessuno che potesse criticarli – e in galera non significava metterti una penna in mano per «elaborare il dissenso» ma un coltello nel costato – gli avevano dato sotto con le lamette. Ognuno per sé e Dio per tutti.

Il carcere più acconcio per me fu quello di Bad'e Carros a Nuoro. E perché fosse più acconcio l'ho capito solo molto dopo. Non ne sapevo ancora abbastanza di galera ed ero talmente sprovveduto da pensare che una volta preso era la fine dei giochi. Ci avevano messo un po' a studiare la mossa. I venti giorni o giù di lì che rimasi a Termini Imerese. È che non riuscivo neanche a fare due più due. Stavo in galera e ci sarei rimasto a vita. Già dovevo vedermela con le BR e le guardie, non pensavo di dovermela vedere anche con le menti sopraffine dello Stato.

A Roma, quando ancora ero nel carcere di Rebibbia, e si era già saputo della mia rottura con le BR, avevo già declinato il gentile invito a cantarmela fattomi da un loro emissario, che mi ero ritrovato davanti nell'ufficio Matricola dove le guardie mi avevano portato con una scusa. Quando me lo trovai di fronte rimasi di sasso. Ma se io ero incazzato nero quello era ferocemente imbarazzato. Fu gentile, gentilissimo, nessuna minaccia, anzi blandizie. Gli dissi no guardi non avete capito niente. La mia battaglia con le BR è politica. Io sto comunque dall'altra parte, e vi illudete se pensate di fermarli con qualche arresto in più. A non rivederci. Continuarono ad arrestarli e loro continuarono ad ammazzare. Come volevasi dimostrare. (Allora e quindici anni dopo. Quando le BR sono tornate perché si erano illusi che bastassero le manette. Non loro, i poliziotti, che è il loro mestiere, ma i politici, che di mestiere dovrebbero farne un altro.)

Dopo la mossa garbata segue sempre quella che lo è meno. A Nuoro c'erano due sezioni di «politici». Una mista e una, a parte un paio di anarchici, completamente in mano alle BR. Mi mandarono in questa, ovviamente. Il solito vecchio giochetto. Ma, ti ho detto, l'ho capito dopo. Ti mettono dove c'è qualcuno pronto a farti la pelle così, quando non reggi più – anche se loro non sanno se avrai il «tempo di reggere» ma il rischio, la tua pelle, vale la candela –, chiedi aiuto e ti butti alle celle. «Buttarsi alle celle» nel gergo carcerario vuol dire chiedere al maresciallo di metterti in isolamento per evitare il peggio. E una volta che sei lì il gioco è fatto. Sei per tutti un «infame» e ti devi fare tutta la galera da un reparto di isolamento a un altro. A meno che non accetti la loro «proposta indecente».

Quando arrivai in sezione mi trovai puntati addosso gli occhi da gatto che ha finalmente beccato il topo di Franceschini, circondato dai suoi. Di politico BR ce n'era solo un altro, il resto tutti comuni «politicizzati». Ti ho detto che erano i cani sciolti degli speciali, non i tagliagole delle bande organizzate. Ma se una gola c'era da tagliarla sapevano arrangiarsi anche loro.

Lui è ironico e beffardo. L'ironia di un agente della ghepeu. Battutine velenose, minacce velate. I suoi scherani non conoscevano tali raffinatezze e un giorno sì e l'altro pure mi dicevano che a quelli come me andava, appunto, tagliata la gola. Comunque sopravvissi fino a che i brigatisti e i comuni delle altre sezioni, vista l'impossibilità di realizzare il sogno dell'evasione – per andare dove poi, su per i monti della Barbagia, non riuscivo a capirlo – decisero che, perso per perso, tanto valeva cercare di prendersi il carcere e buttarlo giù.

Durante la rivolta, già che c'erano, i comuni scannarono due coi quali avevano conti in sospeso, ma a me nessuno mi toccò. Dato che comunque sono sempre stato abbastanza incosciente da non tirarmi indietro, successe che, mentre i più tra i comuni se ne stavano in disparte e gli altri erano impegnati nella loro caccia all'infame, e i brigatisti a curare uno di loro che era rimasto ferito, mi ritrovai io a presidiare il cancello barricato e a respingere gli assalti delle guardie.

Ma se quell'audacia, che in galera è moneta sonante, può forse spiegare perché me la cavai durante la rivolta, non spiega come mai sopravvissi nell'anno che la precedette. Per l'intercessione di una buona stella. Anzi quattro stelle. Quelle del generale Moretti.

Seppi dopo che, ancor prima di arrivare in sezione – lì a Nuoro ti facevi comunque quindici giorni di isolamento appena arrivato, tanto per farti capire dove stavi –, il nostro agente della ghepeu Franceschini aveva mandato a chiedere a quelli fuori se volevano la mia testa servita su un piatto d'argento. Due piccioni con una fava. Togliere di mezzo la zanzara che andava schiacciata – lui era ancora all'Asinara quando da lì la condanna era stata emessa – e fare un favore ai BR fuori. Un do ut des. «Come vedete noi possiamo cavarvi le castagne dal fuoco che voi non siete riusciti a cavarvi da soli, ma datevi da fare per tirarci via di qui.»

Devo a Moretti la mia vita. Perché, allora ancora a capo delle BR, rispose di no. Gliene debbo comunque essere grato. Ma non credo l'abbia fatto per sentimentalismo. Adriana e io piangemmo quando ci giunse in carcere la notizia che Prospero Gallinari era in fin di vita per la sparatoria preceduta al suo arresto. Ci avrebbe voluti morti anche lui ma era un vecchio compagno. E poi noi ci eravamo commossi anche per la sorte di Moro. Eravamo noi i sentimentalisti piccolo-borghesi. Loro, soldati della Rivoluzione. Non conveniva che mi facessero la pelle, questo è il fatto. Già per le BR era dura in quel momento. Ammazzare uno che non era un cane qualsiasi ma che a Roma aveva il suo seguito, e la cui diaspora era finita con clamore sui giornali, avrebbe potuto essere controproducente. E qui forse, dopo Guido Rossa, anche l'argine politico a far fuori un comunista, e a loro certo meno lontano di quello, ha portato a una maggiore lucidità di pensiero. Un conto era essere criticati da tutto il movimento per avere ammazzato Moro, «compagni che sbagliano» si diceva – anche se di quello si disse che era più che uno sbaglio –, altro ammazzare un comunista. Peraltro dissidente. Quando il dissidente è di qualcun altro tutti, in modo del tutto naturale, sono portati a schierarsi dalla sua parte.

E così Franceschini, credo con un certo rammarico, dovette limitarsi a farmi minacciare ogni giorno di quell'anno dai suoi scherani. Se non pagava con quelli fuori era inutile fare di più. E poi forse, chissà, nessuno è malvagio fino al fondo, da qualche parte nella sua anima di pietra potrebbe aver attecchito il dubbio che non ero completamene un traditore. La stagione della mattanza carceraria non era ancora iniziata.

# CAINO

La mattanza cominciò dopo che i capi storici (sempre loro, Curcio, Franceschini e soci) diedero il loro ultimo colpo di coda, ebbero il loro ultimo guizzo d'ingegno. Giusto il tempo che qualche altro morto ammazzato facesse dimenticare la loro alzata di scudi contro di noi a favore delle BR e produssero lo strappo. Era da un bel po' che scalpitavano. E perché in disaccordo con la linea «militarista» delle BR di Moretti, cioè dello scontro frontale con lo Stato e i suoi apparati, e perché quelle non sembravano avere molta intenzione di fare i salti mortali per tirarli fuori di galera. Quando le cose vanno davvero male è vecchia regola della politica, anziché fermare le bocce e riflettere, spaccare tutto e fare un bel salasso per ridare nuova vita al cadavere. Così misero su le «loro» BR, quelle che avrebbero seguito la loro linea e dato maggior impulso ai tentativi d'evasione. Anche per loro un «rinnovamento», una modernizzazione. Un rimischiare le carte per fare finta che tutto fosse cambiato. Il nuovo nato ebbe la luce nel 1981 e fu chiamato Partito Guerriglia. A voler marcare una differenza con la lotta armata delle BR connotando un carattere guerrigliero, più sociale, meno rigido. E le cose cambiarono. In peggio.

Ormai la classe operaia era alle strette. L'offensiva della ristrutturazione capitalistica aveva falcidiato le avanguardie più combattive e portato le scarse lotte su un terreno difensivo. Quindi anche loro, al solito da bravi stalinisti in ritardo su tutto, spostarono il soggetto rivoluzionario dalla fabbrica alla società. Già tutto era stato detto nel '77 ma tant'è, campavano sempre di roba riciclata. (Avevano letto qualche nuovo libro in carcere. Forse avendo capito che una causa dell'errore poteva essere stata quella di essersi basati soltanto su vecchie carte muffe di settant'anni.) C'era nelle BR di Moretti qualcuno che da sempre gli dava maggiore ascolto, e in carcere erano praticamente tutti con loro. Perché quando proprio non si sa che pesci prendere meglio seguire i Dottori della Chiesa, i veri interpreti del Verbo. Così le BR si spaccarono in due e la parte rimasta fedele alle vecchie aggiunse alla sigla BR quella di PCC, Partito Comunista Combattente. A rimarcare anche loro la nuova differenza. BR-PCC e BR-PG. Si era alla frutta, praticamente. Ricordava la spaccatura di un insignificante partitino dell'estrema sinistra degli anni Settanta. Una parte filocinese e l'altra filo-albanese, mi par di ricordare. E pensa te che grande differenza. Da una parte contadini e dall'altra caprai presi come punti di riferimento della rivoluzione operaia nel già più che sviluppato Occidente capitalistico. A cose fatte una prese la sigla di PCI-ml1 e l'altro PCI-ml2. O qualcosa del genere di altrettanto ridicolo. Solo che qui non c'era molto da ridere. Quelli producevano giornaletti che nessuno leggeva, questi sparavano.

Per ovvie ragioni, la proposta del PG attecchì più nel Sud sociale che nel Nord operaio. E così la loro organizzazione nuova di zecca ebbe uno dei punti di maggior forza a Napoli. Città per eccellenza socialmente irrequieta. Ed erano talmente poco avvezzi a discostarsi troppo dai cancelli della fabbrica che riproposero pari pari gli errori già compiuti dal movimento dopo il riflusso dei primi anni Settanta. Tutti a caccia di un qualche nuovo soggetto rivoluzionario. Tutto ciò che andava «contro» poteva essere buono. E se proprio «contro» non andava si poteva sempre mandarcelo con la fantasia. L'irrequietezza sociale di Napoli aveva da sempre trovato sbocco nell'alternativa illegale. I mille e uno modi inventati da quella gente lesta di mente e di mano per svoltare la giornata. Solo che l'economia illegale del vicolo era già finita. Non più sigarette di contrabbando ma droga. Era meno complicato. E anche perché lo Stato, che peggio dei Borboni nulla gli dava se non miseria e calci in faccia, mal sopportava che il contrabbando drenasse dalle sue casse una parte così cospicua dei proventi del «fumo che uccide».

Droga uguale malavita organizzata. A Napoli uguale camorra. E se quella era la realtà bisognava comunque trovare il modo di pescarci dentro. Pesca e ripesca trovarono una camorra di giovani scalpitanti che parevano proprio di «sinistra». Buona cosa prenderci rapporti. Non ne venne fuori niente. Ma tanto per dire della totale follia di quel momento.

Napoli ha esaltato e rovinato un campione come Maradona. Non poteva certo mancare l'appuntamento con chi rovinato lo era già dalla partenza. Sequestrarono nel 1982 un medio boss democristiano, Ciro Cirillo, e dato che Napoli è sempre Napoli, se ne fecero dare in cambio non conquiste politiche per il proletariato del Meridione ma moneta contante. Poi fecero altri sfaceli. Col sangue che grondava da tutte le parti. La base del reclutamento s'era allargata, non potendo più drenare dal vecchio serbatoio operaio, e ne vennero fuori anche al Nord degli squinternati che pensavano il modo giusto di fare la Rivoluzione fosse quello della banda Cavallero e di Bonnie & Clyde. Sparavano all'impazzata e ammazzavano chiunque gli si parasse davanti. Tra tutti gli altri ne fecero le spese, a fine '82 a Torino, due guardie giurate davanti a una banca. Rapinatori. Niente di più, e molto di meno.

Ma è inutile dilungarsi su questo disastro. È stato così in più d'una circostanza. Quando la Rivoluzione va a ramengo vengono fuori bande il cui iniziale connotato politico è soverchiato dagli individuali risentimenti se non, quando non si bada più a dove si pesca, da individuali patologie.

Ma quando si è al colpo di coda, e le cose continuano comunque ad andare davvero male, prima o poi bisogna prendersela con qualcuno. E questo qualcuno alla fine è sempre qualcuno che «tradisce». Qualcuno la cui vigliaccheria rende impossibile il pieno dispiegamento delle sorti magnifiche e progressive.

E si aprì la mattanza nelle carceri. Ogni giorno in quegli ultimi anni arrivava in carcere un qualche militante che, sotto «pressione», aveva parlato. E l'unico conforto che quelli del Partito Guerriglia, i figli dei capi storici, sapevano dargli per i brutti momenti passati era una coltellata nello stomaco. O una reticella da ping pong stretta attorno al collo. Non era facile avere un coltello nelle carceri speciali, ci si adattava. (Come per Giorgio Soldati, un giovane di Prima Linea ucciso nel carcere di Cuneo nel 1981 da un gruppo di cui faceva parte proprio uno dei capi storici promotori del Partito Guerriglia. E su quella gloriosa azione ci fecero anche un comunicato. Firmandolo «Terrore rosso».) Fino alla totale aberrazione del caso di un militante romano del Partito Guerriglia che si presentò ai suoi nel carcere di Trani chiedendo di essere «giustiziato» perché aveva tradito. Non ci pensarono due volte.

E molti di quelli che si sono prodotti in tali atti di ardimento hanno poi tradito a loro volta. Loro davvero, perché nessuno ce li aveva costretti. La nave affondava, si salvi chi può. Uno schifo nello schifo.

Quanti ne sono morti così? Non lo ricordo, non voglio ricordarlo. So che erano tutti giovani, tutti ragazzini. Ammazzati da quelli che dovevano essergli fratelli, e lasciati uccidere da quelli che dopo averli spremuti li lasciavano in pasto ai leoni. Perché non erano i Peci per le BR e i Sandalo per Prima Linea, mandati al sole coi soldi dello Stato. Non avevano consentito di sgominare grossi pezzi delle bande armate. Erano ragazzini che poco o nulla sapevano. Un nome, due nomi di altri come loro, pesci piccoli. Questa sì, la pagina più buia dell'esperienza comunista armata, e dello Stato che l'ha contrastata. Quando si fa davvero buio il peggio viene fuori da tutte le parti.

Possiamo solo aspettarci che un altro vecchio democristiano come il ministro dell'Interno Pisanu (non a caso, forse, già sodale di Moro) renda pietà a tutti i morti di quella tragedia nazionale. Di ambo le parti. Anche se farlo allora sarebbe stato meglio. Forse il neobrigatista Galesi e l'ispettore Petri – i due cui ha reso pietà –, ma anche D'Antona e Biagi, non sarebbero entrati nel conto.

I figliocci dei «capi storici» compirono il loro maggiore atto di ardimento sequestrando e uccidendo il fratello di Patrizio Peci, Roberto, nell'agosto dell'81. Perché a quello non potevano arrivare e l'altro era più facile, e riprendendo il tutto in videocamera. Ti ricorda le foto dei soldati sud-vietnamiti che giocavano a palla con le teste dei vietcong uccisi e ne mangiavano il fegato? E il video del «sospetto» vietcong sparato alla testa in mezzo alla strada dal capo della polizia di Saigon? Ti ricorda le foto dei torturati iracheni e, dall'altra parte, il video dell'ostaggio decapitato?

L'orrore nell'orrore. Comunisti quelli del Partito Guerriglia. Mi verrebbe da dire che non sapevano di cosa stavano parlando, ma comunisti lo erano, questo è il dramma. Anche se «ho visto solo gente che del comunismo ha fatto un pessimo uso». Come risponde in un bel film degli anni Settanta il vecchio agente sovietico alle critiche del collega americano suo amico e compagno ai tempi della guerra di Spagna. Tanti prima di noi, soverchiati dall'ideologia politica che annegava l'ideale umano, ne hanno fatto un pessimo uso, poi noi, e quelli del PG oltrepassando il fondo, da ultimi.

Sulla condanna a morte di Roberto Peci quelli del Partito Guerriglia chiesero il voto di tutte le loro «brigate di campo», cioè dei detenuti che a loro aderivano. Non era una consultazione come quella su Moro. In quel caso il parere dei detenuti sarebbe stato valutato, ma a decidere sarebbero stati comunque quelli fuori. Qui si trattava di un vero e proprio voto. Era un'azione compiuta dal loro Fronte Carceri e anche i detenuti ne facevano parte a tutti gli effetti. E gli effetti furono raccapriccianti.

Mi chiedi come si pronunciarono i capi storici? Andrebbe chiesto a loro. Quello che si sa è che il responso fu unanime. Pollice verso.

(Tanto quanto quello che avvenne quando nel '58 i russi riuscirono a mettere le mani su Imre Nagy, leader comunista della rivolta ungherese del '56. Chiesero sulla sua condanna a morte il voto dei leader di tutti i partiti comunisti «fratelli». Pollice verso. Compreso il nostro Togliatti, «il Migliore».)

Ciò che è certo è che i capi storici BR, Curcio, Franceschini, Semeria, e tutti gli altri, hanno messo in piedi dall'eremo carcerario una macchina di morte ancora peggiore di quella che dicevano di voler contrastare. Hanno armato la mano di Caino. Alcuni dicono che le loro, di mani, sono pulite.

# IL BUCO NERO

UNA VOLTA ALLO SFASCIO GLI ARRESTI erano all'ordine del giorno, e gli arrestati non si trovavano più ad avere a che fare col fair play con cui eravamo stati trattati noi. Dall'alto era stato dato il via libera. Venitene a capo con ogni mezzo. E i mezzi sono sempre quelli. Mi dici che in preparazione di questa nostra conversazione, e da vecchio comunista, hai incontrato un po' di gente tra cui un ex-brigatista del Nord. Banda armata, associazione sovversiva e reati vari, ma niente omicidi. E lui ti ha raccontato di quello che succedeva dopo l'arresto. Ti ha fatto vedere le foto di piselli anneriti dagli elettrodi e carne martoriata dalla brace di sigaretta. E tu perché le hai guardate? Volevi farti venire il voltastomaco? È sempre così quando si arriva agli sgoccioli. Dalla parte nostra in omicidi efferati, da quella dello Stato nell'efferatezza della tortura.

È sempre così. Anche se uno Stato che, in valori e democrazia, si dice superiore ai «criminali» che combatte non dovrebbe. Lo Stato dovrebbe reprimere, e prevenire, la violenza dei singoli tramite le sue leggi. E se grave è quella violenza lo è ancora di più che lo Stato trascenda le sue regole per combatterla. Lo Stato esercita la violenza su delega della collettività, tramite le leggi. E, non a caso, il codice penale prevede aggravanti anche nei reati di violenza se a commetterli sono pubblici ufficiali nell'esercizio delle loro funzioni. Basilare in democrazia. Ma è quella un'aggravante quasi mai applicata in questi casi. Anzi, e al contrario, nei processi per sevizie sui detenuti si è arrivati a concedere attenuanti «per aver agito per motivi di alto valore sociale». Della tortura?

(C'è un libro su questo, *Le torture affiorate*. Per chi avesse lo stomaco di metterci mano. Io non l'ho avuto. So però che lì ci sono fatti e circostanze, e le fotografie che li testimoniano. Vi sono anche elencati «strumenti e pratiche», compresi i nomignoli che sempre in questi casi gli vengono dati. Tipo «l'algerina», e via dicendo.)

A bocce ferme può far rabbrividire. Come fa rabbrividire tutto quello che fin qui abbiamo detto sulla tragicità dei nostri errori. Ma allora le bocce non erano ferme. E se non stanno ferme possono andare fuori dal campo. Anche in democrazia. Lascia perdere l'America, dove la cultura repressiva, dei criminali e dei «sovversivi», è sempre stata tutt'altra cosa dalle sue indiscutibili garanzie nel diritto. Anzi – forse anche a causa di queste e della rigidità con cui vengono applicate dai giudici – appena possibile hanno sempre preferito ammazzare i criminali sul fatto. Qui da noi era diverso. Anche se oggi – a scimmiottare in tutto gli americani pur non avendone le stesse basi di democrazia – si sta cercando di fare attecchire anche qui quel tipo di cultura repressiva da Antico Testamento. E se avverrà sarà una delle ultime battaglie perse dal cattolicesimo.

Era diverso ma, allora, poliziotti e carabinieri venivano falcidiati come birilli. E in queste condizioni se non tieni più che ferme le regole è ovvio che si strafaccia. Qualcuno aveva sempre strafatto, è nelle cose. Ma dopo che i politici gli diedero mandato di «fermezza e rigore» l'eccezione divenne la regola. E inutile sarebbe per loro, come al solito, nascondersi dietro il paravento delle «mele marce». Loro il mandato, loro la responsabilità. Anche verso quelle «mele marce». Che certo, visti gli ordini ricevuti, non sarebbero tanto contente di essere definite tali.

Comunque noi quello Stato lo abbiamo combattuto con le armi, uccidendo. E quanto alla sua ferocia era per noi tutt'uno con esso, visto che era uno «strumento della borghesia imperialista». Sarebbe quindi contraddittorio che fossimo proprio noi a lamentarcene. Non è a noi che va reso conto degli strumenti usati, ma a tutti quelli cui allora è stato raccontato che «il terrorismo è stato sconfitto con gli strumenti della democrazia». Perché mai hanno dovuto fare una tale precisazione? Qualcuno gliene aveva chiesto ragione? Non mi pare. O avevano la coda di paglia? Peraltro, non hanno con quegli strumenti risolto il problema. Hanno solo accelerato la sua soluzione. Perché la fine era comunque segnata. Si può dire, visto che si continuava ad ammazzare e più di prima, che anche un'accelerazione era cosa per cui valesse la pena uscire dalle regole. Il problema sarebbero i costi. L'involuzione da Stato democratico a Stato di polizia.

La democrazia è una gran bella cosa, se tutto fila liscio. Ma che poi, messa alle corde, nessuna democrazia sia in grado di respingere attacchi mortali – ma anche molto meno – rispettando le sue stesse regole è altro paio di maniche.

Andrebbe forse qui aperta una parentesi. Noi eravamo i nemici pubblici numero uno. I peggiori criminali in circolazione. I peggiori attentatori della civile convivenza. Questo per i politici, perché la gente comune, nonostante il bombardamento mediatico, continuava a mettere nei sondaggi il terrorismo non al primo ma al terzo posto tra i problemi più gravi del Paese. Vedi anche le politicamente scorrette risposte date a Pansa dagli operai FIAT sul sequestro Moro. Comunque, anche se non per la gente comune, pericolosi lo eravamo perché uccidevamo. Eppure quando ci arrestavano era difficile che ci torcessero un capello. Non tutti, ovviamente, come detto. Qua e là c'era un qualche singolo o un qualche reparto che eccedeva la normale procedura. Ma quale era la normale procedura? Coi criminali comuni, qui come in qualsiasi altro Paese democratico o meno, la mano è sempre pesante. In Inghilterra arrivano all'ottanta per cento, o quasi, delle condanne degli arrestati. Credi che lì il sistema giudiziario funzioni meglio? Funziona meglio ciò che precede l'aula. Li torchiano.

A noi no. Eravamo criminali ma eravamo «politici». Non

lo facevamo per soldi ma per un ideale. Potevano deriderci i poliziotti per questa nostra santa ingenuità, ma in fondo ci rispettavano. (In fondo forse perché anche loro odiavano il potere che li usava come carne da macello.) Anche qui, come in carcere, la propaganda sull'assenza di «detenuti politici» non riusciva a superare lo sbarramento del sentir comune. Finché non venne data la svolta e si passò alla mano pesante.

(Credo, da una sua ambigua dichiarazione televisiva, che l'abbia data il primo ministro di allora professor Spadolini, dopo che a Roma nel 1981 furono beccati due del Partito Guerriglia che stavano preparando il sequestro di un potente amministratore delegato. La corda era stata troppo tirata, non se ne poteva proprio più. Uno di quei due brigatisti incappati nella «svolta» era Ennio di Rocco. Quello che nel carcere di Trani si fece giustiziare dai suoi compagni perché «aveva tradito».)

## LA SOMMA DI DUE ERRORI
## È UGUALE A ZERO

Sconfitta per sconfitta nella vicenda Moro non ha vinto nessuno. E nessuno, tranne Cossiga, ha avuto il coraggio di trarne le dovute conseguenze, dimettendosi dopo la morte di Moro. Neanche da parte delle BR. Eppure anche Moretti, visto che quella morte era stata anche una sua sconfitta, avrebbe dovuto dimettersi. Ma non in un'organizzazione comunista. Lì la carica era a vita. Come per il papa. Dice Moretti nel suo libro che a un certo punto, dopo Moro, ha capito che qualcosa non andava. Ma era già tardi. E, non bastasse, continuò a cincischiare. Dice e non dice. In parte si addebita la colpa. Poi, ancora forzando la mano del ricordo, si racconta anche qui incastrato, impossibilitato a muoversi dall'altrui cecità. Brutta cosa la solitudine del comando. Si sta lì a vedere tutto andare in pezzi, tutto proseguire su una strada già da tempo giunta al capolinea senza poter far nulla. Se non contemplare scorati la fulgida chiarezza del proprio pensiero solitario e incompreso. Due anni. Due anni di scorata contemplazione dall'81 che venne arrestato. Mentre altri portavano avanti in sua assenza il mattatoio che lui aveva tenuto in piedi. Perché si ostinavano a non capire che senza di lui era finita? Catturato il generale quella guerra non aveva più motivo d'essere. Lui era il perno, lui la chiave.

Poi, con un'alzata d'ingegno autoassolutorio, trova nell'errore altrui la causa del suo blocco. E sì, perché mentre lui era lì a dolersi della propria forzata impotenza, e i suoi a proseguire la mattanza, qualcun altro aveva pensato che qualcosa andasse fatta per fermare la macchina. E questo qualcuno sbagliò. Non poteva essere altrimenti, in assenza della sua guida illuminata. All'inizio del primo processo Moro, ed eravamo al 1982, in un effimero momento di riappacificazione, e prima dello «sbaglio» di cui si duole, dissi ai suoi di fare una mossa. Dichiarate un cessate il fuoco unilaterale, subito. Fermate le bocce. È già troppo tardi, ma meglio tardi che mai. Ma quelli non erano in grado di capire. Fuori altri continuavano a «combattere», e loro non avevano la fulgida chiarezza del suo pensiero. Ma Moretti, sdegnoso, se ne stava in disparte. E taceva. Continuando a rincorrere, apparentemente disinteressato, i suoi solitari pensieri. Dopo di me il diluvio.

Eppure sapeva che era finita, forse addirittura che era finita da un pezzo, ancor prima che lo prendessero nell'81. Che era finita con la morte di Moro. Eppure già vedeva che i topi avevano cominciato a saltare giù dalla barca. Ed essendo surmolotti, lo facevano in modo assai velenoso, scaricandosi di dosso il morbo della peste. Toni Negri, visto l'appiattimento, proprio del codice penale, tra i suoi reati e quelli delle BR, aveva pensato bene di creare un distinguo. Un serrato sillogismo politico. Noi dell'Autonomia ci dissociamo dalle BR, dal terrorismo. Loro sono i cattivi. Quindi noi siamo più buoni. Ve li serviamo su un piatto d'argento. Isolati e impacchettati. In cambio chiediamo solo un occhio di riguardo.

Ora non è che politicamente quel distinguo non avesse ragion d'essere, perché comunque Autonomia e BR non erano affatto la stessa cosa. Da entrambe era venuta la morte, e il numero o il chi poco conta, ma non erano la stessa cosa. L'una l'aveva fatto nella massificata corsa all'Insurrezione, l'altra nel solitario e autoreferenziale assalto allo Stato di un'organizzazione clandestina. Ma scorporarle l'una dall'altra al fine di un diverso trattamento giudiziario non era probabilmente il modo più appropriato per tentare di fermarle e, magari, aprire un dibattito sulle vicende degli anni Settanta. Era più una coltellata nella schiena. Se da una parte c'è un fenomeno di massa deve essere questione di valutazione sociale e politica. Con le dovute attenuanti. Se dall'altra c'è un fenomeno di pochi clandestini può essere questione di polizia. Con le dovute aggravanti. Questo il ragionamento.

Anche qui è valsa una regola ferrea della politica, e dell'arte militare da cui quella troppo ha preso. Se il movimento rivoluzionario rischiava in toto di essere travolto dal codice penale, l'unica salvezza era sacrificarne un pezzo. L'ala estrema dei «compagni che sbagliano». La stessa regola che aveva portato il sindacato, e il PCI, a sacrificare un pezzo di classe operaia per salvare il resto. Anche se, in quel caso, di mezzo al «sacrificio» ci finì anche l'interesse. Perché, per lungimiranza padronale o per un patto indicibile, tra le migliaia di operai rottamati in quegli anni ci finirono quelli più radicali, quelli su cui il PCI non aveva più alcun controllo.

(Ci sarebbe da dire, a onor del vero, che la battaglia di Autonomia, per quanto mossa dal peso del carico penale, aveva anche un'altra non secondaria motivazione. E torniamo sempre lì. Il movimento del '77 e il monopolio della sinistra da parte del PCI. I giovani del '77 erano «teppisti», e come tali erano stati trattati. Partita in parte sistemata. Ma i «professori» leader di Autonomia non era tanto semplice farli passare tout court per criminali. Il loro legame con le pistole che avevano sparato e ucciso non era così diretto e rivendicato come per le BR. Ed erano ancora fuori, e le strutture di Autonomia ancora forti e operanti in quel 1979. Il PCI attaccava ogni giorno Autonomia, però un attacco a fondo sulla loro sola attività avrebbe rischiato di metterne allo scoperto i motivi smaccatamente politici. L'unica, visto che sulle BR questo rischio non si correva, era fare tutt'uno dell'arcipelago della violenza. Mettere tutto nello stesso calderone e miscelare ben bene. Tanto si affannò che alla fine, il 7 aprile di quell'anno, i «professori» di Autonomia vennero arrestati per insurrezione armata contro i poteri dello Stato, ma anche perché «veri» capi delle BR. E, su questo, alla genericità dell'accusa si aggiunsero fior di prove «oggettive».

*La peggio gioventù*

Oltre alle minori quelle schiaccianti. Con tanto di perizia. La telefonata del 30 aprile a casa Moro, quella di Moretti, l'aveva fatta Negri. E quella, mia, del 9 maggio che annunciava dove fosse il cadavere di Moro, un suo accolito.
Ovvio che l'interesse del PCI, nel muoversi della macchina della giustizia, non fosse fermare dei «criminali», ma fare piazza pulita in un colpo solo di tutto ciò che pericolosamente si agitava fuori dal suo controllo. Nel momento in cui il controllo delle agitazioni sociali doveva permanere come sua intangibile dote governativa.)

Negri, sull'onda del clamore della dissociazione, venne eletto al Parlamento nelle liste del Partito Radicale. Promise a tutti i suoi che non avrebbe chiuso occhio fino a che il percorso non fosse stato ultimato. Ma appena avutane l'occasione si produsse in una fuga savoiarda in quel di Francia. Lasciando il suo esercito nello sbando e nella vergogna. Non solo e non tanto per l'indecorosa fuga, ma perché quella significava che neanche lui credeva granché nella battaglia.
Ha poi riparato a tutto ciò nel 1997, al momento di tornare coraggiosamente in Italia e farsi la galera, con motivazioni che ricomprendevano tutti gli avvenimenti degli anni Settanta. Tanto di cappello, anche se un po' tardi. Il danno allora non fu da poco. E se ne paga ancora lo scotto.
Avveniva tutto questo ma lui, Moretti, non si dava per inteso. Era normale che tutti scappassero. In fondo erano sempre stati dei vigliacchi. E in fondo, forse, poteva anche esserne compiaciuto. In quel modo le BR si sarebbero stagliate in tutta la loro solitaria grandezza. E lui ne era stato il «capo». Colpite al cuore, affondate il pugnale. La storia ce ne ripagherà, mentre di voi non resterà che una traccia di infamia.
E quando le BR, esorcizzando l'inutilità di proseguire nella loro azione, si erano spaccate in due, ognuno dei due tronconi, essendo tutti i «vecchi» in carcere, e ormai più numerosi assai quelli dentro che non quelli fuori, lì cercava appoggio alla propria causa. Tutti i detenuti dovevano pronunciarsi, schierarsi. E tutti lo fecero, portando la guerra esterna anche dentro le galere e nelle aule dei tribunali. Ma Moretti no. Sa-

peva che era finita, che non c'era più nulla da fare, che quel litigio dentro casa non avrebbe modificato gli esiti della sconfitta ma soltanto allungato la catena degli errori e, in un estremo atto di coraggio, cosa fece?

No, pur avendo a disposizione un'audience internazionale, perché al processo Moro erano presenti televisioni e giornalisti di mezza Europa, non si pronunciò pubblicamente per dire «Finitela, è tutto inutile». No. Lui fece di meglio, «non si schierò». Cioè rispose, a chi glielo chiedeva nella camera caritatis della galera, non contate su di me. Io non sto né con l'uno né con l'altro. Lui, il generale che aveva tenuto in piedi la macchina, si chiamava fuori. Nell'Aventino della propria coscienza.

E la macchina continuò a fare quello per cui lui aveva non poco contribuito a programmarla. Uccidere. Più e peggio di prima. Fuori da ogni controllo se non l'esasperazione del colpo di coda. Ma lui non c'entrava più niente. Lui aveva fatto quanto poteva. Lui si era chiamato fuori.

Eppure quando si era trattato di uccidere Moro, obbligando così la futura strada delle BR, e dando inizio a quell'avvitamento senza fine in una strategia puramente omicida, lui si era schierato. Aveva superato ogni possibile dubbio e detto il suo sì. Decisivo. E definire «strategia» il percorso delle BR dal 1979 alla fine è un semplice modo di dire. Perché dietro non aveva più nulla. Non era azione ma reazione a una sconfitta. Quella sì strategica.

Dal maggio del 1978 Moretti aveva avuto modo di riflettere sugli errori compiuti. E tali li aveva spassionatamente valutati. Ma, evidentemente, non aveva la capacità di contrapporcisi per tempo. I due tronconi delle BR, quello storico e il nuovo Partito Guerriglia, stavano entrambi commettendo un ennesimo irreparabile errore e lui lo sapeva. Ma, di fatto, non fece nulla. Non quello che avrebbe dovuto. Aveva perso un treno in quel maggio del 1978 e, pur consapevole ma non pago, lo riperse ancora nel 1982. Forse sarebbe stato il caso che di treni non avesse cercato di prenderne affatto.

## DISSOCIAZIONE ULTIMA SPIAGGIA?

E veniamo all'errore di cui Moretti si duole. Ha speso parole avvelenate sulla dissociazione dal terrorismo. Non troppe in verità, perché dal suo punto di vista è stato evidentemente un fenomeno poco rilevante. Uno scarto della storia. Una storia che, essendo forse a lui incarnata, non ha bisogno degli occhi per vedere. Si fosse letto qualcuno dei documenti prodotti dall'interno della dissociazione si sarebbe potuto risparmiare di dire sciocchezze. Confondendo gli effetti politici con le motivazioni soggettive. Dire, come lui dice, che la dissociazione ha rafforzato lo Stato equivale alla vecchia solfa di quelli che, con la stessa scusa, stavano sempre a frenare le lotte. Così era. Andava fatto. Le BR avevano ucciso Moro perché secondo loro andava fatto. E noi uscimmo da quella logica perché andava fatto.

E se anche poi quello fosse stato il punto, lo Stato, nella sua sopravvivenza emergenziale, era certamente più rafforzato dalle BR che continuavano a uccidere. Forse Moretti, quando dice che la critica avrebbe potuto essere collettiva, cioè anche da parte delle BR, fa un po' di confusione sui tempi. Il primo atto pubblico della dissociazione di ex appartenenti a bande armate è dell'ottobre 1982. Nel luglio di quello stesso anno le BR avevano ucciso il capo della Mobile di Napoli e il suo autista, ad agosto due agenti e un soldato di leva, sempre a Napoli, in quello stesso mese di ottobre due guardie giurate a Torino. Poi, nel 1984, uccisero a Roma il diplomatico americano Leamon Hunt, nel 1985 il professor Ezio Tarantelli, nel 1986 l'ex sindaco di Firenze Lando Conti e via proseguendo.

Ma non è questo che ci spinse, anche se un po' contribuì. Non contro le BR era la dissociazione ma contro ciò che eravamo stati. Certo, quando si abbandona una parte di sé si abbandonano anche quelli con cui la si era condivisa e la propria scelta l'hanno mantenuta. E, questo, dalla loro parte, appare come un tradimento. E non solo dalla loro. Anche dalla mia, che della dissociazione sono stato fautore, al fondo, come retrogusto, può risalire a volte questa sensazione. Ma questo carico, se carico è, me lo porto da solo. E lui, che mi nomina ad esempio del tradimento, lui è proprio l'ultimo che possa spingermelo sulle spalle.

«Sono severo con la dissociazione perché rinnega una storia, distrugge un'identità collettiva, fugge dalle responsabilità politiche per racimolare benefici giudiziari individuali. E il più grave è che avviene quando sarebbe stato possibile chiudere collettivamente.»

Dice Moretti. Troppa roba in poche righe per venirne a capo semplicemente. Perché in queste poche righe è condensata una storia lunga vent'anni. E come distortamente l'hanno vista le sue BR. Perché, lo ripeto, Moretti a nome di quelle ha parlato. Di qualcosa che non c'era più, di qualcosa che anche lui aveva dichiarato finito, ma che imperterrito ha continuato a rappresentare. Per la storia. Era il suo ruolo di politico. Se lo avesse abbandonato, se lo avessero abbandonato le sue rappresentate BR, si sarebbero aperti dei conti che avrebbero potuto sconquassare la coscienza. Quelli che noi abbiamo aperto allora assumendocene per intero la responsabilità politica che lui dice abbiamo fuggito.

Certo. I politici si sono fatti forti della nostra autocritica. Se noi avevamo sbagliato loro avevano «sempre» avuto ragione. Il sillogismo era stretto come una corda al collo. Il nostro. Un'altra occasione, tanto quanto la lotta armata, per tenere ben chiuso il loro libro degli errori. Ma quelle parole di Moretti, come tutto nelle BR, sono prese a prestito. Da furbo politico, e da inveterato stalinista, usa le parole dell'avversario per farsene bello. Alle BR non è mai fregato nulla della «identità collettiva», ci sono passate sopra come carri armati prima e dopo. Di identità gli è interessata sempre e soltanto la propria. Trattando tutto il resto come mondezza. Annaspamenti di sprovveduti che non erano illuminati dalla giusta teoria e dalla giusta fede, la loro.

Quelle sono parole della dissociazione. Dei nostri documenti e della nostra travagliata resa dei conti. Con noi stessi e con l'ideologia che ci aveva indotto in errore. Noi abbiamo cercato di ridare una identità collettiva alle migliaia di militanti che la lotta armata avevano attraversato. O ne erano stati attraversati, dipende. Una identità fondata sulla giustezza della spinta che ci aveva mosso e sull'errore di averci messo sopra un'ideologia, e la sua violenta strumentazione, inadeguata e alfine contraria ai motivi di quella spinta.

> L'occasione per discutere del presente di una generazione politica, la nostra, e di affrontare le sue ragioni e i suoi guasti. Per utilizzare le nostre forze in una iniziativa di soluzione concreta che sappia costruire sbocchi alternativi a quelli imposti nel ricatto della legislazione speciale. Anche per superare gli effetti controproducenti di una individuale dissociazione giuridica che, appiattendosi in una dissociazione dai «fatti», blocca una riflessione critica su un fenomeno di massa che non può non essere politica e collettiva. Rompere il silenzio, per poi entrare nel merito delle concretezze.
> Delle cose vanno dette. Apertamente. Senza la vigliacca attesa del futuro buono. Fuori dalla forza coattiva del linguaggio giuridico, senza pilatesche neutralità, le demonizzazioni o l'odore di sacrestia delle prediche.
> La lotta armata, ovvero la conquista dello Stato da parte delle classi proletarie attraverso l'uso delle armi, ha trovato da un pezzo esauriti i suoi presupposti. La parabola della lotta armata, in Italia e in Occidente, ha messo in scena la rappresentazione estrema della crisi dei miti della sinistra o, se si vuole, il mito della Grande Rivoluzione Proletaria. Il suo prodotto ultimo, il terrorismo, ideologia e religione, ha ac-

centuato e accelerato la contraddittorietà di questa strategia; esso non può che distruggere per attendere la palingenesi. Certo, la lotta armata è stata evocata dall'arrocco istituzionale e dall'immobilismo politico che ha inutilmente ricattato per decenni la crescita della società, ma si è sviluppata nell'appiattimento militarista della tensione sociale alla costruzione di rapporti alternativi di produzione. Contrapponendo il proprio potere formale a quello altrettanto formale dello Stato, entrambi tanto più unicamente violenti quanto più avulsi dalle dinamiche reali della trasformazione sociale. Così oggi la sua «irriducibilità» denuncia il vuoto e la rinuncia all'azione politica come fare sociale; diventa moralismo, retorica. Ma qui ormai la rottura è radicale, storica.
Perché si chiude, si consuma un ciclo generazionale in cui, nel prevalere di un radicato ideologismo politico sulla rivoluzione culturale del '68, si sono avviati l'arricchimento dello scambio sociale e le lunghe marce, la democrazia sociale delle assemblee e il fascino giacobino del partito d'acciaio. Si chiude ora, nei fatti, la spinta propulsiva della Rivoluzione d'Ottobre e del Welfare State.
Ma si chiude in un quadro spietato di logica di guerra, di revanscismi e di ristrutturazioni e oppressioni che rende ancor più brucianti gli errori e spingerebbe al resistenzialismo. Senonché sarebbe proprio questo a farsi immobilismo e amplificazione di sconfitta. Si tratta invece di accettare la sfida dei tempi, delle mutazioni della società; si tratta di non viversi e morirsi come superfetazione al negativo della memoria dei movimenti degli anni Sessanta e Settanta; si tratta di esprimersi su dieci anni di lotte sovversive in Italia proprio per impedirne una loro riscrittura farisea; si tratta di difendere le ragioni della nostra opposizione con la stessa severità con cui ne critichiamo le follie, i miti, i peccati, gli errori; si tratta di ricollocare le speranze e il bisogno di trasformazione; si tratta di impedire il totalitarismo meccanico delle istituzioni; si tratta, nella critica della «rappresentanza politica», di intrecciarsi a forze e dinamiche di opposizione, di conflitto e libertà.

Questo è quanto era scritto in quel documento dell'ottobre 1982, letto nell'aula del primo processo Moro. E già erano in chiaro i temi di fondo di cui andiamo parlando oggi a più di vent'anni di distanza. (Ed è altrettanto chiaro, e dai temi per nessuno assolutori, e dai tempi, che poco tutto ciò poteva avere a che fare con la ricerca di individuali benefici. La sola idea di una possibile attenuazione di pena per gli ex terroristi era allora aspramente, e molto dall'alto, contrastata. C'era al governo il professor Spadolini. Il motivo principale della contrarietà fu che già c'era la legge sui «pentiti». Se una riduzione di pena poteva applicarsi, gli ex terroristi dovevano diventare delatori. E la legge sulla dissociazione, quella che ha ridotto le pene da trent'anni a ventidue anni e mezzo per chi riconosceva le proprie responsabilità senza altri coinvolgere, è stata varata nel 1987.)

E se i numeri qualcosa contano Moretti dovrebbe spiegare – a meno che non credesse nel 1993 che i conti erano ancora là da venire e il suo comunismo dietro l'angolo, ma ha detto di no – come mai i presunti traditori «dissociati» sono stati la stragrande maggioranza dei detenuti per terrorismo.

E poi, a vedere le cose anche dal punto di vista politico, quel nostro ripensamento andava accelerato per contrastare il progetto pernicioso di Toni Negri. Perché quello sì, per tagliare fuori le BR, avrebbe tagliato via anche tutto il resto. Cioè un pezzo intero di una generazione rivoluzionaria.

E quel qualcosa fu passare dalla sua «dissociazione *dal* terrorismo» alla nostra «dissociazione *del* terrorismo», definita in un articolo pubblicato su «il Manifesto». E la differenza non era solo nella preposizione. Cambiava il soggetto. Non più chi al terrorismo si dichiarava estraneo, per affossarlo nell'ignominia e negli ergastoli, ma chi del terrorismo era stato partecipe e voleva, dissociandosene, venire a capo dei propri errori e offrire un'occasione di ripensamento sui suoi perché. Sarebbe stato più forte e, forse, meno viziato, se lo stop lo avessero dato le BR. Ma quelli continuavano ad ammazzare e chi poteva, Moretti, taceva.

Lamenta che i risultati di quella dissociazione furono la chiusura di ogni possibilità di ripensamento collettivo su quegli anni. Lamenta cioè che non ci siano state le BR, perché tutti gli altri invece ci sono stati. Cioè, ancora, che se ci fossero state anche le BR sarebbe stata altra cosa. La prosopopea è sempre la stessa, ma si può concordare. Avrebbe potuto essere altra cosa. Avrebbe. Ma le BR non c'erano per loro scelta, non nostra. E se invece avessero voluto starci nei termini da lui riproposti, a quel punto sì gli avremmo chiuso la porta in faccia. Noi avevamo rifiutato la politica e la sua logica, le BR – per come lui parla addirittura nel '93 – ci stavano ancora con tutte le scarpe.

E poi chi è che avremmo «tradito»? Chi tagliato fuori? Abbiamo tagliato fuori un'organizzazione che continuava a uccidere. Che se ne fregava di essersi completamente avvitata nell'essere una macchina di morte. Se ne fregava che tutti gli altri dicessero basta, anzi ne traeva maggiore sprone perché erano tutti «traditori». Se ne fregava che anche al suo interno le convinzioni non fossero ormai più granitiche, aprendo la stura della delazione. Anche quelli solo «traditori». A mucchi. E i brigatisti in carcere erano ben contenti che fuori succedesse quello che succedeva, e che gli ergastoli venissero giù a grappolo. A nessuno dei loro era consentito difendersi, accettare le regole della «giustizia borghese». Neanche un prestanome che aveva preso in affitto un appartamento e mai saputo quello che i suoi occupanti andavano facendo in giro per la città. Avrebbe anche lui tradito la consegna. Più ergastoli più gloria. Più ergastoli e più forte la prova che loro erano nemici giurati dello Stato. E viceversa.

E non paghi di questo – se ne è già parlato a proposito del Partito Guerriglia – passavano le giornate ammazzando i loro «traditori» e terrorizzando e pestando chiunque fosse solo in odore di dissociazione. Le aree della dissociazione costituite nelle carceri sono state anche un asilo. Un asilo per la fuga dall'orrore.

Chi poteva tentare di invertire la tendenza? Esternare i suoi solitari pensieri per tentare di inserire anche le BR nel ripensamento? Lui. Non l'ha fatto. Un buon generale tratta la resa anche a scapito del proprio onore. Per impedire, quando capisce che tutto è perduto, che continui un'inutile mattanza. Ma Moretti se ne è restato nel suo cantuccio osservando contrito lo sfacelo che proseguiva. Tacendo. Fino alla fine. Poi in un estremo, quanto postumo, atto di coraggio ha pubblicamente dichiarata chiusa nel 1987 una battaglia che si stava già chiudendo da sola. E quando, ancora anni dopo, alfine prodigo, ha raccontato le vicende delle sue BR, troppo è stato per scaricare addosso ad altri il suo gravame. Più un furbo politico che un buon generale, in questo. Come quelli che aveva odiato e combattuto a morte. Per finire in così aborrita compagnia meglio sarebbe stato continuare a tacere.

# ARCANA IMPERII

MI DICI CHE HO PIÙ VOLTE CHIAMATO Cossiga «presidente»? È possibile, ma dove vuoi portarmi? A scavarmi la fossa? Abbiamo ancora la pala. Scaviamo. Forse chiamarlo «presidente» mi viene naturale perché è uomo che rispetto. L'unico «generale nemico» che rispetto. Probabilmente l'unico presidente della Repubblica con cojones che abbiamo avuto. A parte uno che ce li aveva nella testa, Einaudi. Un rivoluzionario liberale. Rispetto al presente. Vivesse oggi qualcosa della sua visione politica ed economica, nonché morale, l'Italia sarebbe altra cosa. Ma era troppo discreto. Tutt'altra cosa dai tanti mezzi liberali che oggi balbettano di liberalismo. Non hanno dietro la stessa tradizione. Ma il Sud degli avvocati bizantini, il Nord degli arricchiti facili e l'Est ripudiato della scuola delle Frattocchie del PCI. Nella quale non credo si siano mai insegnate le virtù del liberalismo. Per apprendere quelle a loro più adatte dopo il tracollo, sarebbero magari dovuti andare a Londra, alla prestigiosa scuola che era diretta da Sir Dahrendorf. Ma quello è un liberale che vuole ridurre lo Stato alle sue funzioni primarie, lasciando la società libera dalla sua invadenza, e da quella dei partiti. Ma lo Stato è lo Stato. Deve dirigere, convogliare, controllare. Nello Stato c'è la RAI, le banche, gli enti, le industrie, le nomine. Non se ne può proprio fare a meno. E nemmeno dei partiti che devono occuparlo e presidiarlo. Quindi a Londra quelli del PCI ci si compravano solo le scarpe.

Cossiga ha risollevato assai le magre sorti repubblicane. O, perlomeno, ci ha provato. Ha impiegato un po' di tempo invero. Una lenta incubazione nella quale anche lui non è certo stato un santo. E lo rivendica. Poi, quando è venuto giù l'Impero sovietico, e con esso il Grande Nemico per combattere il quale erano obbligatori unità e silenzio, ha aperto le cateratte. Una liberazione, per lui e per noi. Perché il senso di quello che diceva è stato che un'epoca era finita. L'epoca delle costrizioni politiche e della coercizione degli uomini per un fine supremo. L'argomento di fondo di cui stiamo parlando.

Gli hanno dato del matto. Come a Moro, e come sempre succede a chi dice le cose come stanno. Anche se scomode, anche se impossibili. Non come sarebbe più «acconcio» dire che stanno. Mai divulgare al popolo gli arcana imperii.

Cossiga ha svelato alcuni arcani della Chiesa politica che andavano mantenuti segreti. Uno di questi è che loro sapevano benissimo, mentre le vituperavano come tali, che le BR non erano una banda di criminali ma un'organizzazione di comunisti rivoluzionari. Solo che non era conveniente dirlo. Sia per la DC, che doveva reprimerle, sia, tanto più, per l'allora indispensabile alleato PCI, che doveva allontanare il più possibile lo spettro della filiazione di quelle dalla sua stessa ideologia.

Il rogo non c'era più e si è salvato. Non c'era più neanche la lapidazione. Quella coi sassi, perché quella con le parole, che in politica pesano più dei sassi, è stata usata in abbondanza. Ha rotto le regole, il patto. È stato politically incorrect.

Una catarsi la sua più che una pazzia. E se pazzo è stato ha continuato a farlo come l'Enrico IV, anche dopo essere «rinsavito». Perché tanto con gli altri, quelli che si dicono sani, non c'era altro modo di parlare. È stato talmente bombardato dalle batterie dei veri depositari del Verbo politico che è opinione corrente, popolare, che sia davvero matto. Credo se ne compiaccia. Le parole, tutte le parole del potere devono essere sotto controllo, e se qualcuna sfugge e non si può riacchiapparla occorre invalidarla. Farla passare per menzogna. Occorrono molti alleati. Ma quelli in un Paese di ipocriti non mancano mai.

# E GLI ARCANA RIVOLUZIONARI

Eparlando di noi, e dato che questa pala ce l'abbiamo per scavare e non solo per smuovere l'erbaccia, andiamo più a fondo. Era così anche dalla nostra parte. Nelle BR e nel movimento. Nel movimento c'erano quelli che facevano e non dicevano. Facevano con le armi, intendo. Anzi, negavano di farlo e continuavano a criticare la scelta terroristica. Quella dell'innocentismo è una delle piaghe più vergognose della «cultura» di sinistra. Anche con le mani nel sacco erano tutti innocenti, tutti vittime di mostruose montature. Ce ne sono state ovviamente, come quella del processo 7 Aprile contro l'Autonomia che la voleva a capo occulto delle BR, ma non erano poi così all'ordine del giorno. E comunque, per inciso, non è che gli autonomi capeggiati da Negri fossero dei poveri innocentelli messi in mezzo dallo stato dei padroni. Non erano i capi delle BR come diceva quel capo d'accusa, ma la loro parte di omicidi l'avevano data.

E la storia prosegue ancora oggi. Si rifacevano tutti a Dimitrov. Ma quello davvero non c'entrava niente con l'incendio del Reichstag. Era una manovra di Goering per preparare lo sterminio nazista dei comunisti tedeschi. Troppo comodo, però.

E poi ancora nel passato con Sacco e Vanzetti. Che a differenza di Dimitrov non è che si sia mai saputo con esattezza se fossero davvero innocenti. Uscì il film nei primi anni Settanta e giù con pianti, canzoni, e nuove frecce nell'arco dei perseguitati. Un piagnisteo continuo. Erano rivoluzionari, no? E se la rivoluzione non è un pranzo di gala non ti puoi mettere a piangere se ti beccano con l'argenteria.

Giusto un mese fa mi è capitato tra le mani un libretto. Una rivisitazione degli episodi che avevano portato alla morte di molti giovani nel 1977. Ammazzati da polizia e fascisti in quell'anno turbolento. Una lista lunga. Più lunga di dove arrivava il ricordo, e a ogni passaggio uno strazio, una stilettata. Però, a differenza di prima, lo strazio più che caricare altro risentimento ha allargato lo sgomento dell'orrore. La lista era lunga ma qualcosa non andava. Il leit motiv era anche qui il piagnisteo. Unica cosa ammirevole in quella geremiade, il racconto travagliato di Erri De Luca. Dalle cento spanne e oltre della sua scrittura dura e tagliente, quanto terribilmente umana, lui si sente responsabile della morte di uno di quei ragazzi. Lui era stato il suo «capo» e lui l'aveva mandato a morire. Qualcuno che ha il coraggio, e la pena, di guardare in faccia la realtà ancora gira da queste parti. A esclusione di questo racconto aleggiavano su tutto il resto due omissioni non indifferenti.

La prima era che in quel 1977, a luglio, era stato ucciso a Roma anche Antonio Lo Muscio, uno degli ultimi dei NAP. No. Non durante un'azione, ma riconosciuto davanti a una chiesa. Una sparatoria e lui ferito, l'arma scarica e lontana dalla mano. Un colpo in testa. Solo che Lo Muscio, terrorista, per quanto come gli altri ammazzato, era evidentemente una scomoda compagnia. Cancellato.

La seconda omissione, alla prima legata, anche se al rovescio, era che, negli stessi frangenti in cui erano stati uccisi quei ragazzi, altri ragazzi come loro avevano ucciso in piazza un po' di poliziotti, senza nome. Anche questi scomodi, perché voleva dire che non tutti loro erano innocenti perseguitati. Anche questi cancellati.

Credo non ci sia altra scelta che essere duri. Cercare di scavare fino all'osso. Nessuno escluso. A partire da me. Non, come troppi, per allargare la compagnia e sminuire così le proprie responsabilità, ma per venirne a capo. Delle nostre, prima. E, fatto questo, di tutti quelli che erano dall'altra parte e fanno orecchie da mercante. Non farlo, non andare fino al nostro fondo, autorizza loro a continuare a giocare alle tre scimmiette.

Viziati da quella cultura vittimista i curatori di quel libretto hanno commesso un'inconsapevole infamia. Hanno ucciso una seconda volta Lo Muscio e una seconda volta quei poliziotti.

Si sparava da una parte e dall'altra. Non si può fare finta di niente. Sì certo, si sa, anche se troppo facilmente si dimentica, che prima che da questa parte si sparasse un solo colpo di pistola erano già stati ammazzati nelle piazze ben oltre un centinaio di comunisti. Ma non regge molto sostenere che abbiamo agito per risposta. Potevamo farlo prima. Ci saremmo arrivati comunque. Non tanto per quei morti ma per la storia aggrovigliata di questo Paese. Erano tempi duri, incarogniti. Il punto di tracollo di trent'anni di scontro caparbio tra il fronte padronale e democristiano e quello comunista. PCI prima, e sinistra rivoluzionaria dopo. Forse non mette più conto trovarne le colpe. Ci si può mettere una pietra sopra. Ma venirne a capo sì. E non ci si arriva nascondendosi dietro la foglia di fico dei poveri perseguitati.

E poi, a sgombrare il campo da ogni possibile ricerca di giustificazioni – che sarebbe una variante del vittimismo –, va detto che tutto quello era il retroterra su cui hanno poggiato le nostre scelte, ma non la loro motivazione. Le nostre motivazioni non erano storiche ma politiche. E sono maturate nel crescere della nostra attività rivoluzionaria. Non era vendetta quello che cercavamo ma Rivoluzione. E che in questa potesse esserci anche una resa dei conti è fatto innegabile ma marginale. L'ideologia che abbiamo assunto, quella che ha calibrato la nostra lettura degli avvenimenti e la nostra azione, presupponeva la violenza. Le sue manifestazioni possono anche essere state influenzate da fatti del passato ma non la sua scelta.

## Cenere

NE AVEVO VISTE TANTE, DI FACCE; di ogni tipo. Da porcospino, tonda e puntuta, contornata da una ghiera di capelli ispidi. Da topo, lunga affilata, gli incisivi affacciati alle labbra tirate. Da studente di buona famiglia, naso insù e tratti delicati adagiati in una carnagione esangue; a nascondere l'età, la superbia, la moglie e la prole. La faccia cui mancava la berretta a visiera e il foulard attorno al collo, per ritrovarti di fronte un «apache» di *Casco d'oro*; la barba malrasata ad accentuare spigolosità di zigomi e mento, lo sguardo pericoloso; una sigaretta senza filtro penzolante da bocca sottile e svirgolata come curva di sabbia sul fondo del mare.

Facce affilate nel pericolo, piegate in avanti, narici e occhi protesi, a coglierlo in anticipo. Piegate all'indietro, marinaie al vento, nelle discussioni, discostate; naso a intuire odori, brezze; orecchie a decantare le parole nel più lungo percorso, soppesarle mentre galleggiavano nell'aria. Dopo il pericolo, dopo la discussione, facce squarciate dal riso come melograni maturi.

Ma la sua, schiaffeggiata da venti aridi d'altre latitudini, era un'altra faccia. Il colore, grigio, come stropicciato in brace spenta di camino. La pelle tirata sulle ossa, a scavare ombre dolorose come ferite. Faccia intagliata in legno ombroso di sottobosco e occhi muti abbacinati da buio caduto nell'anima. Mai un sorriso a scuotere labbra strette e serrate, nell'ascolto e nella parola. Parole rare a varcare quella soglia e quella guardia risoluta, uscite a fatica, come tradimenti. Le parole tradiscono sempre. Ingarbugliano, rimandano, ingannano. Labbra che ogni volta faticavano a rinnegare la fine decretata dei discorsi. Aperte a malapena, di controvoglia. Come non potesse uscirne che veleno. E voce adattata alla malasorte di essere messaggera del tradimento. Callosa e monocorde, senza alcuna curvatura. Ad allontanare ogni complicità col carico che portava.

Uomo del Sud, di chissà quale Sud. Terra secca e improvvido cemento. Cemento, miseria e sogni macilenti. La galera seconda casa, e prima scuola. Unica scuola dell'obbligo, cui era iscritto dalla nascita. Dove imparare la violenza sulla carne. E quello che era riuscito a vedere della Giustizia. La spada per quelli come lui e la benda sugli occhi per quelli che lo tenevano dalla parte della lama. La bilancia a pesare il prezzo dell'impunità.

E le mani: lunghe e nodose. Angustiate dal non aver mai trovato un impegno che desse altro senso dal rancore e dalla ferocia di vivere. Dal non trovare immediata, poi, la strada della rivalsa. Mani, rare in quei tempi, a non cercare neanche conforto di sigaretta da girare tra le dita. Come fosse distrazione, inopportuna concessione al rilassamento, al tempo che non doveva allungarsi. Troppo stretto, troppo nemico, troppo scarso e sempre in agguato. Non c'era altro tempo da strappare al destino. Non per lui che aveva lasciato le sbarre sovraccarico di una sola, vendicatrice, promessa. Ma a guardarlo, con quella rabbia incancrenita che gli aveva prosciugato il sorriso, sembrava che il tempo fosse già finito, che dovesse recuperarlo, riportarlo indietro a morsi per compiere quello che doveva compiere. Svuotare in fretta la sacca colma di tutti i minuti che avevano ferito, per arrivare all'ultimo che uccide.

E quell'appartamento disadorno. Un letto sfatto, l'armadio di plastica con una giacca, un altro paio di pantaloni, e grucce spoglie e bianche come ossa di vite già consumate. La piccola moka ritta sul fornello: minuscola sentinella dal berretto nero lasciata a guardia della sua solitudine. Lo stipetto con le scatole di tonno e di fagioli. Perché altro non serviva a nutrire quel corpo magro, teso, che prendeva altrove la propria energia. E il cassetto del comò con le armi e con i soldi. Messi lì da una parte, strumento tra gli strumenti, in un mucchietto in cui buttava le mani irrequiete quando aveva finito quelli che portava in tasca. Quei soldi: una volta tutto nella sua vita; prima capisse che erano vana rincorsa. Pezzi di carta fuori corso per comprare l'illusione di un'altra vita. Ma la vendetta, almeno quella, potevano comprarla. Ad altro non servivano. Da sempre stampati col sangue, nel sangue dovevano tornare.

Mi camminava a fianco guardingo nella città nemica: piena di aliti freddi, di occhi opachi e sospettosi. Le lunghe gambe legnose e spedite, le orecchie attente alle mie parole ma scompagnate dagli occhi, lenti intorno, a sondare il pericolo. Cercare, guardare, scoprire. Con cautela, da lontano. Poi più vicino. E arrivava la paura. Lui un leggero fremito del naso affilato. Nulla più.

Inutile parlare. Inutile confondere con la fugacità delle parole la diffidenza dei passi. Scrutava, concentrato come volesse attraversare i muri con lo sguardo. Come fosse pronto sempre, subito, all'assalto all'arma bianca.

Eppure le parole arrivarono e ci separarono. Le parole che confondono e sviano. Le parole che allungano il tempo della promessa. Lui e i suoi, i pochi scampati a morte e galera, avevano già spremuto tutto il tempo dell'attesa. Con gesti orgogliosi di rassegnata abitudine avevano raccolto i loro fagotti vagabondi per finire l'ultimo viaggio.

Ora erano soli. Lo erano sempre stati.

Soli anche ora nel crepuscolo degli anni Settanta, mentre le strade si arrossavano di nuovo di molotov e di sangue. E tutti quei giovani accalcati nelle piazze delle città. Attraversati con sguardo corrusco e non capiti, mentre camminava controllando che la sua ombra non risaltasse troppo lungo i muri. Li guardava e certamente non li amava. Arrivati con la loro confusione a ingarbugliare le ostinate geometrie del suo cammino. La vendetta che gli spingeva il sangue nelle vene, la giustizia rivoluzionaria, erano altra cosa. Conoscevano il loro nemico, lo guardavano negli occhi. Lui sa perché sei lì. Sa che sei lì per presentare il conto. Non c'è altro da fare, altro da dire. Tutto il resto solo rumori di fondo che rincorrono il vagheggiare delle parole.

Lui aveva la sua strada, battuta palmo a palmo

dal passo accanito. Anche in pochi, anche da solo. Fino alla fine.

Ma arrivò lei a specchiarsi sulle pareti nude dei suoi sentimenti. Lei, donna guerrigliera, evasa alla vecchia maniera. Sbarre segate e lenzuola dalla finestra. Coraggio da vendere che neanche un maschio. Bella di Sud, di sole e di vento. Scura e scarmigliata, labbra di ciliegio d'inverno, resinose e imbronciate. Con quei pantaloni larghi e camicie due misure sopra, che pure faticavano a nascondere la femminilità che ora andava negata, rimandata a un'altra vita. E quei grandi occhi ombrati dalle lunghe ciglia, cupi e risoluti a scoraggiare qualsiasi distrazione dall'odio che pure, contro la sua volontà, non riusciva a renderli implacabili. E per un attimo, seguito da chissà quanti altri, martellanti sul granito della rinuncia, lui deve aver vacillato. Quella donna, senza trucco nei suoi larghi camicioni, scompigliava comunque i suoi gesti solitari, i suoi rituali silenziosi scanditi dal battito sordo dell'ultimo appuntamento.

Poi, qualcosa deve essere successo. Poi il crinale delle solitudini deve aver sparigliato la crudezza dei proponimenti. La disperazione, accovacciata segretamente nel fondo dell'odio, scatenato la rivalsa delle emozioni.

Baci di donna, ora. Levigati e saettanti. Non quelli impacciati e assolati trafugati con le ragazzette del paese; giù tra gli assi del cantiere polveroso di quell'ospedale mai finito. Né quelli negati, e mai cercati, delle puttane di città. Di porto, di stazione, di night. Tra una rapina e l'altra. Tra una galera e l'altra.

Poi, nel giorno, gli occhi riprendono la loro veste

di lutto. I fremiti strappati alla notte castigati nel rimorso di quelli agli altri negati. Il viso di lei altero sulle pagine dei giornali. Bagliori di bellezza cui non sono sufficiente attenuazione remissività d'abiti e gesti. Camminano separati. Gli occhi di lui a scandagliare intorno ostili, a voler scansare da lei insistenza di sguardi che porta il pericolo.

Stanno tornando nell'appartamento in cui ora, ai suoi oggetti solitari, si erano aggiunti quelli di lei: una spazzola, le calze ad asciugare, una scatola di assorbenti. Su quell'autobus lui è dietro, sulla piattaforma, lei davanti vicina alla porta. Lui scruta la gente dentro; quelli che salgono. Poi gli occhi tornano inquieti alla schiena di lei, a sincerarsi sia ancora lì negli attimi che l'hanno abbandonata. Un uomo giovane, poco più avanti, la sta fissando. Non è il primo.

Ma lo sguardo è diverso. Negli occhi non bramosia, ma faticata concentrazione. Ora si muove, si fa largo ansioso tra la gente accalcata. La raggiunge, le mette una mano addosso. L'altra a tirar fuori la pistola.

*È giovane, gli vedo la faccia protesa del cane da caccia e la vuole. La vuole chiusa tutta una vita dietro muri e cancelli, malmenata da uomini coi denti marci e palpeggiata da donne coi capelli tinti. Non gliela posso lasciare. Lui è giovane, ma non gliel'ho messa io in mano l'arma; così giovane. Lei si divincola, lui ha la pistola puntata, parte un colpo, li raggiungo. Sparo una, due volte. Cade. Fuggiamo. Lei è ferita, la manica della larga camicia inzuppata di sangue. Mi giro. Lui è a terra. Non è il primo. Ma è il primo volto sconosciuto.*

Era giovane, sì. Un altro giovane del Sud polveroso costretto a negare la speranza. Spogliando la terra e mandando altrove a riscattare una vita che non è mai la tua. E nulla sapeva dell'odio disperato che aveva armato quell'ultima pallottola.

Era giovane. E forse si era ritrovato dall'altra parte solo perché il caso l'aveva fatto nascere qualche strada più in là. Giusto oltre il labile confine col buco nero in cui lui non era riuscito a trovare altro nutrimento che violenza e rancore.

Le loro facce su tutti i giornali. Il quartiere battuto palmo a palmo. L'appartamento rovistato e sbattuto in prima pagina come un bordello satanico. L'armadio di plastica, le grucce bianche, le calze appese, i pochi vestiti sparpagliati sul letto, tutto sossopra. Anche la piccola moka rovesciata sui fornelli, come abbattuta dopo vana resistenza.

Nessun aiuto per loro, venuti da troppo lontano a portare nella città nemica la vendetta di luoghi dimenticati: Villa Bibò, Bad'e Carros, Buon cammino. Nomi ingannevoli su portoni che nascondono l'Inferno. E lui, guardando la carne di lei aperta, ha occhi e bocca ritorti dal biasimo. Doveva proteggerla, ma aveva capito troppo tardi il pericolo. Lei ferita, il poliziotto morto. Ma il volto scarnificato dall'assenza di parole dice anche che era nel conto. Tutto era nel conto.

Poi la solitudine li riavvolge come figure evanescenti nella nebbia; lasciando nella mia apprensione una lama di rimorso.

Abbiamo sbarrato l'ultima porta nel loro muro di desolazione. Come se la malasorte appiccicata ai cromosomi si potesse raschiar via con l'ideologia. E sotto, malevola, nascosta, vigliacca, la vanagloria. Se loro sbagliano, noi siamo nel giusto. Dicono così anche i ricchi dei poveri: che l'occasione c'è per tutti solo che loro non riescono a coglierla. Come se povertà fosse vestito che al mattino si può buttar via per metterne altro. Povertà non è il contrario di ricchezza. È smarrimento a immiserire l'anima, i pensieri, i desideri. Lui aveva capito quello che i ricchi non dicono. L'occasione è come la terra: se uno ne ha di più vuol dire che a qualcun altro è stata tolta.

E arrivò luglio sudato di torrido sole. Asfalto liquefatto, vaporoso come pozze sulfuree. Notti travagliate di madore, giorni appiccicati alla schiena come sanguisughe. E nelle mie mani serrate quei maledetti giornali ancora inzuppati nell'inchiostro nero delle cattive notizie.

L'avevano riconosciuta di nuovo; nonostante i grandi occhiali scuri. Le labbra carnose, la larga fronte e la sfida di quegli zigomi sfrontati. Seduti sulla scalinata di una chiesa fuori mano. La pattuglia avanza lenta. Si ferma. L'attimo già scritto è arrivato. L'ultimo di quel mondo opaco e parallelo il cui battito è raccorciato dall'odio.

*Devo portarli via da qui, lontani da lei. Giù per le scale, dall'altra parte. Due colpi di revolver. Via di corsa. Altri due colpi. E ora uno mi è dietro. Spara. Una fitta alla gamba. Mi fermo. L'ultimo colpo si perde lontano. Poi cado sul selciato. L'arma vola via. Vuota e inutile come una chitarra senza corde. Mi è sopra, mi guarda. Punta la pistola. Vedo il lampo di luce; più veloce del proiettile. Ma non ho mai udito lo sparo; più lento della morte.*

# PIAZZA FONTANA. LA SPINTA ALLA VIOLENZA?

Pare sia un leit motiv, sempre nell'ottica della cultura vittimista della sinistra – ed è assai strano che se ne faccia portavoce anche un Curcio che proprio in quel 1969 ha dato avvio alla scelta ultra soggettiva della lotta armata – affermare che la strage di piazza Fontana abbia segnato uno spartiacque nell'uso della violenza. Ora non voglio certo dire che lo Stato, in tutti i suoi svariati pezzi, non abbia giocato un ruolo determinante nell'esacerbarsi dello scontro, però i prodromi dello sviluppo che avrebbe avuto l'uso della violenza da parte rivoluzionaria si erano già manifestati appieno nel corso di quel 1969. L'anno del caldissimo autunno operaio. Solo per citare un episodio, sono del luglio gli scontri violentissimi a Torino tra operai FIAT e militanti rivoluzionari e la polizia. E già tutto era lì. La pentola delle lotte operaie era esplosa portando lo scontro nella città. E da lì avrebbe preso comunque la sua strada. Piazza Fontana o non piazza Fontana.

Un conto non torna nei fatti di quel 12 dicembre. E sono le due bombe esplose a Roma all'Altare della Patria più o meno alla stessa ora di quelle di Milano. Non tornano perché, anche se sempre addebitate a medesimi esecutori, fecero solo il botto. Mentre un'altra, sempre a Roma in contemporanea, fu piazzata fuori da un'agenzia BNL anziché dentro, causando solo feriti. Una remora? Quella alla Banca dell'Agricoltura di Milano fece sedici morti, e altrettanto sfacelo avrebbe fatto quella alla Commerciale, trovata per tempo e improvvidamente fatta brillare. Per quanto sia difficile spiegarsi quelle due innocue bombe a Roma, quelle di Milano, come tutti ormai credono, sono certamente di mano fascista. E se su qualche cosa può avere influito è stata la confusione sulla reale portata dello scontro tra vari e diversi potentati capitalistici, politici e istituzionali in quei momenti di passaggio e sconvolgimento sociale. Chi più chi meno, tutti semplificammo. Erano tutti fascisti. Tutti quelli «contro». Compreso quel Fanfani che fu bersagliato dalla campagna sul «Fanfascismo» e il cui progetto presidenziale, e autoritario, voleva sì cavalcare la tigre dell'ondata di destra provocata ad arte dalla strage ma anche, probabilmente, contenerla. Perché, di certo, assai più autoritari erano gli intenti di chi quella strage aveva orchestrato.

Ambiguità, a livello politico, ce n'erano sempre state. Come quando negli anni Sessanta il congresso del MSI a Genova era un avviso ai socialisti da parte della DC. Vogliamo governare con voi ma se non ci state sdoganiamo il MSI e andiamo avanti con i partiti di destra. Ma i giochi più sporchi erano altrove giocati.

I fascisti, quelli veri, con le bombe avevano una grande dimestichezza. Ne avevano già messe prima di piazza Fontana. E quello che hanno combinato dopo si sa. Stragi a non finire. Anche se quei veri terroristi di bomba più che fascisti erano nazisti. Un'ideologia, il nazismo, ben più salda e violenta del nostro fascismo. Più acconcia al super io purificatore e sterminatore di chi è stato capace di ammazzare gente qualsiasi a grappoli. E qualcuno nello Stato, più di una volta, ci ha messo lo zampino. Se non a fare, certo a coprire. Da quella parte – e da quella dei mass media che subito si buttano sulla prima stupidaggine a effetto che passa il convento – si è detto di «servizi deviati». Che è una locuzione eufemistica e autoassolutoria per dire che facevano quel che gli pareva. O meglio facevano quello che secondo altri ordini dovevano fare. Ordini

253

non del potere politico ma interni al loro mondo parallelo che si muoveva per altre logiche rispetto a quello politico. Il suo assunto era lo stesso, fermare il comunismo. Ma con altri mezzi cercato. A qualsiasi costo, e con qualsiasi alleanza. Soldati, difendere la Patria. Il vasto mondo di quelli che operavano «dietro». Quelli che fino agli anni Sessanta correvano sull'altro lato della strada assieme al potere politico. Poi questo, seguendo cautamente e con più lungimiranza la legge delle esigenze di governabilità, aveva fatto una curva a sinistra, mentre loro avevano continuato dritti.

Fascisti anche quelli dei «servizi»? Se alcuni ce n'erano, non era da altri fascisti che prendevano gli ordini. Erano agenti della democrazia. Li usavano, i fascisti. Come per il presidente dell'ENI Enrico Mattei erano per loro un tassì. Pagavano la corsa e scendevano. Anche se a volte gli rimaneva qualcosa impigliato nello sportello. Da militari e uomini d'azione non avevano in grande simpatia la politica. Troppe ambiguità, troppi voltafaccia. Si ritenevano loro, di contro alla variabilità di quella, la vera ossatura della democrazia. I veri e sempre all'erta difensori. Non erano fascisti, erano patrioti. Magari, per quelli che qui avevano organizzato tutto ciò che era «dietro», la patria era molto lontana, dall'altra parte dell'Oceano, ma la difendevano ovunque fosse necessario. Il patriottismo era un punto di contatto coi fascisti. E di tutte le conseguenti ambiguità. Fino alla copertura di alcuni di quegli stragisti che, probabilmente, hanno agito per conto proprio, ma che rientravano nel vasto arcipelago della loro manovalanza o delle loro variegate alleanze. Anche se era gente che i fascisti, e i nazisti, li aveva combattuti in guerra. E dobbiamo andare ancora più indietro.

Le vicende degli anni Settanta avevano radici vecchie. Senza andare a cercare l'uovo del serpente ci si può fermare al punto che ha determinato l'Europa per quello che è. Perché lì sono gli antefatti. E, sicuramente, il retroterra storico e ideologico delle BR.

Uno dei capostipiti politici di questi agenti della democrazia poteva essere quel Churchill che, mentre combatteva i nazisti con le unghie e con i denti, fece di tutto per rimandare l'invio di aiuti militari americani all'Unione Sovietica stremata dallo stesso assalto. Per averla più debole a guerra finita. Perché, diceva in sostanza, la democrazia sarà pure la peggiore forma di governo ma i totalitarismi sono ancora peggio. E appresso a lui tutti gli altri che mentre era in corso quella battaglia già pensavano a premunirsi per quella futura. Sono gli stessi che probabilmente, a prenderlo loro, non avrebbero ucciso Mussolini, per farne non si sa bene che. Sollecitando così, se ne ce fosse stato bisogno, i partigiani comunisti a passarlo per le armi. Quando per le mani lo ebbero loro. Con lo scempio dell'omicidio di Claretta Petacci e quello successivo di piazzale Loreto, cui accorsero anche quelli che fino a pochi giorni prima avevano continuato a osannare Mussolini. Scempio fondativo della nostra violenta Repubblica e a monito. Illusorio, quanto la rivendicazione che i nostri conti volevamo chiuderceli da soli. Perché poi l'epurazione dei fascisti, col PCI accomodante, fu all'acqua di rose.

Era gente come quelli dell'OSS, poi CIA, che avevano dato la pelle per fermare il nazismo e avevano appoggiato la guerra partigiana. Fino al punto che, intuito il pericolo della sua egemonia comunista, avevano chiuso il rubinetto e avrebbero fatto di tutto per indebolirla. Era gente come quella che aveva tirato fuori di galera Lucky Luciano per garantirsi l'indispensabile appoggio della mafia durante lo sbarco in Sicilia nel '43. Per poi – e da lì tutto viene, da Portella delle Ginestre al politico «terzo livello» mafioso – rimpiazzare i fascisti nelle amministrazioni con uomini da quella «consigliati». Tanto quanto avevano fatto i francesi lasciando Marsiglia nelle mani della Fratellanza Corsa per il formidabile aiuto che aveva dato nella lotta contro i nazisti. «Ragioni di Stato» anche queste. Derogare su qualcosa per salvare il tutto. È il realismo politico da cui non si può prescindere.

Erano gente come i militari ribelli dell'OAS, che nei primi anni Sessanta minavano la casbah di Algeri e avrebbero sterminato metà degli algerini perché l'Algeria restasse francese. La patria. Ma anche quelli dell'OAS erano eroi di guerra, scappati dai campi di prigionia nazisti e di nuovo a combattere nella Resistenza. Medaglie a non finire. E un seguito nell'esercito, e non solo lì, che il generalissimo De Gaulle se lo sognava.

Tutta gente che poi ha continuato ad agire su quella direttiva anticomunista. Frammischiando i sogni di un'Europa fascista dei gruppuscoli agli interessi strategici delle agenzie statunitensi, che anche su quei sogni poggiavano il rafforzamento del loro blocco anticomunista. Un bailamme esplosivo in cui direttive centrali e iniziative soggettive tangenziali si mischiavano dalla sera alla mattina.

Anche qui da noi il nemico da fermare, da distruggere era il comunismo. Non era nel conto dei Tre Grandi che l'Italia potesse finire nell'orbita sovietica. E Stalin non aveva interesse a infrangere quel patto. Aveva avuto il suo impero. Ma non si sa mai. Poi sarebbe stato troppo tardi. Avevano già commesso l'errore di lasciare troppa corda a Hitler e cara gli era costata. Meglio non ripeterlo. E il PCI, poi, poteva sempre vincere le elezioni, arrivare al potere senza colpo ferire. (Il fronte delle sinistre era arrivato al 31 per cento nel 1948, al 34 per cento nel '53, al 36 per cento nel '58, vale a dire che milioni di italiani vedevano nel comunismo la propria salvezza.) Andava evitato, a ogni costo. E il costo sono stati miliardi di dollari a sostenere governi anticomunisti e, dall'altro, a limitarne la sovranità. Perché la politica è la politica, meglio non fidarsi fino in fondo. E così, sulle attività anticomuniste illegali, i nostri agenti della democrazia non dai propri governi prendevano gli ordini ma da loro.

E gli americani erano talmente convinti della legittimità della loro, segreta, dottrina sulla sovranità limitata dei Paesi alleati, da riportarne le conclusioni anche in documenti non segreti. Nelle pagine introduttive di un manuale d'addestramento dell'esercito americano del 1970, firmate dal generale Westmoreland, si leggeva: «La struttura democratica deve essere sempre la benvenuta, sempre inteso che [...] essa soddisfi i requisiti della posizione anticomunista», altrimenti «bisognerà porre la nostra seria attenzione sulle possibilità di modificare la struttura in questione». Vale a dire che ogni soldato americano, e tanto più ogni agente «occulto», doveva sapere di poter essere chiamato non solo a difendere ma anche a «modificare» la democrazia. Nel superiore interesse degli Stati Uniti. In soldoni, abbiamo dato la democrazia ai Paesi europei sconfiggendo i nazisti, e aiutandoli con miliardi di dollari nella ricostruzione, ma se non sapranno usarla per contrastare efficacemente il comunismo gliela dovremo togliere. (L'esatto rovescio della teoria da sempre applicata nell'Impero sovietico.)

Da qui, prima di giungere a quel punto estremo, macchinazioni e provocazioni a non finire, dal dopoguerra in poi. Infiltrazioni, spionaggio, e «strana» gente in piazza, ricordava Ferruccio Parri, che veniva vestita di panni militari e giù a menare contro i comunisti. O, al contrario, infilarsi nelle manifestazioni e tirare allo scontro. Erano gli anni, fino ai nostri a cavallo della fine degli anni Sessanta, in cui i cordoni della polizia si aprivano «misteriosamente» per far passare i fascisti che dietro scalpitavano contro di noi. Per poi richiudersi, dopo che avevano compiuto il loro lavoro, e noi li inseguivamo per rendergli la pariglia. E giù altre botte.

Per finire alle ambigue complicità con quelli che poi, avviata in quel senso la macchina, avrebbero fatto strage. È esecrabile, anche se a tanto quegli agenti non avessero voluto forse arrivare. Forse. E forse se ne sono rammaricati, anche se più probabile che no. Perché del tutto inutile non è stato. Il PCI, convintosi che al potere da solo non avrebbe retto per più di mezza giornata, scese a ben più miti pretese, finendo per dire che si sentiva più sicuro sotto l'ombrello della NATO che sotto quello del sovietico Patto di Varsavia. Ma anche quegli agenti, solo a quello guardando, non hanno forse calcolato fino in fondo che tutta quella loro frenetica, e criminale, attività ha portato a esacerbare una situazione già di suo incarognita. E, per le BR, a contribuire a creare la visione semplicistica dello Stato Imperialista delle Multinazionali.

(Mi dici che tu, allora ventenne segretario della FGCI a Salò, hai vissuto in prima persona la strage di Brescia del '74. Con tutti che, appena saputo della bomba, si affannavano nella sezione per fare il conto di chi c'era e chi non c'era. Ma le linee telefoniche erano saltate e restaste lì in febbrile attesa. Tornarono tutti tranne uno. Avete perso a piazza della Loggia un vostro compagno. Cui poi è stata dedicata una piazzetta a Salò che l'anno scorso la giunta di centrodestra voleva rinominare. Così va qui da noi. L'importante è cancellare. Cancellare lo sporco. Fare pulizia. Lo sporco crea disagio.

E subito dopo, per la strage dell'Italicus, mentre tutti volevate andare a Bologna per urlare il vostro raccapriccio e per fare muro all'assalto, venne l'ordine dal Partito comunista di non muoversi. Meglio che no. Forse l'ha fatto per il vostro bene. Forse temeva che scoppiasse qualche altra bomba. Destra o sinistra non fa grande differenza. Cancellare dopo, non vedere prima.)

## LA SUA WATERLOO

Nella Sant'Elena dei suoi rimpianti il generale sconfitto sarà spesso riandato con la mente a quella sua decisiva battaglia. Quella che anche l'altro perse non come grande condottiero ma come improvvido comandante. Aveva trovato il nemico ma indugiò, timoroso del pantano in cui non sarebbe riuscito a far muovere la sua veloce artiglieria. Sapeva di avere due nemici, ma sottovalutò i prussiani che credeva fuori gioco. Il nemico vero, da sempre, erano gli inglesi. Mal gliene incolse, perché mentre si accaniva contro i primi, sperando nella superiore potenza d'assalto delle sue truppe, gli altri, quelli sottovalutati, lo colpirono ai fianchi facilitando il compito degli inglesi.

Certo gli inglesi, il suo principale nemico, erano abili e di lunga tradizione guerriera, e avevano quella croce fiammeggiante nella bandiera che tanto spiccava nel campo di battaglia. Ma mai sottovalutare i prussiani. Usavano meno fanfare, la loro divisa era meno sgargiante, e la loro bandiera minacciosa ma meno fiammeggiante, però quando colpivano facevano male. Aveva sbagliato.

Per la storia quella vittoria arrise a Wellington, il «duca di ferro». Forse solo perché comandava le truppe dell'odiata nemica di Napoleone. Ma dalle cronache della battaglia risulta evidente che vittoria non ci sarebbe stata senza l'apporto determinante delle truppe prussiane. L'alleato.

Anche quello di Moretti, il nostro generale, era stato un grave errore tattico, non avendo tenuto nel giusto conto quelli che poi avrebbero dato un decisivo contributo alle sorti della battaglia. Non erano battuti come aveva pensato, non erano fuori gioco. Non era il PCI una mal messa ruota di scorta della DC, principale nemico. Non era quella la giusta battaglia dove giocare il tutto per tutto. O avrebbe dovuto prima attaccare. Quando il suo nemico era ancora solo sul terreno.

Avrà ripensato mille volte a quelle cruciali giornate, e quando rari visitatori si sono spinti fin nell'eremo del suo ritegnoso silenzio – ma forse più, altezzoso – ha condiviso con essi i suoi pensieri.

Ha riattraversato il campo di battaglia di quella primavera del 1978 e rimesso in rassegna gli antichi nemici dando a ciascuno il suo posto d'onore. Non quello dato allora ma quello rivalutato col senno di poi. Non la DC il nemico ma l'asse DC-PCI. Sempre col senno di poi, ha rielencato in bell'ordine tutte le loro mosse e contromosse per giungere alla conclusione che a quelle forze soverchianti era impossibile opporsi. Nonostante l'audacia del primo attacco si era poi ritrovato senza grandi spazi di manovra. Fu costretto a perdere. Lui aveva fatto quanto aveva potuto. Sì, lo sollecitano al ricordo i visitatori, gli era stata suggerita un'alternativa. Uno sganciamento che avrebbe almeno salvato il salvabile. Più che suggerita riposta a mente, perché lui aveva tutto valutato, non aveva bisogno di suggerimenti dai suoi sottoposti, ma era un'alternativa irrealizzabile, non più praticabile. A quel punto della battaglia. Ma, forse più, a quel punto della storia.

Forza la mano del ricordo Moretti, quando afferma che il dissenso mio e di Adriana rimase isolato anche dopo che ne aveva messo al corrente tutta l'organizzazione. La forza perché non lo fece. E difatti due degli altri tre del Comitato Esecutivo che guidarono con lui la battaglia, Azzolini e Bonisoli, hanno testualmente detto di non averne mai saputo nulla. Credo a loro. Perché, a differenza di lui, hanno rievocato quei fatti spogliati dal filtro della politica. Perché non si può chiedere alla politica di guardare imparzialmente a se stessa. Quindi quel disaccordo sulla fine di Moro lo tenne per sé.

(Il dissenso politico sull'abominio di uccidere un prigioniero lo ha chiamato «eccentricità». E sarebbe stato tempo perso mettere a conoscenza gli altri di una «eccentricità». Ma eccentrico rispetto a che? A rileggere questo particolare dal punto di vista cui prima siamo giunti, e cioè che nella vicenda Moro tutti hanno recitato seguendo la traccia di un copione già scritto dalla storia, si potrebbe dire che questa affermazione, la parola usata, potrebbe non essere peregrina più di tanto. L'eccentricità era che, tra i pochi, Adriana e io non avevamo seguito il copione recitato dai personaggi principali. Eravamo i velleitari che in quel momento andavano contro il senso delle cose.)

C'erano delle regole. Il disaccordo, se lo avesse comunicato, avrebbe dovuto essere discusso. Discutere, scrivere, riunire, valutare. Non c'era tempo in quel momento alla fine d'aprile del 1978. E troppi rischi. Non si riuniva neanche la direzione della DC, che stava in piazza del Gesù, figuriamoci se poteva riunirsi la direzione delle BR. Che neanche c'era. Un organo consultivo, la Direzione Strategica, riunito alla bisogna per approvare il già deciso e poi sciolta e tutto in mano al Comitato Esecutivo. Come si conviene in qualsiasi partito. L'organo che si riuniva era quello del PCI. Ma lì, e in tutto il Partito, erano soldati ancora più disciplinati. (A parte il vecchio Terracini che, per quanto tra i padri fondatori, era sempre stato disattento alle necessità tattiche. Un altro eretico. Uno che ai tempi aveva osato mettersi a discutere con Lenin, aveva poi addirittura criticato il «compromesso storico», e ora firmava appelli affinché si facesse qualcosa per salvare la vita di Moro.) Ma lo specchio delle BR era la DC. Lo Stato. Quel che loro sembrava facesse lo Stato borghese, lo Stato proletario, dentro quello incuneato, riproponeva.

(Quello Stato – in non poca causa per la spinta del PCI che per il portato di un'ideologia totalitaria era statalista fino alle estreme conseguenze – rappresentava un modello che ben si confaceva all'idea di Stato delle BR. Uno Stato etico che poneva la vita dei singoli al di sotto di quella di se stesso. Lo Stato, in quanto garante della vita di tutti, poteva disporre di quella dei singoli. Potrebbe dirsi che le BR, pur non trovandosi di fronte il loro SIM, abbiano fatto di tutto per confrontarsi col nemico che volevano. Uno Stato a esse uguale e contrario. Mentre, pur non essendo il SIM, era quello Stato ad aver trovato in loro il nemico perfetto. Quello che contrapponendosi da pari a pari, e chiedendo l'impossibile armi alla mano, gli ha consentito di mostrare una saldezza ben lontana dalla realtà.)

Il potere è potere. Quando c'è rischio di frattura meglio congelare. Per le BR non era in ballo una decisione diversa ma soltanto il suo ipotetico rischio. Il rischio della mancanza di unanimità proprio delle organizzazioni comuniste. Anche discutendo nulla sarebbe cambiato. Gli altri tre del Comitato Esecutivo sarebbero allora volentieri scesi a Roma per giustiziare quei due che «voltavano la schiena di fronte al nemico». Tutti gli altri nelle altre colonne non erano in grado, e non sarebbero stati messi in grado, di valutare. Moretti lo sapeva. L'aveva già visto a Roma, quando gli altri dirigenti della colonna, che giocoforza lo sapevano, assistevano immusoniti alla diatriba. No. Quel dissenso non sarebbe andato oltre, era contro il senso delle cose, inutile parlarne. E no, nulla poteva fare d'altro da ciò che aveva fatto. E aveva tentato. Il potere voleva Moro morto.

Un modo a rovescio di costruirsi il proprio mito. Non per la gloria di ciò che è stato fatto ma per l'impossibilità, altrettanto gloriosa – come il Leonida delle Termopili – di vincere contro la forza preponderante del nemico. Opporsi all'altrui costrizione. Certo, Moretti riattraversando tutta l'epopea riconosce l'errore, si biasima per alcune cose, ma sulla battaglia decisiva si schermisce. Dice in un punto, quasi sottovoce, che forse l'errore fu non riuscire a sottrarsi a quella scelta. (Argomento semmai valido per chi era dall'altra parte, ma alquanto bizzarro per le BR che Moro lo avevano in mano. Loro la scelta l'avevano.) Ma per il resto Moretti rilancia la palla. Tutti fecero niente o cose vane. Chi non voleva salvare Moro e anche chi lo voleva. Tutti piccoli uomini affannati a non trovare la soluzione possibile. Sembra quasi che l'unica cosa giusta alla fine, visto che nessuno si decideva, l'abbia fatta lui premendo il grilletto. «Un atto d'umanità in una società divisa in classi.» Come rivendicarono i capi storici subito dopo. (E questa del sacrificio come «atto d'umanità» è chiave su cui sarà il caso di tornare. Non è aberrante per quel che sembra ma per quello che c'era dietro. Non aberrazione degli uomini ma della loro politica.)

Moretti, nel suo libro intervista del '93, dice di essere in pace con Moro. C'è da credere che anche qui non lo abbia detto come Mario Moretti ma come ex capo BR. Dice anche che la frase di Moro «il mio sangue ricadrà su di voi» gli sembra esagerata. Quindi sarebbe stato in grado di valutare l'esagerazione. Non è che gli manchi la misura. Ma, ancora una volta, è tutto al contrario. La frase di Moro non era un'esagerazione perché così è stato. La sua invece, in nome di ciò che sono state le BR, appare come una spropositata esagerazione.

Ma l'affermazione di stare in pace con Moro, che a tutta prima potrebbe sembrare anch'essa aberrante, non lo è in sé ma per quello che sta a significare. È il risultato dello scorporamento, proprio di tutte le politiche e tantopiù di quella comunista, tra l'uomo e il politico. Il politico agisce in funzione di condizioni date, indipendentemente dalla morale dell'uomo. Poi, a cose fatte, a errori compiuti, continua a privilegiare il primo per mai arrivare a una resa di conti col secondo. Questa è la logica perversa di quella politica che noi abbiamo rotto con la dissociazione. Quando, messa da parte quella nostra identità politica, abbiamo privilegiato quello che c'era sotto, la morale, che dovrebbe spingere ogni azione umana, sacrificata all'ideologia. Ma anche su questo dovremo tornare.

# VECCHI E NUOVI PARTIGIANI

Ha perso in tutto Moretti, anche nell'onestà verso se stesso. (E non molto altro rimane per recuperare almeno in parte ciò che si è perduto.) Ha forzato la mano del ricordo a propria giustificazione e in nome delle br. Però può consolarsi, se consolazione è quella che cerca, aprendo una qualsiasi enciclopedia. Lì troverà la prova che almeno una battaglia le br l'hanno vinta. Di tutto ciò che è avvenuto in quegli anni, di tutte le speranze e gli errori di migliaia di giovani, di tutte le energie, e tutte le vite spese, da ambo le parti, ciò che spicca sono le br. Lì, nelle enciclopedie, le br sono riuscite ad assorbire tutto in sé. Solo perché, per quanto battaglia persa, hanno sequestrato e ucciso Moro. Perché, separandosi dal movimento rivoluzionario nella clandestinità, e mettendocisi sopra, avevano portato avanti la loro guerra solitaria contro lo Stato.

Lo aveva anticipato nello stesso libro, con l'altra spropositata affermazione che a cavallo degli anni Ottanta l'unica vera opposizione erano le br. (Anche perché gran parte del resto avevano dato loro una mano per affossarlo.) Ed è stato accontentato.

Molto più significativa sarebbe, a un riesame di quegli anni, l'esperienza di Prima Linea, con i suoi quasi mille inquisiti (quanto le BR). Quella non era un'organizzazione uscita fuori da vecchi manuali. Fondata nel 1976 si era poi praticamente sciolta nel movimento del '77, visto che lì era il punto più alto della violenza sociale. (Cosa che le BR neanche si sognarono e mai avrebbero fatto. Perché volevano sì chiamare alla lotta armata, ma se poi quella c'era indipendentemente da loro non era quella «giusta».) Poi, affievolitasi la spinta di quel movimento, ne divenne in modo diretto il braccio armato terroristico.

Prima Linea, creata, in gran parte, da ex militanti dei due più incisivi gruppi della sinistra rivoluzionaria, Lotta Continua e Potere Operaio, non aveva un programma di disarticolazione dello Stato come le BR. Nessuna progressione pedagogico-illuminista. Se le BR usavano il terrorismo per fini politici, Prima Linea lo usava credendo con quello di aprire spazi, rimuovere ostacoli al dispiegamento dello scontro sociale. Da un campo a un altro, senza un'apparente logica connettiva, perché la connessione non era come per le BR nella loro separata «strategia», ma nella tattica dell'evolversi dello scontro. Anche se poi, come in tutte le organizzazioni armate legate allo sviluppo dello scontro, era forte la componente giustizialista, punitiva.

Un dirigente della ICMESA coinvolto nel disastro di Seveso, un architetto che costruiva galere, un criminologo, un giudice antiterrorismo, il padrone forse «spione» di un bar dove la polizia aveva ucciso due loro militanti, un altro di loro che aveva tradito. All'occhio superficiale di quelli che tutto volevano meno che capire, poteva sembrare una copia delle BR. Mentre quello di Prima Linea era un terrorismo in sintonia con le esasperate vicende di quegli anni, a differenza di quello delle BR, che traeva la sua spinta originaria dalle mummie del Cremlino. E solo a quelle guardava per averne muta approvazione. Quelli di Prima Linea, che pure uccidevano per ogni dove, a sequestrare Moro, ed entrare così nella storia, non ci avrebbero mai neanche lontanamente pensato. Infatti non ci sono. E probabilmente non se ne crucciano. Non è stata una bella storia neanche la loro, ma quella delle BR, quindi anche la mia, ancora peggio.

I fondatori delle BR erano, invece, un gruppetto di maoisti-stalinisti di nessuna importanza, uno sputacchio nel vasto arcipelago del movimento rivoluzionario di quegli anni. E ora hanno un posto di primo piano nella storia. Non per un suo capriccio, simile a quello che fa ricordare Napoleone più grande di Wellington, o Annibale più grande di Scipione, ma come risultato del suo mascheramento. Favorito dall'interessato vizio di quegli anni di privilegiare la cronaca, perché su quella era più facile condannare e nascondere, sulla realtà più radicata degli avvenimenti. E perché su un grande e solo nemico è più facile impapocchiare la memoria. Le BR da sole possono ancora essere fatte passare per un gruppo criminale. Dieci bande armate, e duecento diverse sigle a firmare le migliaia di attentati di quegli anni, possono diventare una questione politica.

Certo, non è di poco conto sequestrare e uccidere il presidente della Democrazia Cristiana. La notizia va comunque riportata in netta evidenza. Ma che si stagli su tutto, che tutto assorba in sé, sarebbe come racchiudere tutta la Resistenza nello sconsiderato omicidio del filosofo Giovanni Gentile. Che, quanto Moro, era alla sua epoca personaggio di sicuro spicco. Troppo, anche lui, rispetto alle reali responsabilità. Per quanto non avesse scorta, ma solo un autista, quando i quattro gappisti fiorentini arrivarono per ucciderlo. Oralità vuole che lo sparatore, giusto prima di premere il grilletto, gli abbia detto: «Non uccidiamo l'uomo ma l'idea». Come per Moro. Trentaquattro anni di distanza annullati in un'identica pressione di grilletto. Anche Moro non fu ucciso per l'uomo che era, ma per l'idea che le BR si erano fatte di lui. E cui non potevano rinunciare senza dover rinunciare anche a se stesse.

Certo, la Resistenza non è comparabile alla sovversione sociale e politica degli anni Settanta. Lì c'era da combattere un nemico crudele e sterminatore. C'era da dare un parziale, ma politicamente rilevante, contributo alla liberazione del Paese da parte delle forze alleate. E, si sa, Milano venne «liberata» quando le truppe tedesche e fasciste l'avevano già abbandonata. Mentre fino al giorno prima la folla aveva osannato Mussolini al teatro Lirico.

Cionondimeno fu lotta eroica e impari. Perché a Napoli nelle sue quattro giornate del '43, lassù su quelle montagne e nelle città occupate, molti combatterono e morirono. Però. Però quei partigiani, quelli comunisti ovviamente – e tra essi mio padre e tanti nostri padri – non «pensavano» di star facendo solo quello. Credevano, facendo quello, di preparare l'avvento della società che speravano. La società della giustizia, dell'uguaglianza e della fine dello sfruttamento dell'uomo sull'uomo. Una società comunista. Sognatori, comunisti rivoluzionari, teste matte.

Ora c'è da dubitare che lo pensassero ognuno per proprio conto, o ne parlassero la sera contando i morti e rabberciandosi un riparo dal gelo. Qualcuno doveva avergliclo detto. Magari soltanto per fornirgli maggior sprone nella dura guerra? Fatto sta che loro ci credevano. E non tutti, probabilmente nessuno, presero di buon grado l'ordine di disarmo a lavoro incompiuto. Tutti «disarmarono» solo ciò che era in evidenza, mantenendo tutto il resto ben sepolto e protetto. E anche qui non si sa se fu iniziativa individuale, di gruppi scapestrati, oppure un ordine preciso «dall'alto». Perché il lavoro era sì incompiuto, ma lo si poteva riprendere più avanti. Non si sa mai. Non perdete le speranze. Fu tattica per rabbonirli, visto che scalpitavano? Forse.

Alcune di quelle armi, cavate da dov'erano sepolte, sono poi finite nel primo arsenale delle BR. Qualcuno potrebbe dire, a ragione, che quelle poche armi passate alle BR sono state un fatto isolato, marginale. E magari che il PCI, il movimento operaio, è sempre stato contrario alla violenza. Si è sentita anche questa. Ci sarebbe da discutere, ma non è questo il punto, anche se poi quel «fatto» non fu poi così isolato. Il punto è che non di armi si trattava ma del passaggio alle BR, direttamente dal bagaglio comunista, dell'ideologia per usarle. Questo non spiega naturalmente, sarebbe giustificatorio, tutta la violenza di quegli anni. Perché, anche se con essa hanno convissuto vecchie ideologie, direttamente dallo scontro sociale è scaturita.

Il richiamo alla Resistenza «tradita» era solo un argomento quando ci si scontrava con quelli del PCI. E anche questo non per tutti. Ma loro, le BR, ci hanno creduto più di tutti gli altri messi assieme. Il lavoro lasciato a metà dai «traditori del proletariato» andava ripreso. Così come era cominciato. Con le armi.

No, la sovversione degli anni Settanta non è paragonabile alla Resistenza. Al sacrificio di troppi per emendare anche la moltitudine che fino a poco prima aveva osannato Mussolini. Non è paragonabile a quello scontro mortale con un nemico spietato cui tutti i migliori hanno partecipato. Comunisti, democristiani, liberali, azionisti, perfino monarchici. Anche se, a volte – come a Porzus contro quelli della divisione Osoppo, e poi dopo a guerra finita, contro membri non «conformi» del CLN – i partigiani comunisti hanno fatto massacro degli altri per meglio rivendicare la propria primogenitura. E si potrebbe dubitare che fosse soltanto una riproposizione del vizio della guerra di Spagna. Più probabile che fosse un «anticipo» di quello che per loro sarebbe dovuto avvenire «dopo».

Se si sposta il punto focale dalla guerra a ciò che quei partigiani speravano, a quel tanto in più che esulava dal presente della lotta contro i nazi-fascisti arrivando al futuro d'una società senza padroni, comunista, le cose cominciano a cambiare.

A esclusione delle BR le decine di migliaia di giovani che hanno attraversato gli anni Settanta urlando, e anche sparando, morendo e uccidendo, non sognavano la stessa cosa. Non certo la dittatura del proletariato. Ma una diversa società in cui ciascuno potesse essere libero di sviluppare la propria individualità, certamente sì. Allora quei partigiani potevano credere, e non avevano altri riferimenti, che anche questo potesse essere realizzato nella società comunista. Quei giovani, essendo le cose di molto cambiate, non lo credevano più. Ma il sogno, non la sua attuazione politica, sempre quello era.

E hanno apertamente manifestato il rifiuto degli schemi e delle strettoie di quella eredità ideologica. Un'eredità di cui a tutt'oggi nessun esecutore testamentario ha aperto le carte.

## Fazzoletti rossi

Mi aspettavo una casa a mezza collina, isolata, circondata dagli alberi. Invece, mano a mano che l'autobus suburbano s'inoltrava in quella estrema periferia di case basse e scolorite, l'incredulità iniziava a lasciare il passo allo sconforto. Sceso dall'autobus lanciai un'occhiata dubbiosa alla mia guida, senza trovare in quegli occhi guardinghi nulla che potesse sollevarmi. Era proprio lì. Si avviò a passo sicuro e lo seguii con rattrappita rassegnazione, come un bracciante il caporale che lo porta alla fatica in un podere sconosciuto.

Superato un angolo prendemmo per una strada sterrata ai cui lati sorgevano villette finite da poco. Attrezzi e impastatrici degli edili ancora dietro i muretti dei futuri giardini. I fili della corrente penzolanti da provvisori pali di legno. La nostra era lunga e stretta, affacciata sulla strada; sugli altri lati, giusto a pochi metri di distanza, altre villette. Non capivo proprio come avevano potuto scegliere un posto e una casa del genere. Era una follia.

Ci venne ad aprire un uomo, piccolo e mingherlino in una larga camicia a scacchi e capelli a spazzola brizzolati, che pareva sui sessant'anni. Ma poi seppi altre cose. Li aveva superati da un pezzo. La faccia seria e scavata, ma negli occhi, che mandò con finta indifferenza alle nostre spalle, brillava una luce intensa che pareva trattenuta come un cane da punta. Entrammo. Lui e la mia guida si abbracciarono portando ognuno la testa a poggiare dietro la spalla dell'altro. «Come stai?» e pacche sulle spalle. Grandi amici. Io mi sentivo sempre più spaesato.

Riccardo, la mia guida, non era ancora ai suoi trent'anni. La faccia solcata dall'ittero, o da chissà quale strano malanno, e due occhi neri piccoli e irrequieti, che sembravano continuamente sfidare l'ostacolo di un naso non lungo, ma adunco e sghembo da una parte. I suoi capelli, per quanto corti, avevano sempre un qualche ciuffo che se ne andava per conto suo, come se ogni mattina uscisse di casa appena sceso dal letto. I peli della barba mal rasati, rintanati e imprendibili nei solchi della pelle rovinata. Anche l'abbigliamento aveva sempre qualcosa fuori posto. La cravatta, lenta come un cappio o tutta storta come una bambola rotta, il bavero della giacca rialzato, una scarpa slacciata, la camicia mezza di fuori dai pantaloni. La prima volta che lo vidi mi fece venire in mente, un po' più cresciuto, l'Antoine Doinel dei *Quattrocento colpi*. Sempre in fuga da qualcosa, da qualcuno, troppo di corsa e troppo disattento per curarsi di quegli inutili particolari.

Non sapevo molto di lui, e quel poco l'ho saputo soltanto dopo. Sembra che, come l'alter ego di Truffaut, fosse orfano, passato da un collegio a un altro, e poi finito per qualche tempo mozzo di navi partite per i mari dal porto della sua Genova. Era sarcastico e iracondo. Quando non era lì a prendere in giro qualcuno, smadonnava contro tutto e tutti. Il governo, maledetti bastardi; quella cazzo di cravatta, che non sopportava proprio, lui abituato con maglionacci marinari buttati addosso alla bell'e meglio; le donne, maledette donne, che non gliela davano. Tanto che, così si raccontava, era l'unico ad avere dovuto chiedere soldi extra per andare a puttane.

Uno dei bersagli preferiti di Riccardo era il suo capo, Michele, che lui chiamava «posapiano», perché era lento, nei movimenti e nelle parole, quanto un bradipo – anche se un bradipo non ha parole, ma ci capivamo lo stesso –; e anche «Papaleo», perché era emigrato a Torino dalla Puglia con una scoppola in testa, un coltello a serramanico per tagliare il formaggio, e una valigia di cartone tenuta su con spago e odio attorcigliati. E quando ce l'aveva particolarmente con lui, se ne usciva con un: «Che ci si può aspettare da uno che non si lava i denti perché dice che la patina gialla è più protettiva di qualsiasi dentifricio?». Andava avanti così da quando l'avevo conosciuto, due anni prima. Ma avevo già capito che per Michele si sarebbe buttato nel fuoco. Come per qualunque altro compagno.

Era alto quanto me, nella media, ma aveva larghe spalle e un torace prominente che sembrava volersi propagare oltre il corto collo per congiungersi con la testa. Le gambe invece, in un goffo contrasto, erano magre e malferme, come avesse sofferto da piccolo di una qualche terribile malattia. Gliene veniva un'andatura ballonzolante che, nei momenti di compromesso equilibrio, lo faceva oscillare come un marinaio ubriaco.

La villetta a due piani aveva un enorme garage che ne occupava quasi tutto il pianterreno. Era lungo più di dieci metri e largo quattro. E questa, probabilmente, era stata la ragione, unica e insensata, per cui era stata acquistata. Lungo quei dieci metri di pareti e di soffitto, io e Riccardo dovevamo fissare pannelli insonorizzati per allestire un poligono. Un lavoro senza fine in quell'ottobre torrido come un ferragosto.

L'idea non era stata mia ma era venuta, forse complice la calura di quell'estate, a quelli del Comitato Esecutivo. Nell'organizzazione entravano sempre più compagni con poca esperienza e non gli si poteva mettere in mano una pistola, figuriamoci un mitra, senza un minimo di addestramento, dicevano. Ma lì, in quella villetta sulla strada, così vicina alle altre, anziché realizzare un addestramento si rischiava una retata. Riccardo mi disse che avevano pensato di far arrivare, di volta in volta, i compagni dalle varie colonne su un pulmino che poi poteva essere inghiottito dal garage. Bella idea. Ma poi, nei giorni che dovevano rimanere lì, cosa avrebbero fatto? Se ne sarebbero stati rinchiusi tutto il tempo e avrebbero girato per casa con le persiane chiuse, per non essere visti dal vicino che stava innaffiando il prato? Non mi piaceva. Non mi piaceva proprio. E per mettere su questa trappola per topi avevano distaccato lì me e Riccardo, due del Fronte Logistico, che già non riuscivamo a star dietro a tutti i problemi delle nostre colonne.

L'uomo che ci aveva aperto mi era stato presentato come Alberto e stretto la mano scuotendola con energia dall'alto in basso, come a comunicarmi con quel gesto vigoroso parole che non riusciva a dirmi ma che entrambi sapevamo. Lasciammo le valigie in una camera dabbasso e poi salimmo al piano di sopra. Un lungo corridoio percorreva più o meno lo spazio occupato di sotto dal garage. Altre stanze sia a destra che a sinistra e poi, al fondo, una porta aperta e rumori di pentole. Alberto ci precedette nel tinello e diede voce a una donna che ci era di spalle davanti ai fornelli. Era quasi ora di pranzo e si sentiva odore intenso di sugo di carne. Sul tavolo del tinello, giusto di fronte al vano da cui si vedeva la cucina, era aperto un giornale. Accanto, un portacenere con delle cicche e un bicchiere di vino rosso mezzo vuoto. La donna, magra e piccola, stava curva a rimestare in un pentolone. Indossava una camicetta dai colori sgargianti sopra una gonna nera a tubo. Ai piedi un paio di ciabatte. Si girò e un largo e breve sorriso le accese gli occhi induriti. Come il marito aveva la faccia marrone e secca di sole dei contadini, e una gran massa di ondulati capelli grigi. Dietro la filigrana delle rughe e l'opacità della dimenticanza, non era difficile cogliere la luce della sua bellezza di un tempo. Il naso dritto e fiero, con un accenno di volitiva protuberanza sulla punta, gli occhi grandi e neri. Muovendo la mano con gesto piatto e sbrigativo se la passò sul canovaccio che aveva in vita, e strinse la mia con dita forti e nodose. Dopo aver salutato anche Riccardo, la sua mano, in un movimento automatico e preciso, riafferrò la sigaretta che aveva lasciato alle spalle, vicino ai fornelli.

Non disse né «benvenuti», né «bene arrivati». Dopo averci scrutato con la testa leggermente inclinata frammezzo al fumo della sigaretta, e fatto intendere con gli occhi quello che il marito aveva comunicato con la sua stretta di mano, disse «tra poco è pronto». Il marito l'aveva chiamata Anita e durante questa presentazione l'aveva guardata con occhio ammiccante; come a voler condividere con lei una silenziosa conferma per un qualcosa di già detto tra loro.

Mentre scendevo al garage con Riccardo, mi accorsi che il fascino suscitato dai «padroni di casa» stava adescando il mio sconforto. Tanto da spingermi oltre i limiti della mia solitamente assopita curiosità. Noi eravamo tutti giovani. Loro da quale vita venivano? Mi aveva rivolto lo sguardo di prammatica per le domande da non farsi, poi aveva risposto sbrigativamente, ma con malcelato orgoglio, che erano due vecchi partigiani, membri durante la Resistenza dei SAP toscani. Capii tra le mezze parole, il resto non era difficile da immaginare, che erano in contatto da anni con l'organizzazione, ma nessuno se l'era sentita di rimettergli in mano una pistola. Così era stata colta l'occasione per dargli un compito facendogli gestire quella «struttura» di retrovia.

Mentre sedevamo a tavola sentii fermarsi sotto le finestre il motore di una grossa motocicletta. Una porta chiusa, passi sulle scale ed entrò nel tinello un ragazzotto di neanche vent'anni. «Ciao mamma, ciao papà» e poi ci strinse la mano impacciato sbattendo contro una sedia. Il giovane, capii, era un simpatizzante, ma non abbastanza da essere inserito, lui che l'età ce l'aveva, nell'organizzazione. Ma per la gestione della «struttura» agli occhi dei vicini, e di eventuali controlli, era necessario che abitasse con i genitori. Durante il pranzo Anita non parlò che a monosillabi. Si alzava in continuazione per andare in cucina a controllare, a preparare, a prendere qualcosa che secondo lei mancava da tavola, ma che nessuno aveva chiesto; sempre cercando nervosamente la sigaretta che aveva poggiato da qualche parte, per poi succhiarla avidamente stretta tra le dita secche e marroni di nicotina. Mi accorsi che si muoveva come impacciata. Ma non sembrava l'impaccio, già tante volte visto in anni passati nelle madri di compagni, della casalinga per la presenza di nuovi ospiti. Sembrava più un imbarazzo a ritrovarsi in quella villa così grande, così nuova e linda. Così costosa. Una casa da ricchi in cui lei, evidentemente, si sentiva come fuori posto.

Nel pomeriggio studiammo la situazione del garage, per trovare il modo migliore di insonorizzarlo. Non era facile. La difficoltà non era tanto l'insonorizzazione, bastavano dei pannelli al soffitto e dei materassi mobili da piazzare alle finestre durante gli spari. La difficoltà era fare il tutto senza che poi nulla apparisse agli occhi di un vicino, che in un giorno qualsiasi poteva passare davanti al garage aperto, o a quelli, ancora più pericolosi, di poliziotti durante uno dei controlli casuali che all'epoca erano frequenti. Già così, solo a pensarlo, era un lavoro d'inferno.

La sera, a cena, Alberto propose di darci una mano nel lavoro ma Riccardo gli disse che lui doveva gestire la casa e non poteva starsene rinchiuso con noi nel garage. Se bussava un vicino, o un vigile per qualche pratica, la casa era stata acquistata da poco, o si vedevano dei movimenti strani, doveva avvertirci e darci il tempo per decidere cosa fare. Alberto suggerì che avrebbe potuto montare un campanello che andava dal corridoio di sopra al garage e andare lui a comprare tutto l'occorrente. Anita continuava a fare avanti e indietro tra la tavola e i fornelli, a fumare ininterrottamente e a guardarci frammezzo al fumo.

  Dopo cena, mentre lei rigovernava in cucina – da dove arrivavano i rumori di piatti, di roba spostata e sistemata, improvvisi silenzi e lento ciabattare – noi tre, il figlio se ne era riandato con la sua moto, andammo nell'enorme salotto a sederci davanti a un piccolo televisore in bianco e nero. Probabilmente portato lì dalla loro casa di città, perché, nello spirito sparagnino dell'organizzazione, un conto era buttare un pacco di milioni per una villa-poligono, altro darsi alle spese pazze per un televisore a colori. Era sintonizzato su un'emittente locale e dopo un abborracciato telegiornale sui fatti della città, l'inaugurazione di una nuova scuola, il sindaco che aveva posto una corona al monumento dei caduti della Resistenza, e della campagna, un agricoltore schiacciato dal suo trattore, le previsioni sulla vendemmia, era iniziato un programma di varietà con comici di provincia e cantanti improvvisati. Mi sentivo più depresso che mai, ma non avevo il coraggio di chiedere ad Alberto di provare a vedere se c'era qualche film sugli altri canali.

Mio padre era stato partigiano ma di quell'esperienza non mi aveva mai raccontato granché. Ora c'era un'opportunità di soddisfare quella curiosità mai sopita e avrei voluto, anche contravvenendo alle regole, che Alberto e Anita si fossero lasciati andare a qualche racconto. Ma i pochi discorsi continuavano a girare attorno ai vini della regione, alla truffa del Chianti, che se ne mandava nella sola America più di tutto quello che era vendemmiato, alla casa, al lavoro da fare, al figlio che si era fissato con quella motocicletta.

Sembrava che le sole cose che potevano essere interessanti per me non lo fossero affatto per loro. O che, comunque, le vivessero con pacato riserbo. Il riserbo di chi aveva visto il peggio e lo aveva combattuto con le armi alla mano rischiando ogni giorno la pelle. E sapevo che in questo la retorica del sacrificio, l'epopea dei combattenti per la libertà non era stata scritta da chi l'aveva vissuta ma da chi, da sempre, aveva creduto i fatti subordinati alle parole. Per quelli che nei fatti ci si erano ritrovati, nella provvisoria sospensione del regno incontrastato delle parole, era come se la scelta dell'azione si portasse dietro una contrazione della laringe, come se, una volta impugnate le armi, le parole perdessero il loro senso e il loro valore. Il loro senso potevano riprenderlo quando l'azione era finita. Quando si ritornava a casa e ci si rivedeva con gli amici all'osteria, o alla sezione del Partito. Quando il tempo aveva sedimentato i ricordi trasformandoli in racconti per amici, figli e nipoti. Ma Alberto e Anita sembravano non aver nulla da raccontare, forse perché per loro la guerra, quella guerra, non era ancora finita.

La terza sera il discorso cadde sui possibili controlli in quella regione da sempre governata dalla sinistra. Alberto stava per dire qualcosa quando si zittì vedendo la moglie poggiare di scatto il bicchiere di vino; gli occhi riaccesi dietro una parete di limaccioso risentimento.
«Sono arrivati alla delazione organizzata, ai questionari antiterrorismo. Sono tutti dei venduti. Si sono venduti da quando Togliatti è tornato dalla Russia. Da quella che loro hanno chiamato "la svolta di Salerno". Che voleva dire il compromesso con tutti: popolari, liberali, addirittura i monarchici.

Fino ad arrivare all'amnistia per quelle carogne di Salò.» Bevve un altro sorso di vino e scosse la testa come a voler dubitare dei propri ricordi. «Quando siamo scesi dalle montagne, a guerra finita, ci hanno fermato sulla strada degli emissari del partito che nessuno aveva mai visto, gente che di certo non aveva combattuto ma che era arrivata da chissà dove. Ci dicono che non potevamo sfilare per Firenze con le armi in pugno. Ormai la guerra era finita e bisognava dare un segnale di pacificazione. E menate del genere. Rispondemmo che era con quelle armi che la guerra era finita. Il nostro comandante era furibondo ma non se la sentì di ordinarci di sparagli addosso. Tentò un compromesso dicendo che avremmo tenuto le armi sul fondo dei camion. Ma quelli, che avevano con loro un manipolo di gente con gli impermeabili e i mitra sotto, ci dissero che dovevamo riconsegnarle. Scoppiò un putiferio, ma alla fine il nostro comandante convinse quasi tutti. In fondo erano solo le armi che avevamo con noi, tutto il resto era già seppellito in montagna.» Si fermò e accese un'altra sigaretta. Poi ci guardò con occhi dilatati dall'ira, facendoci capire che il peggio non era ancora arrivato. Alberto beveva il suo vino a piccoli sorsi, mandando gli occhi all'altra mano che teneva rigida e aperta lungo il tavolo.

«Facciamo per ripartire e quelli ci dicono che era meglio se ci toglievamo anche i fazzoletti rossi dal collo. Quello che ora contava era l'unità di tutti gli italiani, ci dicono. Non possiamo dare a intendere che i comunisti vogliono un primato nella lotta di Resistenza. Io e Alberto, e tutti noi, il nostro fazzoletto rosso ce lo siamo rimesso al collo appena girata la prima curva. E arrivati in città abbiamo visto che non erano riusciti a fermare tutti quelli che scendevano dalle montagne. Molti erano ancora armati. Sicuro che fermarono solo quelli, come noi, che avevano avuto più volte a ridire sulle direttive del Partito. E abbiamo capito lì che la guerra non l'avevamo vinta, ma persa.» Mandò giù un ultimo sorso di vino come a sciacquarsi la bocca dai cattivi ricordi che ne erano usciti. Posò il bicchiere tenendolo stretto con la mano e, senza cambiare espressione, aggiunse: «Poi, per fortuna, siete arrivati voi».

Mentre Anita raccontava sentivo lo stomaco che mi si stringeva sempre di più. Una rabbia sorda e liquida salire a bagnarmi gli occhi. Avrei dovuto sentirmi orgoglioso. Ma non lo fui. Già avvertivo avanzare un'incrinatura dal bordo estremo della lastra di vetro dei miei sogni. Non potevo farmi carico anche dei loro. Avrei potuto tradirli.

Riccardo maciullò il mozzicone della sigaretta nel portacenere, girandolo e rigirandolo come fosse un coltello.

«Maledetti bastardi. Staranno anche loro nella fila di tutti quelli che butteremo nei forni della Breda.» La sua idea della rivoluzione era truculenta fino allo spasimo. Il suo soprannome nell'organizzazione era «Pol Pot».

Avevamo inchiodato la struttura di travetti di legno e iniziato a fissare i pannelli imbottiti di lana di vetro. Il lavoro procedeva a rilento, in parte per il mio scarso entusiasmo, in parte perché quei maledetti pannelli pesavano un accidente, e tenerli lì appesi mentre si cercava di fissare le viti era una fatica improba. Riccardo sudava e bestemmiava, ma sembrava meno scontento di me. Forse venirsene via da Genova, che non era certo la più allegra delle città – se questo poteva avere una qualche incidenza nella vita di allora – gli era di una qualche distrazione. Trovava comunque modo di scherzare e, alla fine, convintosi anche lui che quella storia era una mezza pazzia, era riuscito a coinvolgermi nei continui lazzi che sono l'unico conforto per chi deve fare un lavoro controvoglia.

Calata la tensione del lavoro mi ritornava l'abbattimento per sentirmi lì a sprecare il mio tempo e, di conseguenza, per la lontananza da Roma. Anita si era fatta un po' più sorridente e passava più tempo con noi e meno in cucina. E nei pomeriggi della domenica, dopo aver comunque lavorato la mattina per non sentirci di tradire le loro aspettative, Alberto ci aveva insegnato a giocare a terziglio. Non potevamo far venire lì un qualche suo amico a fare il quarto a tresette. Una sera che ero riuscito ad arrivare prima al televisore, riuscii a trovare un film. *Alba tragica* con Jean Gabin. Alberto era contento perché era un gran bel vecchio film – «questo me lo ricordo» disse e sembrava fosse stata una delle ultime volte che era andato al cinema. E anche Anita, ammiratrice fin da giovane del «bell'anarchico francese», si unì a noi. Io, a rivederlo lì braccato, sconfitto dalla vita e, infine, suicida, ne uscii più depresso che mai.

Eravamo arrivati a fissare neanche metà dei pannelli del soffitto, quando un pomeriggio Riccardo portò in garage dei fogli con gli schizzi del progetto di poligono. Era roba che non serviva più ed era meglio bruciarla. Avevamo lì un bidone di un liquido infiammabile che ci serviva a sciogliere la colla, così mi pare di ricordare, e ne versammo un po' su quei fogli. Da bambino, come tutti i bambini, credo, ero stato un tenace piromane, tenace perché perseveravo nonostante le botte, affascinato dal fuoco, dai petardi, dalle miccette che accendevamo e facevamo scoppiare in mezzo alle gambe delle ragazze, e diedi subito mano ai fiammiferi per accendere quello che doveva essere un piccolo e controllato fuocherello. Forse la stanchezza, forse un'inconscia volontà di farla finita con quella storia, fece sì che restammo troppo vicini e che, quando accesi la fiamma, non si era ancora asciugata la scia del liquido che andava dalle carte al bidone. Fatto sta che appena l'avvicinai ai fogli, vedemmo partire, rapida come un serpente velenoso, una scia di fuoco. In un attimo il bidone si avvampò e io mi ci buttai sopra nel tentativo, istintivo quanto improbabile, di spegnere l'incendio a pestoni. Il fuoco, che non sembrò per nulla intimorito dalle mie pedate, aggredì spavaldo i miei pantaloni bruciandomi tutto uno stinco. Riccardo mi tirò via con uno strattone prima che facessi la fine del bonzo.

Non c'era nulla da fare. Tentammo con dei panni, ma occorreva un estintore che non avevamo avuto l'accortezza di comprare. Le fiamme erano già al soffitto quando uscimmo dal garage dicendo ad Alberto di chiamare immediatamente i pompieri. I vicini erano già tutti accorsi lì fuori richiamati dal fumo a vedere cosa stava succedendo e, mentre Anita chiamava i pompieri, Alberto stava cercando di aprire da fuori la porta del garage per dare uno sfogo alle fiamme. Noi due non potevamo restare lì; era troppo pericoloso.

Anita ci guidò nella villa dei vicini, i quali per mia fortuna avevano in casa delle bende impregnate per ustioni che mi applicai subito sullo stinco. La carne bruciacchiata, sciolta come sapone, non era un bello spettacolo da vedere, ma in quel momento eravamo preoccupati da ben altro. I vicini avrebbero potuto prenderci per degli operai che stavano lavorando per Alberto, ma così non sembrò. Comunque, anche se palesemente preoccupati, non si diedero pensiero di indagare oltre.

Nel frattempo erano arrivati i pompieri, ma prima di loro, che venivano dalla città, si era fermata davanti alla villa una pattuglia della polizia. Dovevamo recuperare i nostri vestiti, le pistole, soprattutto, le valigie e sparire. Per il resto doveva vedersela Alberto; sperando nel meglio. Riattraversammo il passaggio tra le due ville e recuperammo la nostra roba, mentre i poliziotti erano lì a guardare le fiamme e allontanare la gente. Ma non avevamo un mezzo per arrivare da lì fino in città, alla stazione. La macchina di Alberto era davanti alla casa, subito appresso a quella della polizia. Non poteva prenderla e spostarla mentre la sua casa andava a fuoco senza destare sospetti. Eravamo bloccati e non potevamo chiedere ai loro vicini di andare oltre nella loro impacciata benevolenza, chiedendogli di accompagnare alla stazione quei due insoliti operai con tanto di valigia che, non si capiva bene perché, dovevano andarsene quanto prima. Mentre io, cercando di trasformare in sorrisi le smorfie di dolore, maledicevo la mia stupidità per essermi gettato a quel modo sulle fiamme, Riccardo aveva serrato le labbra fino al biancore e muoveva inquieto gli occhi intorno come un animale braccato incastrato nella macchia.

Anita ci raggiunse e ci disse che aveva telefonato alla figlia Giovanna, e che stava arrivando. Che avessero una figlia noi neanche lo sapevamo e la notizia ci avrebbe rallegrato se non fossimo stati lì con una mano infilata nelle borse a impugnare le pistole. Passarono dieci minuti in cui Anita, sotto lo sguardo sempre più interdetto dei vicini, che ormai avevano capito – non sapevano bene che, ma sicuramente che c'era qualcosa che non quadrava –, montava la guardia fuori dalla veranda per controllare i movimenti dei poliziotti. Alla fine ci avvertì che la figlia era arrivata. Stava con l'auto all'altro ingresso. Uscimmo ringraziando i vicini in un modo, lo capimmo dai loro occhi, da confermargli tutti i loro sospetti. Potevamo solo sperare che non sarebbero subito corsi ad avvisare i poliziotti. Raggiungemmo la macchina, una vecchia Mini azzurra con dentro una ragazza mora, capelli neri a caschetto, e rosse labbra nervose. Bella, in quel momento, quanto mai mi era apparsa bella una ragazza. Un meraviglioso angelo custode. Salimmo e lei ci fece cenno agitata di sbrigarci. I suoi occhi erano più fuggiaschi di noi due messi assieme; e pensai che ne aveva tutte le ragioni. Poi capimmo che la sua agitazione era tutt'altra.

Ci disse che aveva dovuto lasciare suo figlio piccolo da una vicina e che se il marito fosse venuto a saperlo sarebbe successa una tragedia. Prese per stradine secondarie guidando come una disperata, poi, raggiunto un incrocio, si fermò incerta. Per arrivare in città doveva per forza entrare nella frazione dove abitava. «Dovete abbassarvi, perché se qualcuno ci vede e lo ridice a mio marito è finita. È geloso da non credere, e non posso certo dirgli quello che è successo. Manderebbe in galera i miei.» Non ci piaceva non poter vedere quello che accadeva, ma quella donna ci stava salvando la vita. Ci acquattammo per quanto era possibile acquattarsi dentro una Mini, con le teste mezze di fuori e le pistole al bordo dei finestrini. Lei percorse la strada più con gli occhi ai lati, bar, negozi, l'edicola, per vedere se qualcuno la riconosceva, che davanti a sé. Finita la strada la sentimmo imprecare perché aveva visto una conoscente guardare incuriosita verso la macchina. A quel punto eravamo più preoccupati per quella poveretta, che non c'entrava niente, che per noi.

Sempre percorrendo stradine secondarie arrivammo in vista della città. A quel punto dovevamo cambiarci. Non potevamo presentarci alla stazione con le tute e, soprattutto, le pistole in mano. Le chiesi di fermarsi ai bordi di un campo, scendemmo dalla macchina. Ci spogliammo e rivestimmo. Fissammo le fondine alla cinta e ci infilammo le pistole. Lei ci guardava attonita, le braccia flesse sul volante e la testa piegata in avanti. L'espressione incredula di chi si chiede se quello che accadeva stava davvero accadendo.

Ci disse che da lì saremmo arrivati facilmente a una strada dove fermava un autobus. Scese anche lei, e rimase lì con le braccia abbandonate lungo i fianchi e un sorriso triste dentro gli occhi. La guardai e sentii le gambe che stavano già andando, contrastate da una parte remota di me che si opponeva per restare. A fare che? Aiutarla, sostenerla. Non lasciarla. Alle nostre spalle il sole se ne stava andando dietro una collina e un riflesso rosato, oscillante tra le foglie degli alberi, arabescava il suo viso.

L'abbracciai e la baciai, stringendole poi le mani attorno alle guance, mentre sentivo gli occhi serrarsi sotto un improvvido affanno. Anche in lei, almeno per un momento, la commozione sembrò esiliare l'angoscia per quello che l'attendeva al ritorno. Sentivo uno struggimento d'amore cosmico, malinconie e sconosciute nostalgie. Avrei voluto rimanere per sempre con lei, per tutta una vita dilatata in quell'attimo. Poi anche Riccardo si fece avanti, rompendo l'incantesimo, avvicinandosi ondeggiante come un orso ballerino, l'abbracciò rapido e impacciato. Andammo.

I compagni non presero bene la faccenda. Mi guardarono storto per aver fatto saltare il loro progetto. Io, pur senza dirlo, continuavo a pensare che era meglio fosse finita così. Quella casa sarebbe diventata una tomba. Seppi poi che Alberto se l'era cavata bene coi poliziotti. Una volta domato l'incendio si erano incuriositi alla vista dei pannelli. Lui gli aveva detto che il figlio voleva fare lì le prove di un gruppetto rock. Cose da giovani. Se l'erano bevuta. I vicini non avevano fatto alcuna domanda. E anzi i loro rapporti con Anita e Alberto, sicuri da parte loro che avessero capito a sufficienza, erano divenuti più stretti dopo la «disgrazia». La figlia, invece, la bella figlia, aveva avuto una lite furibonda con il marito, che l'aveva accusata di essersene andata in giro, sotto gli occhi di tutto il paese, con due suoi amanti. Perché le belle donne finiscono sempre con gli uomini sbagliati?

L'ultima immagine di Riccardo l'ho avuta in carcere sfogliando il giornale. E avrei preferito non averla. Era un'impietosa fotografia in sgranato bianco e nero, rubata da un fotografo necrofilo nell'obitorio di Genova. Lui, grigio come cenere spenta, steso su un tavolaccio con tutto il grande torace ricucito a maglia larga dopo l'autopsia.

# RIVOLUZIONARI?

Nessuno che è stato comunista – e che non abbia come troppi rinnegato madre, padre e fratelli – anche se ne sono rimasti pochi a rivendicarlo, può disconoscere che all'inizio le BR fossero rivoluzionarie. Dai camion bruciati alla Pirelli, al sequestro lampo dell'ingegner Macchiarini della Siemens e a quello del sindacalista nero Labate, fino al sequestro del dirigente Amerio nel bel mezzo delle lotte alla FIAT, il loro rapporto con l'antagonismo operaio è stato diretto. E la loro azione era tesa a rimuovere ostacoli sul cammino di quell'antagonismo.

Tant'è che allora chiunque si trovasse nel mezzo delle lotte operaie cercò di blandirle. Dagli estremi dell'Autonomia, che avrebbero voluto farne il loro braccio armato, fino ai legalitari del «Manifesto». Un gruppo di intellettuali irrequieti ma che intorno a Milano un radicamento nelle fabbriche ce lo avevano. E come gli operai vedevano le BR si sa. Almeno fino al sequestro Moro. E probabilmente, all'inizio, anche gli operai iscritti al PCI, e tra quegli iscritti non solo gli operai.

(È stata una stagione unica. E se stiamo qui per scavare e dire le cose come stavano, nessuno di chi l'ha vissuta, tranne un ipocrita, può negare di avervi partecipato orgogliosamente. Certo ci sono stati degli errori. E gravi. Ma quand'è, che di mezzo a uno stravolgimento sociale, non ce ne sono? E tale fu. Basta guardare le decine di milioni, milioni di ore di sciopero, le fabbriche occupate, i blocchi stradali e ferroviari, le gogne ai capetti, i sindacati regolarmente messi in mora dalle assemblee operaie sulle piattaforme di lotta, e tutto il resto che sarebbe troppo lungo elencare. Ci sono stati degli errori. E ne abbiamo assunto le pene, e la pena. Perché comunque non ci si può individualmente fare scudo di un sommovimento di massa. E perché nelle scelte individuali quello che è in gioco, quello che alla fine pesa, è il rapporto non con la morale della storia, che ne ha scarsa, ma con la propria.

Oggi però, a trent'anni da allora, si può guardare a quella stagione per quello che ha significato, oltre che per quello che è stata a causa delle distorsioni dell'ideologia. L'antagonismo e la rivolta all'ordine del giorno. La consumazione fino al suo fondo del mito rivoluzionario. La ricerca, entusiasta, disperata e violenta di un'alternativa. Di un altro mondo possibile.

Siamo qui per scavare fino al fondo degli errori. Per buttare via l'acqua sporca fino all'ultima goccia. Ma il bambino va salvato. Non tanto per la consolazione di noi vecchi reduci. Ma per tirare via dalla cronaca e dalle carte giudiziarie il segno che ha lasciato. E poi, in verità, non dobbiamo montarci la testa più di tanto. Trent'anni sedimentano, filtrano, buttano e recuperano da soli. Nonostante tutti gli affanni a seppellirlo, quel bambino non è mai morto. Speriamo continui a crescere per il meglio. Qui è il nostro piccolo intervento.)

Dicevamo del rapporto diretto tra le BR e le lotte operaie. Be' è finito presto. Perché – a differenza di tutti noi che eravamo passati senza soluzione di continuità dall'intervento politico a quello armato nel crescere dello scontro – per le BR quel tipo di intervento sulle lotte operaie era stato pianificato a tavolino. Era solo un passaggio obbligato nella costruzione del Partito Comunista Combattente che era già nel loro atto costitutivo. E, accumulato il necessario credito, saltarono.

Il sequestro del giudice Sossi a Genova nel 1974 è il punto di svolta. Sequestrano un giudice che aveva fatto processare e condannare i membri di un gruppo armato locale. La XXII

Ottobre. L'unico motivo del sequestro, per averne in cambio la liberazione di quelli, è stata che erano comunisti combattenti. Non avevano nessun radicamento nella città. Neanche lontano da quello che le BR avevano allora nelle città del Nord. Però erano armati. Anche se, peraltro, le armi le usavano parecchio male. Durante una rapina da poche lire non erano riusciti a liberarsi di uno zelante fattorino. E, trovatoselo attaccato allo scooter su cui stavano scappando, non avevano saputo fare di meglio che ammazzarlo.

Non avevano alcun radicamento, però erano comunisti, armati, e in galera. Nulla di meglio come abbrivo dello scontro con lo Stato. Comincia l'autoreferenzialità. Non più le armi usate come supporto delle lotte operaie ma come supporto della lotta armata. Tout court. Cioè le armi a supporto di se stesse. C'era una delega e, come usa in Italia, l'autonomia del politico che ce l'ha, o se l'è presa, è totale. Non deve rendere conto ai «deleganti». Può farne ciò che vuole. Anche non tenere più in nessun conto gli interessi che dovrebbe rappresentare. Anche usarla soltanto nello scontro tra apparati politici. Per le BR nella loro guerra contro lo Stato.

Avessero fatto, che so, un sequestro per liberare operai come i martiri di Chicago, quelli dalla cui impiccagione è nata la ricorrenza del 1° maggio, ne avrebbero avuto un immediato riscontro. Gli operai si sarebbero riversati da tutta l'Italia davanti al carcere e l'avrebbero picchettato finché i loro compagni non fossero usciti fuori. E gloria alle BR. Ma no. Probabilmente l'avrebbero già vista come un'azione arretrata. Operai qualsiasi, non combattenti comunisti. Era lì il punto più alto. La classe operaia sì, ma i combattenti sono «più oltre». Come l'intellettuale Satta Flores di *C'eravamo tanto amati*. In questo caso «tanto armati».

(Dico questo col senno di poi, naturalmente. Perché allora, nonostante la nostra contrarietà alla scelta di clandestinità delle BR – il sequestro Sossi è precedente al mio ingresso –, i passaggi non erano così chiari. C'era contrarietà alla scelta di fondo ma quello che facevano le BR poteva comunque andare bene. Sossi era, comunque, un rappresentante di quella giustizia che opprimeva il proletariato e quelli di cui era richiesta la liberazione erano, comunque, comunisti. Risultavano a tutti noi azioni in più che si andavano ad aggiungere nel grande calderone della lotta rivoluzionaria. Non c'erano solo le BR. E tutto poteva fare brodo.)

Le lotte operaie si fermarono. Però, ormai, la strada delle BR era tracciata. Non erano più così determinanti. Quella delega, come quelle parlamentari fino a che non succede un cataclisma, era per l'eternità. E le BR su quella strada continuarono. Ma poi scoppiò il movimento del '77. E ne abbiamo già parlato. Vediamo come l'hanno visto loro.

Sul movimento del '77 Moretti – cioè le BR – dice: «Non esprimeva la contraddizione operaia, quella degli anni precedenti, era del tutto diverso. Per me quel movimento resterà un oggetto sconosciuto fino alla fine. È un mio limite, non lo capivo, era nuovo e che cosa lo abbia prodotto, e cosa abbia prodotto, non lo so neanche ora [...] Io preferisco pensare che le BR erano figlie del movimento precedente, quello che aveva nella classe operaia il cuore e il cervello, restarono indissolubilmente legate a esso e non si adattarono mai ai mutamenti sociali di quegli anni [...] A noi ne vennero solo nuovi compagni, l'ultima leva delle BR viene da lì. E quando vennero, non ci cambiarono, furono loro a cambiare. La linea era la nostra».

Non c'è che dire. «La linea era la nostra», quale prosopopea, e «Le BR non si adattarono mai ai mutamenti sociali di quegli anni». Più avanti, a supporto dell'impossibilità di comprendere l'arcana fenomenologia di quell'oggetto, e in una ben strana commistione ideologica, dice che neanche Moro, parlandone con lui, manifestò di averne compreso la natura. Si potrebbero nutrire dei dubbi al proposito. Perché a modo suo Moro aveva già capito il '68, almeno il suo senso critico. Ma lasciamo correre. Prendiamola per buona. Moro, dice Moretti, che è sempre la voce di quelle BR, delegava la comprensione dei fenomeni sociali al PCI. Su cui certo quello ne sapeva di più, o avrebbe dovuto. E, in soldoni, era questo l'interesse della DC nell'alleanza. Tradotto, la capacità del PCI di frenare l'emergenza di fenomeni sociali antagonisti.

Bene. Vediamo. Moro la delegava al PCI. Lecito, visto che, in fin dei conti, era democristiano e vista l'alleanza in essere con quel partito. Ma Moretti, e le BR, a chi la delegavano? Di chi era compito, se non dell'organizzazione rivoluzionaria di punta, l'unica secondo loro veramente rivoluzionaria, comprendere la natura dei fenomeni sociali antagonisti per trarne positive alleanze e, magari, i necessari adeguamenti tattici? (Per non dire, come sarebbe stato necessario nel caso del movimento del '77, strategici?) La chiave del perché le BR abbiano delegato a non si sa chi questo imprescindibile compito che andava oltre le loro capacità ce la dà sempre Moretti. «Preferisco pensare che le BR erano figlie del movimento precedente, quello che aveva nella classe operaia il cuore e il cervello.» Preferisce pensare. Cioè le BR non hanno preso quello che c'era sul piatto rivoluzionario ma hanno «preferito» trascegliere, come fossero al ristorante. E molto schizzinose, anche. Non assaggiano i piatti nuovi. Niente nouvelle cuisine. Sapori che il loro rude palato non poteva cogliere. Vanno sul sicuro. Fettina e insalata. Il pasto operaio. Come se i giovani operai del Nord a metterglieli davanti, se già non se li erano strafogati nelle loro scorribande per le città, non avrebbero preferito gli ananas e i fagiani che dovevano essere l'ultimo pasto dei borghesi cui non restava un domani.

Le BR si erano prese una delega dalle lotte operaie del '69 e, benché quella delega non prevedesse un solitario attacco contro lo Stato e il biglietto fosse ormai scaduto, hanno continuato ad andare sull'autobus della lotta armata, cioè uccidere in nome della classe operaia, per quindici anni.

Se un rivoluzionario non fa il suo mestiere c'è qualcosa che non quadra. E le BR, al di là della versione alleggerita dal senno di poi che ne dà Moretti, vedevano quel movimento come il fumo negli occhi. Gli cambiava le carte in tavola e metteva in secondo piano il loro unico punto di riferimento. La classe operaia. Una gran confusione. Era la classe operaia che doveva fare la Rivoluzione. Che c'entravano adesso questi giovani scalmanati che non erano studenti, non erano operai, non si capiva che minchia fossero. Una cosa di certo lo erano, pur nella contraddittorietà che sempre il nuovo si porta appresso. La ricerca dirompente di un'alternativa al lavoro salariato. Con l'enorme potenzialità produttiva accumulata dal capitalismo, e in una società che si avviava ormai a essere ricca oltre il bisogno. E non nel pauperismo tanto caro ai rivoluzionari d'antan.

Ma loro no. Troppo complicato. Troppe cose da rimettere in discussione. Soprattutto la loro artefatta rappresentanza di una classe operaia che già non c'era più. Le br tal quale al pci. I brigatisti sono stati pcisti col mitra in mano. Sono stati esattamente come i vecchi quadri del pci. E tanti ce n'erano ancora in quel partito. Quelli col mito della fabbrica, fucina della rivoluzione, e che il mitra l'avevano lasciato sepolto. Non sono stati rivoluzionari. Non più, dopo. E l'età non c'entra niente – basta vedere quelli delle nuove br che a quei tempi giocavano coi soldatini –, c'entra solo quello che ti metti nella testa.

C'era una frase di Hemingway che già allora mi frullava sempre nella mente come monito ma senza che ne riuscissi, via via, a trarre la necessaria distinzione. «Non confondere il movimento con l'azione.» Be' credo che poi, anche se tardi, un senso appropriato possa avergliElo dato.

«Non confondere un'arma con la rivoluzione» potrebbe essere la giusta parafrasi. Non è detto che chi abbia un'arma in mano, e la falce e martello sul berretto, sia necessariamente un rivoluzionario.

Non è lo strumento prescelto, una pistola anziché una penna, o la sola parola, a fare un rivoluzionario. Un'avanguardia. L'avanguardia, lo dice la parola, è avanti a tutto ciò che di antagonistico si esprime nella società. Pronta a coglierne il senso, interpretarlo e rilanciarlo nella lotta. Stiamo parlando di decine e decine di migliaia di giovani che per quasi un anno hanno costruito un'alternativa di vita e invaso le piazze. Certo le cose erano un po' confuse. Non si può pretendere che la storia le consegni già belle chiare e impacchettate. Ma chi è che, oltre a quella propria confusione, ha contribuito a confonderle di più? Ne abbiamo già parlato. Quel movimento, per le troppe e irrisolte contraddizioni sociali, per il sopravvivere del mito rivoluzionario, spingeva da sé verso il vicolo cieco dell'Insurrezione. E lo Stato e il PCI, che a quel movimento hanno opposto un muro di blindati e di calunnie. Chi altro c'era? C'erano le BR che, continuando imperterrite il loro attacco contro lo Stato, hanno sollecitato e facilitato una dissennata emulazione. Quei giovani, che pur con loro non c'entravano nulla – perché delle BR condividevano solo la violenza e non certo la linea politica –, alzavano le dita della mano a pistola e gridavano «Rosse, rosse, Brigate Rosse». Di questo, solo di questo, i nostri erano contenti. Eccome. Non ci capivano niente ma erano contenti. Ombre da dentro la caverna.

Loro erano altrove. Mentre nuovi soggetti antagonisti occupavano la scena, soggetti che loro non comprendevano, sono rimaste ferme a ciò che era prima. A ciò che non era più. E quando accade questo hai perso il treno. Non sei più un rivoluzionario ma solo uno che rappresenta una parte. Una classe operaia, peraltro, al momento silente. E neanche, in realtà, più quella ma solo se stessa. Finisci dietro il movimento delle cose reali. Non sei più un'avanguardia. E, dato che questa è condizione che mal sopportavano credendo di essere il faro della Rivoluzione, si sono abbarbicate al vecchio. Disconoscendo al nuovo la valenza che non riuscivano a cogliere. Anzi vedendolo come pericoloso, fuorviante. Come il PCI.

## O RIVOLUZIONARI RIFORMISTI?

Le BR sono state, strutturalmente, la faccia armata di quello che era stato il PCI fino alla fine degli anni Sessanta. Prima che – incautamente impaurito dal golpe cileno del '73, perché poi i fascismi europei vennero giù come birilli: Grecia, Portogallo, Spagna – riverniciasse un po' la facciata e scendesse a più miti pretese del governo col cinquantuno per cento inventandosi il «compromesso storico», ma l'anima quella era rimasta. Il PCI aveva basato la sua forza, il punto d'appoggio sociale della sua esistenza politica, sull'operaio professionale delle grandi fabbriche del Nord. E questa forza, riaccumulata assieme alle altre meno incisive rappresentanze, la riversava contro la DC nell'autonoma astrattezza dello scontro politico di Palazzo. Idem le BR.

Da qualche parte possono anche aver scritto che no. Che non solo quella era la figura operaia di riferimento. Quelli all'Asinara si tenevano al corrente e, tanto per essere al passo, possono aver rubacchiato qua e là per dare alle BR una riverniciata. Ma quell'operaio avevano in testa. L'operaio professionale orgoglioso della propria manualità, di essere lui il motore del capitalismo, e infarcito dell'etica del lavoro. Non c'era già più quell'operaio, ma tant'è. Il mito è duro a morire.

Perché ti chiedi? È roba vecchia come il cucco. E la conosci. La vogliamo recitare succintamente? Perché se era quell'operaio a racchiudere nella sua testa e nelle sue mani la sapienza del capitale, lui era quello che poteva incepparlo e, al momento giusto, indirizzarlo altrove. Prenderne possesso. Mito. La cuoca di Lenin a dirigere un ministero. (Neanche non sapessero, e forse non lo sapevano, che in Russia avevano dovuto richiamare gli ingegneri già cacciati per mandare avanti le fabbriche. Così come, per mettere su i loro servizi segreti, avevano dovuto usare gli uomini dell'Okhrana zarista.) Già la questione era molto più avanti. La sapienza operaia, e quella avversa del capitale, inglobata tutta nelle macchine, nella automazione della fabbrica.

Moretti, e con lui le seconde BR – dando per «prime» quelle di Curcio e Franceschini –, hanno avuto un'enorme capacità organizzativa, hanno tenuto in piedi un'organizzazione clandestina sotto i colpi tremendi inferti dallo Stato. Compagni arrestati, a iosa, e compagni uccisi. Di cui hanno reso ampia pariglia. La banda armata più longeva dell'Occidente capitalistico. E l'hanno fatta crescere fino a mettere in scacco lo Stato col sequestro Moro. Scacco che poi gli si è rovesciato contro per totale insipienza politica. Ma Moretti (quelle BR), politicamente, è stato un cane morto. Quanto i dirigenti dei gruppi extra parlamentari che sprezzantemente definiva tali.

Altre teste Curcio e Franceschini, e anche per questo il secondo ce l'ha tanto con Moretti. Tanto da calunniarlo per salvare le sue di BR. Le prime. Che ci sarà da salvare lo sa solo lui. Era un gruppetto pacifista? Comunque avevano un'altra testa. No, non erano diversi. Sempre stalinisti. Ma molto più accorti. Sapevano meglio di lui cogliere il nuovo, anche se sempre un po' in ritardo, e studiare l'opportuna riverniciatura. Con loro fuori sarebbe stato diverso. Ma non troppo. Giusto un tantino. La pasta era la stessa e le riverniciature non sarebbero bastate a cambiarla. Si veda quando riuscirono dal carcere ad avere quella versione tutta loro di Brigate Rosse. Il Partito Guerriglia.

(Per fare un esempio concreto posso dirti che, quando Curcio uscì dal carcere e fondò la sua cooperativa editoriale, andai a trovarlo. Mi mostrò molto compunto i risultati del loro lavoro sulla banca della memoria iniziato in carcere. La raccolta di tutti i dati sull'attività armata in Italia. Un lavoro notevole. Tutte le bande armate, tutte le loro azioni, tutti gli arrestati e tutti i morti. Di ambo le parti. Per dimostrarmi l'imparzialità del lavoro, mi fece anche vedere i dati sull'organizzazione che fondai dopo l'uscita dalle BR. Come a dire «i tempi in cui ti ho condannato come zanzara molesta da schiacciare sono lontani». Ne ero ben contento. Non ero andato lì per rinfacciargli nulla. Comunque me ne uscii con un «Be', un gran bel lavoro, a qualcosa il carcere è servito». Rimase di pietra. Il carcere non era cosa su cui scherzare. Uno stalinista non sa cosa sia l'ironia. E, quanto all'autoironia, crede sia parola che neanche esiste sul vocabolario. Fin lì nulla di strano. Lo strano era che non era vestito come un burocrate di partito. Indossava sopra la camicia un gilet peruviano multicolore e, non credo proprio di ricordare male, aveva al polso un tintinnante braccialetto. La riverniciatura.)

Le BR in definitiva, Moretti o non Moretti, ferme al passato della classe operaia, hanno fatto con le armi una politica riformista. Perché quando ciò che combatti è più avanti di te non puoi scavalcarlo, puoi solo modificarlo. Ma credo, in definitiva, anche peggio. Hanno cercato di imporre con le armi il blocco dello sviluppo capitalistico per difendere il loro operaio professionale dalla scomparsa. Di fatto, per continuare a chiamare le cose col loro nome, una lotta armata reazionaria. Quello che PCI e CGIL, tra alti e bassi, assalti e cedimenti, tentavano di fare con altre armi, il compromesso, l'agitazione, lo sciopero.

Degli altri, quelli di Prima Linea (che hanno molto più ampiamente motivato la propria autocritica), e tutti quelli che l'impegno nella lotta armata lo hanno iniziato a praticare dentro e a latere del movimento del 1977, si potrebbe dire che sono stati rivoluzionari negli intenti, anche se non nei fatti. Perché la soggettività di quel movimento – la consapevolezza di allora che la ribellione era nelle mani di ciascuno e non più coercibile nello schema Avanguardia-Massa – aveva superato la loro soggettività di militanti rivoluzionari. (Quello del rivoluzionario professionista era un ruolo di cui non solo non c'era più bisogno, ma era divenuto deleterio.)

Ma sapevano quello che stava avvenendo e la sua portata. Hanno solo applicato su quella novità, su quella rottura della politica, su quella corsa violenta verso l'appropriazione della ricchezza disponibile e della propria libera individualità, vecchi strumenti ideologici. Non sono stati rivoluzionari perché era già finito il tempo di quella rivoluzione.

E io? Finchè nelle BR ci sono stato, oggettivamente sì. Non posso chiamarmene completamente fuori. Ma altro pensavo e battagliavo. Scellerato sì, ma reazionario no. Ci abbiamo litigato sopra ferocemente una volta che si stava parlando di come andava alla FIAT. Lamentavano che molti giovani operai, anziché starsene in fabbrica a lottare, o a scegliere la lotta armata che era ancora meglio, approfittavano di tutti i buchi assistenziali per fare sega e andarsene a pesca o, peggio, a fica. Io a dirgli, per provocarli, che quelle erano le vere avanguardie, quelli il cui comportamento alludeva già al comunismo. Felicità e meno fabbrica possibile per tutti. Meglio lasciarla ai robot. C'erano mai stati loro a lavorare due ore di fila con le braccia alzate, o a respirarsi i veleni del reparto verniciatura della FIAT? E loro giù a zero che quelli erano dei piccolo borghesi controrivoluzionari, la vergogna della classe operaia produttiva. Che appena fatta la Rivoluzione andavano presi per le orecchie e riportati in fabbrica a produrre trattori. Trattori, demenziale. (E per chi? Per i contadini che erano stati espulsi dalla campagna e ci andavano anch'essi riportati per le orecchie? E magari erano gli stessi che ora, diventati operai, «marinavano» la fabbrica, e il cerchio si chiudeva.) E io allora a dirgli che, appena fatta quella benedetta Rivoluzione, mi sarei schierato con loro rivolgendo il mitra contro chiunque avesse cercato di torcergli un capello. Il colmo era raggiunto. Mi dissero che allora, giunti lì, mi avrebbero trattato come Trotzkij. Una piccozza piantata nella testa.

Non erano più rivoluzionari. Della Rivoluzione le BR avevano, a quel punto, solo il fine ultimo. La presa del potere, la dittatura del proletariato. A tutto quello che c'era in mezzo tra l'oggi e quel fine, tranne la miseria di un crescendo armato, avevano ben presto rinunciato. Tranne individuare come intralci sul glorioso cammino dell'immaginaria classe operaia, di cui si sentivano unici interpreti, gli «incomprensibili» mutamenti prodotti dalla società.

Non potevano vincere, è fuori discussione. Ma se fosse successo non sarebbe stato un ballo in maschera. Avrebbero cercato di spazzare via tutto ciò che non avesse odorato del sudore della fabbrica. Magari non tutti. Non voglio dire. Magari qualcuno avrebbe avuto un po' di senno. Forse Moretti. Visto che mi ha risparmiato la vita pure se mai avevo odorato di fabbrica, e la loro organizzazione l'avrei volentieri liquefatta. Ma Moretti era pur sempre lo stesso che, sulla scelta finale per Moro, aveva anteposto il pensiero dell'organizzazione al suo. Se davvero diverso era. Quindi sarebbe stato da vedere. Anche perché la vittoria esalta, con la storia che ti dà ragione. (Dà sempre ragione al più forte, al fresco vincitore, mai ai perdenti. Un po' ruffiana. Poi magari, col tempo e con la paglia, si ravvede.) E perché la vittoria, come per Stalin, e troppo loro gli erano vicini, può rendere paranoici fino a far vedere nemici da annientare per ogni dove.

È certo che a qualcuno sarebbe scappata la mano. E gli altri lo avrebbero rimbrottato a cose fatte. «Pol Pot» era il soprannome di uno di noi. Non il nome di battaglia, un soprannome interno, ahinoi scherzoso. Il compagno che anziché ferirlo ammazzò Guido Rossa. E ne ebbe, appunto, un rimbrotto. Duro credo. Ma non è che per quello fu cacciato. E doveva essercene d'avanzo per cacciarlo.

Anni dopo, con la colonna Walter Alasia di Milano che fece due azioni per proprio conto, ci fu rottura. Non per le azioni in sé – che già erano concordate centralmente, anche se, di nuovo, furono due omicidi anziché due ferimenti come stabilito – ma perché la colonna le aveva compiute rivendicando per sé una propria autonomia dalle BR. L'organizzazione, e la fedeltà all'organizzazione, vengono prima delle scelte politiche. Anche prima di omicidi non preventivati. Sempre. Su quelli si può anche derogare.

Questa la deriva che ci si sarebbe trovati ad affrontare.

Il compagno che, in disaccordo con la scelta «troppo morbida» delle BR, aveva alzato il tiro uccidendo Guido Rossa era però fedele all'organizzazione. Fedelissimo. Non voleva mettersi per conto suo come quelli della Walter Alasia. Solo odiava Rossa. A morte. Era un bravissimo compagno. Leale e sicuro. Come tutti. Uno che non ti avrebbe mollato neanche davanti a un carro armato. Come tutti. Ma, in più, era uno che viveva in una stanzuccia grigia con un letto, un cesso e un lavandino. Come una galera. Dove a sera arrivava stanco e forse si metteva a dormire tutto vestito. Già pronto a riprendere al mattino la sua missione. Con la massima determinazione. Anche troppa.

Era un puro, uno pronto a togliere la vita ma anche a darla. Anche questo come tutti, d'altronde. (E questo ci faceva credere di avere il diritto di toglierla. Perché noi non eravamo come i bombaroli che avviavano un timer e sparivano nell'ombra. Noi la pelle la rischiavamo. Ed è sempre un disastro quando le cose stanno così.) Ma lui, oltre a toglierla sopra misura, l'ha anche data, sempre sopra misura. Ucciso a Genova nell'appartamento di via Fracchia di cui Patrizio Peci aveva fornito le chiavi. Insieme ad altri tre. Un operaio FIAT, uno della Lancia e una compagna, una maestra. Quel che è dato è reso. Occhio per occhio, dente per dente. All'americana. Poco tempo prima a Genova le BR avevano ucciso due carabinieri di pattuglia. Così, solo perché erano carabinieri. Nessun ruolo specifico. Né di scorta, né dell'Antiterrorismo. Era la loro guerra solitaria contro lo Stato. E in guerra si uccide e si muore.

Ma è meglio che lasciamo perdere. È meglio prima che, nonostante i trent'anni trascorsi, mi rimonti la rabbia per questo sfacelo. Contro tutti gli attori di quel dramma, e sono tanti. Contro le BR e contro di me. Per le troppe vite tolte e per quelle date.

# COMPASSATI E MENO

Non riesco proprio a essere compassato come Moretti, o come Curcio. Franceschini anche, quando non azzanna Moretti. È già qualcosa, beato anche lui. È un mio limite. D'altronde non sono mai stato un generale. Mai aspirato a tanto. Solo fare la mia parte. E già troppo è stata.

Parlando di atteggiamenti compassati, vuoi sapere cosa è accaduto nell'ultimo momento, proprio l'ultimo? Be', non è andata come amerebbe scrivere uno che si guadagna da vivere senza lavorare come uno scribacchino di quart'ordine. No, non di quarto. Su questa storia si sono ridotte a fare gli scribacchini anche le «prime firme» del nostro giornalismo. Poche escluse.

Sai che non si potevano aspettare i risultati della direzione DC del 9 maggio '78. Ti ho già detto il mio perché. E di cosa quella riunione avrebbe invece potuto significare per la sorte di Moro. Eravamo in sei in quell'appartamento nel quartiere San Paolo. La direzione della colonna romana più Moretti. Disse: «È deciso. Dobbiamo ucciderlo. Chi lo fa?». Inutile chiederlo ad Adriana e me, visto che eravamo contrari. Parlava con gli altri tre. Tre che si erano schierati con il Comitato Esecutivo nella decisione ultimativa. Be', non si misero a fare a gomitate per chi riusciva a mettere avanti il dito per primo. Moro era un nemico del proletariato, un pescecane democristiano, andava ucciso. Ma da lì a farlo con le proprie mani era un altro discorso. Silenzio di tomba e occhi bassi. Venti, trenta, quaranta secondi. Poi Moretti, come suo solito, abbassa le sopracciglia e le tiene giù quel tanto in più che dava sempre l'impressione, solo l'impressione, della condiscendenza. Poi le rialza dando, in senso contrario, un'accentuazione verso l'alto. «Va bene, ho capito. Tocca a me.»

Che c'era nello sguardo? Molte cose. C'era il peso dell'inevitabile, della scelta obbligata. Cui lui magari non sarebbe voluto arrivare ma cui ciononostante, ed è ancora peggio, è arrivato. Il peso dell'inevitabile mitigato dalla consapevolezza del dovere che è d'obbligo in un soldato. Ma c'era anche un vago senso di superiorità. Per la sottintesa riconferma che il «capo» era lui. Lui quello su cui tutto, alla fine, poggiava. Quella stolida e vanagloriosa supponenza che ancora è venuta fuori, di traverso, mascherata, mai completamente dritta, nelle troppe parole addomesticate che ha speso sulle BR dopo anni di silenzio. Ripeto. Sufficienti per la critica, ma assai meno per la comprensione.

E comunque, la cosa un po' strana e contraddittoria è che, nonostante tutto, non riesco ad avercela con lui fino in fondo. Anche perché se tanto l'ho nominato non è per un fatto personale. Ma perché lui rappresenta le BR. Ne è il prototipo. Il prototipo di un militante che subordina il proprio pensiero a quello che ritiene possa, o debba, essere il pensiero della sua organizzazione. Cioè un'astrattezza politica. (Essere e Dover Essere dici? Siamo lì.) Anche quando nel '93 ha reso una sua testimonianza in quel libro, lo ha fatto ancora come ex-capo delle BR. C'è qua e là Mario Moretti, non lo nego, e sono le parti forse più vere, ma nei punti nodali, in quelli interpretativi e di giudizio e in quelli, purtroppo, di addomesticamento dei ricordi, è l'ex-capo delle BR a parlare.

Non ce l'ho né con lui né con tutti gli altri, compresi quelli che mi volevano morto. (Discorso a parte è per quelli del Partito Guerriglia. Quelli proprio non mi vanno giù per il

gozzo.) Forse è che, non essendo stato mai completamente attaccato alle organizzazioni, mi sono comunque attaccato alle persone. Erano comunisti. Di un genere sbagliato ma comunisti. (Anche se il punto era che lo sbaglio era proprio essere ancora comunisti in quel momento storico.) E io, comunque, sono stato con loro. Ci credevano. E fino a un certo punto ho creduto con loro. Per questo siamo passati sopra alla vita di tanta gente, uccidendola, e buttato via la nostra. Buttata nelle galere, e buttata nei cimiteri. Questi ultimi per i non pochi di noi che con la loro vita hanno scontato la colpa di averla tolta ad altri. Ma anche solo di averlo voluto, perché non tutti quelli uccisi erano assassini.
Quelli che più si attaccano alle organizzazioni, che diventano tutt'uno con esse, possono essere più inclini a staccarsi dai propri compagni. Anche fino a ucciderli. Se ritengono che abbiano tradito quell'organizzazione. Io arrivo fino al fondo della condanna, per loro e per me, e poi mi accorgo che oltre quel fondo c'è altro. Quello che all'inizio era un mondo giusto da conquistare e poi è diventato il suo contrario annegato dall'ideologia. Sommerso da quel sangue di cui sarebbe stato meglio che restassero macchiati soltanto quelli contro cui volevamo combattere.
(Ti pare che ogni tanto ci sia un po' di confusione? A volte dico «noi» e a volte «le BR». È probabilmente così. Non è facile districarsi nei fatti e nelle emozioni. Perché nelle BR ci sono stato ma me ne sono andato. E perché, anche standoci, da un certo punto sono stato contro. Forse, a volte, sto eccedendo nel non usare «noi». Forse, a volte, può prevalere l'impulso a volermi allontanare dalla complicità. È una debolezza. Ma non credo di aver ecceduto nei punti chiave in cui c'è da assumersi responsabilità sui fatti e sugli errori. E possiamo augurarci che il lettore riesca a venire a capo anche del senso delle cose. Non sarà facile, posso capirlo, ma questo che faticosamente stiamo cercando di mettere insieme non è un resoconto asettico, non un bignamino del terrorismo. È anche una storia di uomini. Con le loro passioni e con le loro debolezze.)

# MISERIE

MI DICI, A PROPOSITO DI CURCIO e Franceschini, che quest'ultimo ha scritto un nuovo libro? Non lo sapevo. I giornali li guardo solo di sfuggita. Per non farmi cattivo sangue. Mi sento fuori, altrove. Un altrove un po' rabberciato, dove è preferibile non entrino eccessivi turbamenti emozionali. E non è facile. Sei tu che mi hai ripescato per questa impresa suicida. Io davvero pensavo ad altro. O ci provavo.

Dei giornali leggo solo la terza del «Corriere», ogni tanto. Franceschini ha scritto, dici? Più precisamente ha risposto a una serie di domande. La verità sulle BR. Ancora con la verità. «Mostrami uno che parla di verità e ti mostrerò un mentitore.» Non l'ho letto. Né lo leggerò. Perché parlarne? Ne leggo pochi di libri sul terrorismo. Francamente preferisco altre letture. Lo dico per me che ci sono stato e ne ho avuto a iosa. Gli altri, quelli che vorrebbero sapere e non c'erano, e che sono stati rimbambiti da fuorvianti e altisonanti chiacchiere, farebbero bene a leggerseli tutti. E poi valutare.

Ne ho letto uno molto bello che è *Armi e bagagli* di Enrico Fenzi. Un altro che non si capisce, con la testa che ha, come cavolo ci sia finito nelle BR. Di quel libro già basterebbe il titolo, ma c'è molto di più. Ottima scrittura. Un romanzo. Un viaggio nell'angoscia e nella dissennatezza. Ma Enrico non ne vuole sapere di scrivere altro. Preferisce perdersi nei suoi studi, e perdere gli occhi sull'aguzza scrittura delle carte microfilmate di Petrarca per poi tenere conferenze nelle università di mezza Europa. Un modo meno vacuo di altri per distrarre fino a sera l'imbarazzo di sé. Dell'altro sé di cui si può essere offuscata la traccia ma rimangono gli errori. Su quello ha già dato, per quel quasi nulla che ha fatto. Nel libro e ovunque ha potuto. Un peccato che non voglia scrivere altro. Perché solo chi fa fatica a scendere a patti col proprio rimorso può scrivere qualcosa di decente. Franceschini ha rimorsi? Generici, nulla di specifico. Appunto.

Poi ho letto *Il prigioniero,* un doveroso tributo alla memoria di Aldo Moro scritto da Paola Tavella sui ricordi di Laura Braghetti, la padrona di casa in via Montalcini. Quella che a Moro cucinava risotti e poi con il cuore impappinato l'ha visto andare a morire. Onesto e drammatico. Come è d'obbligo. E *Compagna luna* di Barbara Balzerani. Ha un dono Barbara. Anche lei sa scrivere, e bene. Da invidiarla, per questo.

Un ragazzo inquietante Alberto Franceschini. Spalle curve e testa piegata in avanti come un condor. Gli occhi perfidi del ragazzino che dava i pizzicotti alle cuginette. E una mezza risata che gli gorgoglia in gola come il risucchio di un lavandino. L'ho conosciuto tanto tempo fa e già allora mi aveva inquietato. L'avevo incontrato assieme a Moretti a Milano. Te l'ho detto. Quando nel '71, o giù di lì, mi ero prestato a rifornirli di un po' d'armi. Erano vestiti uguali, grigi e tristi, in tono con le fabbriche di viale Zara dove ci vedemmo. La differenza era negli occhi. Quelli di Moretti erano coperti lentamente dalle lunghe ciglia. Ogni tanto si alzavano verso l'alto con una parvenza di condiscendenza che nascondeva una radicata, anche se al momento remota, supponenza. Ma, in compenso, con un calore interno. Quelli di Franceschini, che gli era leggermente dietro, non mi mollarono un attimo, apparentemente immobili. Socchiusi e freddi. Sembrava lì lì per volerlo superare e venirmi a dare un pizzicotto. Anche a me.

Un giorno, per farti capire il tipo, l'ho incontrato in una sede dell'ARCI. Non molto tempo fa. Si era messo addosso un giaccone di pelle nera, con tanto di cinta stretta in vita. Gli dico sarcastico: «Sembri proprio un agente della ghepeu pronto ad andare a far fuori un nemico di baffone». E lui di rimando con occhi pungenti e bocca piegata: «Hai paura che arrivi anche da te, eh?». Per nulla turbato dal paragone. Anzi. Contento di ricalarsi nei bei tempi andati degli anni Trenta in cui i cekisti andavano all'hotel Lux a Mosca con la lista giornaliera dei «deviazionisti» da far sparire.

Franceschini ha pensato bene di esorcizzare la propria sconfitta tornando a fare il chierichetto nella Chiesa Rossa che l'aveva battezzato. E buttando da lì letame sui suoi ex compagni delle BR. Al doppio fine di compiacere i suoi benefattori e di esaltare se stesso affossando gli altri. Un interesse convergente.

E su questo – è lui stesso a dirlo – ha collaborato con l'ex senatore PCI Sergio Flamigni che da anni è affannosamente impegnato, scrivendo libri su libri, ad argomentare che le Brigate Rosse erano tutt'uno con indefinite Forze del Male. Manovrate da occulta mano. Cioè «svelare» che l'attività delle BR poco aveva a che fare con l'ideologia comunista. (Il PCI era un «partito di governo» doveva discostare il più possibile da sé lo spettro del coinvolgimento ideologico con il terrorismo.) Ma ancora di più allontanare, buttandola addosso a «oscuri manovratori», ogni responsabilità del PCI sulla conclusione della vicenda Moro.

Lo stesso lavoro di ingarbugliamento dei fatti che nei vari processi su quella vicenda è stato svolto da avvocati militanti del PCI. Un partito che in quei processi non aveva voce per starci ma ci «doveva» stare, e lì li aveva mandati dopo avergli fatto accaparrare la rappresentanza processuale di alcune delle famiglie delle vittime. Quegli avvocati «politici» si sono sobbarcati un lavoro indefesso che, pur non avendo trovato riscontro in nessuna sentenza, ha posto le basi della successiva propaganda dietrologica extraprocessuale.

Franceschini ha più volte battuto sullo stesso tasto e posso quindi immaginare cosa ci sarà scritto nel suo libro. Un ricalco e un rilancio, dall'«interno», delle tesi care a lui e a Flami-

*La peggio gioventù*

gni. Qualche dato di fatto bene o male incastrato con progressive congetture per sorreggere non dimostrate illazioni. Conosco quel modo di ragionare viziato da un precostituito obiettivo. Prima di cercare sa già cosa cerca, e solo a quello scopo accumula notizie, poche, e notiziole, tante, fino al pettegolezzo. Il sottobosco melmoso della Storia. Era lo stesso modo usato da gran parte della sinistra, rivoluzionaria e non, ma non solo dalla sinistra, per individuare e attaccare i propri nemici. Lo stesso che ha portato noi, tra tutto il resto, a convincerci che Moro era sicuramente un «amerikano». Un modo di ragionare indotto dall'ideologia, o dall'interesse politico, e ripreso paro paro da quello sempre usato da questurini e servizi segreti d'ogni latitudine per compilare i loro dossier. Lo stesso usato dai giudici istruttori nei sistemi inquisitorî – sovietici o democratici – per costruire artefatti castelli di accuse. E ovunque, anche quando arrivava un delatore a guidare la mano, e dove la sua conoscenza dei fatti non arrivava – ed è il caso di Franceschini che del sequestro Moro sa poco e niente –, questi era poi forzato a corroborare tesi accusatorie con chiacchiere di seconda mano.

È un modo di ragionare, se è ragionare, che non è neanche poliziesco ma sbirresco. E che sia «rosso» poco cambia. Sempre da sbirro è.

Applicando l'idiota regola del «a chi giova?» – seguendo la quale uno che rapinasse una banca vorrebbe «giovare» al direttore per fargli fare la cresta sul rimborso dell'assicurazione – e se si fosse inclini al derivante lavoro dietrologico, si potrebbe pensare allora che, visti gli esiti e la compagnia, Franceschini può essere sempre stato un infiltrato del PCI nelle BR. Ma è ovvio che sarebbe una sciocchezza. Come sciocchezze sono quelle di Franceschini su Moretti «infiltrato».

Però, di certo, da fondatore delle BR, ha dato una bella mano ai dietrologi per impiastricciare la loro storia. Cioè per non rendere ragione da dove tutta quella roba è venuta fuori. Mentre è lampante che di tutte le storie che hanno segnato questo Paese quella delle BR, nella loro origine e nella loro azione, è certamente la più chiara, la più sviscerata e la più raccontata.

(E se noi ci stiamo spendendo altre parole non è per portare altra chiarezza su ciò che già era chiaro, ma per cercare di darne «perché e percome». E, di questi, alcuni esemplificativi risvolti. Sperando di avere cavato qualcosa nella difficoltà del percorso.)

Un peccato per Alberto, perché era uno dei pochi in quella banda ad avere cervello. E non è per niente il solito tipo del malefico vigliacchetto, perché coraggio ne aveva da vendere. Me lo ricordo a Nuoro. Fermi all'aria per protesta tutti raggruppati in un angolo ad aspettare che le guardie venissero a pestarci, lui in testa al gruppo. (Con me che stavo accanto a lui non perché fossi convinto che avremmo potuto concludere qualcosa, ma perché in galera è d'obbligo non tirarsi indietro, tanto più con quegli altri che ogni giorno minacciavano di tagliarmi la gola. Era la guerra delle BR proseguita in carcere. Era dura a Nuoro ma non stavamo appesi al muro cogli anelli. E io dovevo starci a vita, possibilmente sano.)
Le guardie aprono il cancello ma il maresciallo le supera tutte e viene avanti da solo piazzandosi proprio di fronte a noi due. E lui, Franceschini, a sbraitare come un ossesso mentre io tenevo d'occhio le guardie sicuro che di lì a pochi secondi ci avrebbero dato una bella ripassata. «Ci siamo rotti i marroni di come ci trattate.» Ma il maresciallo era sardo e non capiva, guardandolo interrogativo. E allora lui a stringerseli con le mani per fargli capire di cosa stava parlando. No, di coraggio ne aveva da vendere. Vigliacco lo è ora a sparare sul cane già affogato.

Un peccato. Ma forse, oltre il passato a tutti noi comune, ha qualcosa di altro dentro. E vecchi risentimenti cui dà libero sfogo ammantandoli di politicità. È un altro che, come Moretti dopo di lui, indulge a pensare che le BR siano finite col suo arresto. Quindi tutto bene finché c'è stato lui, e tutto male dopo di lui. Personalizzare. Trovare l'untore. Come se il germe di tutto ciò che è stato non l'avesse piantato pure lui. E dato che gli è difficile dimostrarlo sulla base di criptiche differenze politiche, meglio attingere al vasto repertorio del tradimento, della mano occulta. Miserie umane. Solo miserie umane.

Quello di Franceschini verso Moretti, in piccolo ovviamente, ma con pari determinazione e cattiveria, ricorda l'accanimento di Stalin contro Trotzkij. Politico sì, ma sotto c'era altro. Stalin odiava Trotzkij anche perché era ebreo. Perché aveva guidato la Rivoluzione del 1905 mentre lui faceva rapine col nome di «Koba» e poi, dopo quella del '17, anche la vittoriosa resistenza dell'Armata Rossa contro le truppe dei «bianchi». E Trotzkij, per di più, aveva una bella testa, era un gran trascinatore, un gran parlatore. Aveva fascino da vendere. Mentre Stalin, la cui «testa» era il Bucharin che poi avrebbe fatto fucilare, era poco brillante, taciturno e animoso. Anche Moretti, che pur non ha guidato nessuna vittoriosa resistenza ma semmai lo sfacelo, aveva carisma, carisma e fascino. Una compagna ad attenderlo in ogni colonna. Il riposo del guerriero. Mentre Franceschini... ma lasciamo perdere. Evitiamo di seguire quest'onda scivolosa.

# E ALTRE MISERIE

Alla fine sei riuscito a farmene parlare. Anche se di certo le mie miserie sono superiori alle sue. Vuoi affondare ancora il coltello nella piaga? Le mie miserie sono incommensurabili. Non per grandezza ma per gravità. Non solo nella gravità degli effetti, che si sanno e sono già un peso che si fa fatica a portare, ma anche in quello delle premesse. Un peso che per gli altri può essere tutt'uno con quello degli effetti, ma non per me. Io non sono stato capace di aspettare. La strada era quella, e solo gli ipocriti possono dire che si potesse cambiarla. Era già segnata. Forse dalla nascita, forse dal caso. Sicuramente anche dalla storia di questo Paese che per troppo tempo ha continuato a campare sul lascito della guerra fredda e dell'antifascismo. Lasciando così sul terreno vecchie e obsolete ideologie. Non certo dalle cattive compagnie, come dicono sempre le mamme. Perché fino a quel momento avevo frequentato il fior fiore della nostra generazione: la meglio gioventù. Quelle, le cattive compagnie della «peggio gioventù», sono arrivate dopo. E me le sono scelte da solo.

Dopo la metà del 1976. Ancora pochi mesi, con l'esplosione del movimento del '77, e sarebbe arrivata a Roma Prima Linea. Gruppo che veniva da una matrice a me molto più vicina. Non voglio aumentare il mio ruolo, ci sono costretto per fare i conti con la mia coscienza, ma senza l'ingresso mio e di Adriana nelle BR e, soprattutto, tutto il corollario di altri ingressi a quello conseguenti, le BR avrebbero avuto un bel daffare per arrivare al sequestro Moro. Posso fortemente dubitare che ce l'avrebbero fatta. E la storia sarebbe stata un'altra. E forse la «s» di storia andrebbe messa maiuscola. Anche se non sarebbero stati rose e fiori. Questo era nelle cose. La ruota si ferma solo quando ha finito i giri.

La gravità delle premesse è che, al contrario di quello che credevo, o ho voluto allora credere, se no sarei forse stato capace di non fare quel passo, le BR a Roma erano quattro gatti male in arnese. C'erano solo Moretti e Bonisoli che, peraltro, facevano su e giù con Milano per andarsi a ricaricare con l'atmosfera di una «città operaia». Roma, il «cuore dello Stato» cui avevano tanto anelato, li sgomentava. Non c'erano operai ma giovani scalmanati dei quartieri proletari. Non c'era lotta di fabbrica ma lotte sulle bollette della luce e del telefono. Un'eresia economicista, per loro. E c'erano un sacco di poliziotti. I pochi altri che qui erano con loro sapevano a malapena da che parte si comincia a mettere su un'organizzazione clandestina. Quella cavolo di colonna, quella macchina da guerra, l'abbiamo messa su noi e gli altri entrati appresso a noi, mentre loro continuavano a fare su e giù per l'Italia, controllando che tutto andasse per il meglio e dando «la linea». E quando la macchina è fatta nessuno la ferma. Se costruisci un esercito prima o poi trova una guerra da combattere.

C'è un dubbio, c'è un «forse», ma non è che possa nascondermici dietro. Andiamo al fondo. La piaga resta lì. Ma almeno si sa fino a dove è arrivata la cancrena. Ti bastano come miserie?

E parlando di miserie mi viene in mente quello che ha detto Moretti su quei tempi della colonna romana. Alla domanda della Rossanda e di Carla Mosca sullo scioglimento del Fronte delle Grandi Fabbriche nel '76, e alla conclusione che le BR lasciarono le fabbriche per spostare altrove l'asse dello scontro, Moretti risponde negando e dice che all'epoca avevano a

Roma una brigata di fabbrica a Pomezia, una nei servizi, una alla SIP (che era nei «servizi» e quindi la stessa sarebbe nominata due volte), una al Policlinico. «Per non parlare delle brigate di quartiere, al Tiburtino, a Centocelle, a Primavalle. Investiamo segmenti sociali più articolati, siamo diffusi sul territorio in mezza Italia, dal Veneto alla Toscana, dal Piemonte alle Marche, dalla Lombardia alla Liguria.»

La domanda non era tanto benevola. Abbiamo già parlato dell'abbandono da parte delle BR del terreno di scontro della fabbrica a favore di quello contro lo Stato. Non a caso il Fronte delle Grandi Fabbriche viene assorbito, cioè scompare, nel Fronte della Controrivoluzione. Che, anche di questo abbiamo già parlato, era quello preposto a trovare obiettivi che poco avevano a che fare con le fabbriche. La domanda non era benevola. E Moretti, cioè sempre le BR, come se la cava? Da politico. Con balle e frasi dal senso più che fumoso. «Investiamo segmenti sociali più articolati.» Oddio. «Siamo diffusi sul territorio in mezza Italia» e giù l'elenco delle regioni. Che impressione! Diffusi.

Quale sottigliezza nella scelta delle parole. Non «forti» o «radicati» – come si spara in questi casi – che avrebbero fatto sorridere le interlocutrici, ma una parola che pare innocua, che entra dentro sottovoce rilasciando subdolamente il suo senso. Un cane morto nelle scelte politiche ma non in quella delle parole. Sulle prime seguiva il modello stalinista, sulla seconda quello democristiano. «Diffusi.» Estesi, propagati, due soli dei tanti ben più corposi sinonimi che arrivano all'interlocutore tramite quell'affusolata parola. Questa sì che è arte politica. O meglio il suo prodotto di scarto.

Ma di che parla Moretti? Nelle Marche c'erano sì e no tre compagni, idem nel Veneto. Gli unici punti di forza, si fa per dire, erano Milano, Torino e Genova. E in quest'ultima città i compagni erano quattro o cinque. Di cui forse un paio nelle fabbriche.

Di queste brigate di cui parla, a Roma non c'era neanche l'ombra nel 1976. Sono arrivate dopo. E quindi non risolvono la questione posta. Le fabbriche, la lotta operaia, sono state abbandonate dalle BR del tutto indipendentemente dal loro presunto maggior radicamento sociale. Sono state abbandonate perché le loro scelte portavano altrove. Lo scontro con lo Stato.

Ma ciò che allora era chiaro e inequivocabile, a riandarci dopo tanto tempo con la memoria, e sotto la pressione di evidenti contestazioni, può manifestarsi nella sua equivocità, nel suo segno negativo. E allora si mettono le pezze. Mentendo. E applicando al ricordo, a quelli che dovrebbero essere solo fatti, storia, il filtro della politica. Riandare al passato facendo ancora politica è il vizio per cui in questo Paese non si riesce mai a venirne a capo. Non lo vogliono le forze politiche «borghesi» che le BR hanno combattuto. Ma non lo vogliono neanche le «antiborghesi», e da tempo defunte, BR.

E queste poi, continuare a nascondersi dietro il paravento della politica, non sono neanche miserie personali. Quelle almeno, come l'acrimonia di Franceschini verso Moretti, hanno qualcosa di umano. Sono emozioni e sentimenti che, per quanto negativi, hanno un calore. Queste sono miserie fredde che continuano a piantare un coltello, un ostacolo, nella memoria collettiva. Sono le miserie della politica. La separazione tra l'uomo e la funzione politica. Quella che permette al politico di fare qualsiasi cosa senza che questa intacchi l'uomo.

# ESSI TORNANO

Le «nuove br» sono finite su quel treno Roma-Firenze fermo alla stazione di Terontola nel marzo del 2003. Finite con altri due morti di troppo. Nessuno si aspettava che tornassero. Tanto meno io. C'era una pietra sopra. Non passavo le giornate a interpretare quello che si muoveva sopra o sotto i vaghissimi conati della contestazione armata. Episodi, rimasugli. Era storia chiusa. Un'altra vita. Rubata al caso e all'altrui dolore. Comunque un'altra vita.

Nessuno se l'aspettava, compresi i politici. I quali, però, è meno comprensibile che siano cascati dal pero. Forse non ci hanno badato perché hanno sempre qualche altra cosa di più importante da fare. Una cosa importante che dovevano fare era chiudere definitivamente quella stagione di lutti e di sangue. Quella stagione in cui il Paese ha vissuto un conflitto sociale violento. Ma quell'ordine del giorno è sempre slittato. Non solo per disinteresse ma per paura. Non era così semplice. Non si trattava solo di un tratto di penna. Si sarebbero riaperte vecchie ferite. Si sarebbe riaperto il gran libro degli errori. I vecchi protagonisti politici di quella stagione non c'erano più. Sostituiti da altri che tutto avevano buttato via. Il bambino e l'acqua sporca. Però quei libri li tenevano ancora loro.

Ma appena successo, appena ucciso D'Antona, non ci voleva molto a fare due più due. Le nuove BR avevano raccattato da terra un testimone che i politici non si erano presi la briga di togliere di mezzo. Noi sì, in verità, e a gran voce. Tutti. Compreso, a suo modo, il taciturno Moretti. Era finita. Basta. Ma la guerra, come l'amore, si fa in due. Noi abbiamo scartabellato una a una le pagine dei nostri errori, e orrori. Abbiamo puntato il dito sulla necessità che quel lutto andasse elaborato, digerito, reso partecipe alla coscienza collettiva. Perché quegli errori e quegli orrori erano comunque il parto di quella nostra società. Noi eravamo comunque suoi figli. E suoi figli lo erano tutti quelli che sono morti. Come per Moro hanno fatto un funerale senza cadavere. Pensando che bastassero le galere a tenerne lontano lo spettro. Commemorazioni rituali. Discorsi retorici e fiori sulle lapidi. Non una parola sulle cause e sugli effetti. Il loro libro segreto è rimasto sempre chiuso.

E quando quello che doveva accadere è accaduto, anziché andarsi a nascondere sotto un sasso, loro, che pur dicevano di non entrarci niente con quelli di prima, hanno affollato le telecamere per dire che avrebbero sconfitto queste Brigate Rosse come avevano sconfitto quelle di quindici anni prima. Loro, sconfitte. Non avevano mosso un dito allora tranne che riempirsi la bocca di roboanti parole e promulgare leggi speciali. Poi avevano affidato tutto alle forze dell'ordine e alla magistratura. Un problema di polizia. Certo lo era anche. Se qualcuno va in giro ad ammazzare bisogna trovare il modo di fermarlo. Ma, appunto, non erano bande criminali. Era anche un problema politico. E se la politica si riduce a una delega a polizia e magistratura prima o poi se ne paga lo scotto.

Noi quella fase l'avevamo chiusa con la sua critica politica ma lo Stato e i suoi partiti, no. E chi ha continuato a guardare solo allo Stato per decidere come fare la Rivoluzione ha trovato la porta ancora aperta.

Avevano capito, questo sì, che noi avevamo chiuso. Noi sì, lo Stato e i rimasugli di brigatismo ancora no. Anche se oggi lo Stato di cui si parla non coincide più in toto col governo, perché le forze politiche che si portano appresso i debiti delle vecchie stanno quasi tutte dall'altra parte. Ma è pur sempre lo Stato a rappresentarle tutte. Non può essere solo un paravento.

La partita – poca cosa nella loro agenda colma di appuntamenti epocali – è ancora aperta. Se continueranno a non fare nulla potranno solo sperare che il serbatoio sia completamente a secco. (Noi anche, ovvio, ma loro non sono pagati per «sperare». Sono pagati per far sperare gli altri.) Sempre che gli interessi qualcosa. Un omicidio ogni tanto, uno all'anno, o ogni due non è poi una calamità nazionale. E poi qui ogni giorno sono in gioco le sorti della Repubblica. E, come diceva Scalfari su Moro, tra la perdita di una vita e quella della Repubblica ogni democratico sa da che parte stare. Quella sbagliata. Questa Repubblica si è smarrita e ritrovata, sempre in peggio, decine di volte. Le vite perse no.

I nuovi brigatisti non hanno cavato le loro armi da un buco. Anche loro venivano da lontano. Non potevano spuntare dal nulla. Ma solo dalle ceneri di un fuoco che pareva spento, come l'araba fenice. C'erano sempre stati, non a Roma probabilmente, ma c'erano sempre stati. Un gruppetto qua uno là. Sopravvissuti all'ecatombe. Quando fai poco o quasi nulla puoi andare avanti a lungo. Ci hanno messo una decina d'anni. Poi si sono ritrovati in mano quel testimone lasciato per terra e se lo sono rimesso nel paniere. Ora occorrevano le parole che giustificassero l'azione. Non le parole di un volantino per una bombetta in provincia ma parole più corpose, più lunghe. Parole che addirittura dovevano arrivare a un futuro remoto in cui tutto sarebbe potuto rinascere. E per arrivarci, visto che il mondo era ancora un coacervo di esplosive contraddizioni, occorreva inventarsi un presente in cui qualcuno andasse ammazzato. Ma chi?

Tanti nemici, anche troppi, destra sinistra centro, un bailamme. Ma nessuno che spiccava in modo particolare. Si sono guardati il testimone che avevano raccattato da terra e hanno trovato la soluzione. Le vecchie BR si erano fermate a un punto della loro strategia di attacco al cuore dello Stato. Più precisamente al cuore nascosto dello Stato. Le teste d'uovo. Quelli che da un cantuccio all'università o da un piccolo ufficio ministeriale rifornivano di idee la strategia controrivoluzionaria. I veri nemici, perché quelli in prima fila, i politici, non facevano altro che applicarle. E da lì le «nuove BR» sono ripartite, per riprendere il lavoro lasciato incompiuto, paro paro. Un'altra volta come la Nuova Resistenza. Nulla di nuovo sotto il sole. E i lungimiranti politici al solito a strepitare, a far finta di non capirci niente. Perché avranno colpito mai il povero D'Antona, un professore, un uomo tranquillo? E quali saranno i prossimi obiettivi? Chiunque. Siamo tutti in pericolo. Gente stringetevi attorno a noi.

E gli esperti della domenica a dire la loro e l'*intelligence* pure. A caso, come capitava. Chi vuoi che ci badi? Il prossimo fu Biagi. Non è che ci volesse la palla di vetro. Stava accanto a D'Antona nella foto di gruppo.

Quella vecchia strategia delle BR era diabolica. Nel senso che il diavolo stalinista ci aveva messo lo zampino. Una rivisitazione del socialfascismo staliniano degli anni Trenta, voluto da Mosca e accettato da Togliatti. (E neanche di questo, sicuramente, i brigatisti erano consapevoli. Solo che quella mala pianta sempre la stessa roba ha prodotto.) Allora, in quegli anni Trenta, per i comunisti erano nemici più pericolosi dei fascisti i tanti che, mascherati da antifascisti, in realtà propugnavano il mantenimento dello stato capitalistico ai danni della classe operaia. Pietro Nenni e il Partito d'Azione in testa. Per le BR i «veri nemici» diventarono quei democratici che, sotto mentite spoglie di sinistra, puntellavano la borghesia nella sua lotta contro la classe operaia. Siamo lì.

Il primo fu Tarantelli, professore ed esperto ucciso nel 1985. Altri ne seguirono. Era successo che, avendo attaccato inutilmente il punto più alto del cuore dello Stato col sequestro Moro, le BR si erano accorte di aver raggiunto la quota di stallo. Più su di lì non si poteva andare. Che fare? Alziamo la cortina e andiamo dietro. Lì troveremo nemici ancora più pericolosi, camuffati da professori, esperti. Di certo il «vero» punto più alto del cuore dello Stato. Non ci avevano pensato prima ma non faceva niente. Era sempre possibile rimediare alla svista.

Dovevano piazzarsi al punto più alto. Non dove era troppo facile, ma dove era più difficile. Dove avrebbero potuto mostrare la superiore capacità d'analisi del Partito Comunista Combattente. Scoprire i «cervelli occulti» della controrivoluzione. Non più la «geometrica potenza», in fondo solo una questione tecnica, ma la «geometrica lucidità». Questa sì assai più difficile da raggiungere. La totale impotenza osannata come massima potenza. Non uomini di potere ma uomini di pensiero.

# PAROLE, PAROLE

Terroristi, in Italia sul finire del Millennio. Terroristi di quella razza antica mentre tutto il mondo era cambiato. Mentre terrorismi di tutt'altra natura, e portata, hanno occupato il proscenio. Mentre, in virtù di questo, le guerre del terrorizzato Occidente sono diventate guerre antiterrorismo. E che possano definirsi tali dipende forse più da quel terrore – ampiamente sfruttato e pompato – che dai loro reali obiettivi.

E tutto questo si è portato appresso altro.

Dopo l'11 settembre è stata ulteriormente accentuata la dilatazione di senso di una parola che ha un ruolo attivo nel determinarsi dello stato di guerra permanente cui si va incontro. Una parola che, intrapresa la via, rischia di essere ancora più dilatata nel futuro. Terrorismo.

La modifica di senso è stata accentuata con lo «scambio politico» tra la Russia e gli Stati Uniti. La Russia appoggiava, cautamente, il programma antiterroristico degli Stati Uniti in cambio della mano libera in Cecenia. Così la concomitanza con lo sconquasso emotivo dell'attacco alle Torri Gemelle, quello sì ultra terroristico, ha consentito ai russi di dire che anche loro in Cecenia combattevano dei «terroristi». Da lì il passo è stato breve. E subito dopo sono diventati «terroristi» non solo quelli che in Iraq rapiscono e uccidono, ma anche quelli che, armi alla mano, attaccano i fortini delle forze d'occupazione.

Certo i ceceni usano, anche, il terrorismo – non hanno carri armati né bombardieri, se no userebbero quelli. Ma se sono terroristi anche quelli che combattono contro l'occupazione armata del proprio Paese – e genocida come quella russa contro il popolo ceceno – andrebbero riscritti i libri di storia, e parecchie costituzioni. Lo sarebbero stati i coloni americani che hanno combattuto la Corona. E tutti gli altri avanti nel tempo, fino ai partigiani che hanno combattuto i nazi-fascisti. Quasi ogni Stato sarebbe fondato, anche, sul terrorismo. Assai poche sono state le liberazioni e le indipendenze pacifiche.

Dopo l'attacco alle Torri Gemelle, e gli altri avvenuti in Occidente nella guerra intercontinentale dell'Islam radicale, la paura serpeggia. Ma è anche fatta serpeggiare. E a vedere le cose con realismo politico si potrebbe pensare, senza andare troppo lontani dal vero, che questo sia tutto meno che casuale. Non solo perché era ovvio che le «guerre totali» avrebbero radicalizzato lo scontro e rafforzato le schiere dei terroristi, ma anche perché il terrorismo viene evocato anche quando terrorismo non è. Il permanere della minaccia terroristica va a fagiolo con i progetti di dominio planetario e con quelli di un maggiore controllo interno. Nelle condizioni d'emergenza, come da noi per più di un decennio a cavallo degli anni Settanta, la politica autoritaria ci sguazza.

Si potrebbe quindi temere che la dilatazione di senso di quella parola possa portare ad allargare ulteriormente in un prossimo futuro la categoria dei «terroristi». E con questa quella degli «oggettivi fiancheggiatori». La sempre più sparuta schiera di quanti avranno l'ardire di sollevare obiezioni.

Se si potrà continuare a usare questa parola come un elastico, potrebbe ben presto arrivare a comprendere qualsiasi tipo di oppositore. Anche chi, nello scarico delle proprie frustrazioni notturne, potrà mettersi a decapitare parchimetri.

Come lo scorato Paul Newman di *Nick mano fredda*. Ricordi? Un altro antieroe schiacciato dalla macchina. Tre anni di lavori forzati per quattro o cinque parchimetri e ammazzato perché aveva il vizio di scappare di galera. Il fatto grave non era che avesse decapitato parchimetri, ma che fosse un «elemento antisociale». Da lì a diventare «terrorista» basta molto poco, con l'aria che tira.

# I CONTI IN SOSPESO

In Francia vivono da tempo un qualche centinaio di ex-terroristi italiani. No, non stanno nascosti. Sono tutti conosciuti uno a uno. Da più di una ventina d'anni le autorità francesi gli riconoscono, di fatto, lo status di rifugiati politici. Anche se in Italia non esistevano detenuti, né ricercati, politici. Solo criminali. La Francia dà asilo a dei criminali che secondo le leggi italiane dovrebbero stare in gattabuia. Lì non esiste il reato di «banda armata contro i poteri dello Stato». Non esiste ma sanno benissimo cos'è. Un reato politico. Quindi chi ne è accusato è giocoforza un «politico». Non è in discussione che quei rifugiati di reati ne abbiano davvero commessi. Forse non tutti quelli che gli sono stati addebitati in contumacia, ma qualcuno certamente sì. E forse per qualcuno l'estradizione verrà anche concessa. (Non tanto per i reati in sé che, comunque, non potranno essere che i più gravi, quanto perché in questo momento di antiterrorismo globale ciascuno deve mostrare di fare la sua parte. Cioè a dire che se alcuno di quei rifugiati verrà estradato non sarà realmente per i reati che ha commesso trent'anni fa, ma perché Bin Laden ha ammazzato tremila persone nell'attacco alle Torri Gemelle.)

Ma per i più, quelli che hanno reati minori in compagnia

di quello di banda armata, non è così. E lì, poi, sono tutt'altro che criminali. Ognuno con una sua vita ricostruita in piena legalità e tranquillità. Alcuni con un posto non di secondo piano, medici, professori, scrittori. Altri con ristoranti, bistrot.

Staremo a vedere quanto la Francia, così riluttante a seguire gli Stati Uniti nella loro crociata purificatrice, riuscirà a tenere ferme le sue regole. Almeno verso i rifugiati. Perché contro la loro emergenza terroristica anche loro hanno dovuto usare leggi e tribunali speciali.

La più importante banda armata francese, Action Directe, non ha fatto un sequestro Moro, e quindi l'eco della sua attività non ha travalicato le Alpi, ma è stata attiva almeno fino al 1987. In cosa? Rapine, assalti, attentati, omicidi. Poco a che vedere però con le nostrane BR. Molto sulle fabbriche, molto sull'esercito e le industrie di guerra, molto sull'antimperialismo, USA e NATO. Anche contro la polizia naturalmente. Ma non come qui da noi. Lì assaltavano direttamente i commissariati. Sono entrati mitragliando addirittura negli uffici dell'Interpol. E sparatorie per le vie di Parigi a non finire. Una grossa Banda Bonnot.

Comunque sia, pur calcando assai la mano, la Francia non ha mai travalicato il proprio diritto quanto la Germania, dove sono stati quasi più i militanti della RAF ammazzati per strada di quelli arrestati, né quanto l'Inghilterra.

Per risolvere la questione irlandese l'Inghilterra ha fatto terra bruciata del suo millenario diritto. Rimangiandosi anche l'habeas corpus addirittura antecedente alla Magna Charta di re Giovanni, e dando licenza di uccidere, e naturalmente di tortura, alle squadre speciali del SAS. Ma uno Stato è uno Stato. Soprattutto se ha dietro una storia millenaria che il nostro non ha. Travalica la legge quando c'è la guerra e sa di nuovo travalicarla quando occorre la pace. E infatti, non appena decretato il «cessate il fuoco» con l'IRA – e prima che da ciò si avviasse un vero e proprio processo di pace, anzi proprio per permetterne l'avvio – ha rimandato a casa centinaia di terroristi nord irlandesi. Terroristi di bombe. Ognuno con non pochi morti a carico. Ma la pace per tutti è più importante delle pene dei singoli. Ragion di Stato.

L'Italia, dal canto suo, è finita nel libro nero di Amnesty International per le sue leggi speciali e per il modo in cui sono state applicate, ma i nostri politici, cui pare non gravare molto quel peso, anziché levarselo di dosso, sono pronti a fare salti di gioia ogni volta che uno dei rifugiati francesi è sottoposto al giudizio della Chambre d'Accusation per il rimpatrio. Mentre i nostri organi di informazione – che sempre più fanno politica e, di conseguenza, sempre meno i cani da guardia della politica, se non della parte avversa – anziché cogliere l'occasione per sollecitare un qualche ripensamento, preferiscono aizzare gli animi. Schierarsi col Sovrano laddove si è certi di non sbagliare, laddove ognuno può fare la sua bella figura. E allora dagli addosso agli ex terroristi. Come se quel passato non fosse mai passato. E difatti, politicamente culturalmente e storicamente, non lo è.

C'è qualcosa di stolto in tutto questo. È una ferita, una vecchia ferita che va sanata, non cosparsa di sale. La storia di questo Paese ha fatto sì, tra l'altro, che in Francia ci siano dei rifugiati politici. Occorre farsene una ragione. Assieme alla ragione di quello che è avvenuto negli anni Settanta.

Dopo tutto questo tempo è patetico che i politici continuino ad agitare la panacea delle manette e degli ergastoli. Ce ne sono stati a iosa. Secondo le nostre leggi noi abbiamo tutti pagato. Rimangono in Francia i rimasugli. E sono passati trent'anni. Il conto che rimane aperto non può più essere giudiziario ma di altra natura. Noi con le nostre coscienze e responsabilità, loro con le loro. E questo conto non è saldabile con gli anni di galera. Né quelli che abbiamo scontato né quelli che vogliono continuare a fare scontare. È patetico che rinviino ogni assunzione di responsabilità con la scusa, tra le altre, che mancano al loro conto galeotto un qualche centinaio di rifugiati in Francia. Sarebbe come non decretare una pace perché c'è ancora un qualche reparto combattente fuori controllo. Prima si farà la pace poi, in virtù di questa, si penserà a disarmarli. E i rifugiati in Francia non se ne vanno in giro con un'arma in mano, ma semmai una baguette.

Ma tant'è. Ora i politici hanno un pretestuoso argomento in più per rimandare quella resa di ragioni. Se non fai nulla, prima o poi lo sviluppo delle cose ti servirà su un piatto d'argento l'opportunità di continuare a non farlo. E alla fine è arrivata. Ora, sotto la copertura della guerra globale al terrorismo, possono far finta di essere di nuovo in prima linea. Non nel prendere i terroristi che ammazzano oggi ma quelli che lo sono stati una vita fa.

Nel loro grande libro dei delitti e delle pene c'è un altro capitolo aperto. Ed è quello di Sofri. A parer mio è abbastanza disgustoso quello che ci si agita intorno. Da una parte e dall'altra. Da quella dei colpevolisti e da quella degli innocentisti. Gli uni ad accanirsi sul singolo per avere buon gioco a rinviare una soluzione collettiva. Gli altri a santificarlo per lo stesso motivo. Salvarne uno, innocente, per meglio giustificare la dannazione di tutti gli altri, colpevoli. Il tutto, sempre e comunque, sulla sua pelle. Perché stando in galera, avendo scelto di starci anziché fuggire, non è che abbia molte possibilità di manovra. Pedina in un gioco in cui la sua libertà non è la posta.

(Disgusto per disgusto, su Sofri quello massimo lo ha raggiunto Moretti. E anche qui meglio avrebbe fatto a tacere. «Non è tollerabile che chi è stato un leader rinneghi tutte le idee e un periodo storico cui ha partecipato. Fatela questa critica, compagni, ma fatela vera [...] Se critica al passato deve essere, sia aperta, totale, fuori dalle aule di giustizia finalmente. Non un atto di contrizione, che sarà anche nella cultura italiana, ma a me pare il peggio del gesuitismo.»

Non c'è che dire. «Non è tollerabile [...] Se critica deve essere che sia una critica vera, aperta, totale non una contrizione gesuitica.» Se qualcosa è scarsamente tollerabile è che chi contamina la propria autocritica con una gesuitica calibratura delle parole si metta a fare le pulci ad altri. No alla contrizione, ma sì alla supponenza e alle rappezzature. Queste sì tutte interne alla cultura politica italiana.

Da parte nostra, invece, potremo dire a discolpa di Moretti, e delle BR che si è ancora ostinato a rappresentare, che già molto ha detto e criticato. E, certo, non solo da parte sua ma di molti altri ex-BR. Ma che oltre non era facile andare perché dalla parte istituzionale, o dei partiti che dir si voglia, si è alzato un muro di gomma che era il naturale proseguimento del muro della fermezza. Nulla dire e nulla fare che potesse portare a un coinvolgimento politico o di responsabilità. Ma se così fosse, se quello fosse stato il limite imposto, ci sarebbe ancora una volta un errore di referente. Una prosecuzione dell'errore massimo compiuto dalle BR, portato senza soluzione di continuità dal terreno della lotta armata a quello della sua successiva critica.

Non è il mondo politico l'interlocutore. Non è a quello che va data ragione di quanto è avvenuto. La politica non accetta ragione che non sia la propria. E la propria ragione è, sopra ogni altra cosa, la difesa di sé, la propria sopravvivenza. La negazione degli errori del passato per mascherare la vanagloria del presente. Il circolo vizioso dell'autoreferenzialità della politica, che ha già visto le BR strettamente avvinghiate alle istituzioni. Non è a loro che va resa ragione, né da loro può attendersi risposta, come un riconoscimento postumo. Ancora. Non lo daranno mai perché con questo dovrebbero anche riconoscere i propri errori. A meno che l'ostacolo non venga aggirato. Inutile cercare di sfondare il muro. Inutile calibrare le mosse di una partita che non vogliono giocare. Questo sbaglio è già stato compiuto. Alla fine, e una volta per tutte, basta con la politica. Col dire e non dire, con l'ammettere e non ammettere, col criticarsi da un lato e autocompiacersi dall'altro. La politica non era il nostro modo d'essere, non era il motivo che ci ha spinto. Era uno strumento, necessario allora e non più necessario oggi. Eravamo uomini che hanno creduto e hanno sbagliato. Siamo uomini pronti a riconoscere l'errore. E, subordinato a questo, siamo uomini consapevoli che non solo nostro è stato.

È alla ragione collettiva che va reso il conto. Cercando di colmare il buco nella sua memoria per renderla partecipe del come e del perché è avvenuto ciò che è avvenuto.)

Tornando a Sofri, i suoi detrattori dicono che, oltretutto, è un po' arrogante, e forse non è un mostro di simpatia. Ma non è per il caso specifico. Se lo è lo è sempre stato. L'arroganza dell'intelligenza, come i più tra i vecchi leader del movimento del '68. E questo non è un reato da codice penale. Ci si può ripensare una volta che sarà fuori.

Quelli che vorrebbero restasse a marcire in galera lo fanno per tenerci tutti gli altri. Non solo nella galera fisica, che pochi ne restano, ma nella galera dell'annullamento della memoria. Quelli che lo vogliono salvare si rifugiano dietro il dito del provvedimento ad personam. All'italiana. Dicendo e non dicendo. Dicendo, ambiguamente, il tanto che basta su quegli anni e guardandosi dal dire il tanto che stroppia. Il tanto che farebbe riaprire un discorso che non vogliono riaprire.

«Erano sì anni feroci, però questa è una condanna dubbia, sulla sola parola di un delatore. Lui no. Tutti gli altri sì, ma lui no.» Sembrano dire. Non voglio entrare nel merito. Non è affar mio. Se fosse colpevole fa male a tacere. Perché non è solo la sua vita, o i suoi passati motivi, a essere in gioco. Se è innocente fa bene a gridarlo forte. Gridando altrettanto forte, come credo abbia fatto, che di tutto ciò che è avvenuto nessuno può dirsi innocente. Di un fatto specifico magari sì, ma di tutto quello che c'era intorno, di tutto quello che a quel fatto può avere portato, no.

Andrebbe peraltro detto che le condanne dubbie, e quelle sulla sola parola di un delatore, hanno riempito le galere. C'è chi ha avuto l'ergastolo senza avere mai preso una pistola in mano, e senza neanche sapere cosa gli altri facessero. Se i nostri garantisti reticenti avessero voluto proprio muoversi con provvedimenti ad personam per sanare ingiustizie, potevano mettere i piedi nel piatto. Quello dei colpevoli, perché la salvaguardia delle garanzie per i possibili innocenti è fin troppo facile, e ambigua. Potevano tirare fuori Maurizio Ferrari che era da trent'anni in galera, trent'anni, senza aver sparato un solo colpo di pistola. È stato un brigatista, uno della prima ora arrestato nel '74. Ed era colpevole. Di banda armata. Null'altro. E di non parlare con una guardia neanche per chiedergli una forchetta, piuttosto usava le mani. Forse era questo il suo reato più grave. Non si è piegato. E perché avrebbe dovuto? Non ha ucciso nessuno. E aveva già pagato ben oltre il dovuto. Noi che abbiamo ucciso dovevamo piegarci e l'abbiamo fatto. Più per le nostre coscienze che per avere la grazia dal Sovrano.

Trent'anni, un ergastolo in pratica, per un reato che ha un massimale di pena di quattordici, quindici anni. Potevano tirare fuori Maurizio Ferrari, tra una tavola rotonda e l'altra sul caso Sofri. Tanto per rafforzare il loro punto di vista sui casi individuali. Ma avrebbero dovuto dire perché. Magari prodursi in qualche spericolata acrobazia verbale e politica. Potevano tirarlo fuori anziché aspettare che lo buttassero fuori dal carcere perché si erano stufati di vedere la sua faccia. Avrebbero potuto farlo e poi, subito dopo, tornare a parlare di Sofri.

I provvedimenti ad personam sono un filo di paglia che nasconde poco. E ancora peggio l'amnistia. No grazie. Non è di questo che stiamo parlando. L'amnistia non la vuole nessuno. Non la vogliono i familiari delle vittime del terrorismo. Perché solo alla pena possono aggrapparsi come minimo risarcimento per quello che hanno subito. E non possono volerla neanche i familiari delle nostre, di vittime. Che neanche a una pena possono aggrapparsi perché per quelle nessuno ha mai pagato. E vivono nello sconforto per l'ignominia portata loro dalle azioni dei figli. Dei figli rinnegati di questo Paese. La nostra peggio gioventù. Non possiamo volerla noi perché è altro che cerchiamo da un tratto di penna che cancelli la pena ma non la condanna. E non la vogliono i politici per tutte le ragioni di cui fin qui abbiamo parlato.

Paolo Mieli, uno degli scarsi coraggiosi della nostra generazione tra quelli che poi si sono costruiti una brillante carriera, afferma che nessuno che sia passato in quegli anni può dirsi innocente per quello che poi è accaduto. Compreso lui che pure ha fatto un passaggio fugace nel '68, per poi viversi emozionalmente il resto dalle stanze de «L'Espresso» e degli altri giornali dove ha proficuamente messo a frutto il suo impegno. In una sua risposta dello scorso anno nelle lettere del «Corriere», a un lettore che credeva giunto il momento di un'amnistia per gli ex-terroristi, cita il politologo tedesco Carl Schmitt. (Per quel qualcuno in vena di scherzi pronto a dire che potrebbe essere un altro ammanicato con una fantomatica internazionale comunista va detto che no. Tutt'altro. Era di destra, semmai, e assai.)

«La parola amnistia significa dimenticare e non solo dimenticare, ma anche divieto severo di frugare nel passato per trovarvi ulteriori ragioni di vendetta. Amnistia è assai più che un condono o un semplice arresto della macchina della giustizia; deve essere qualcosa di più di un gesto di compassione... è qualcosa di più di uno sgravio dell'apparato persecutore dello Stato. È un atto reciproco di dimenticanza; non è una grazia e neppure un'elemosina: chi riceve l'amnistia deve anche darla e chi la dà deve anche sapere che la riceve.»

Condividendo questo autorevole parere, così Mieli conclude la sua risposta: «Lei ha ragione nel sostenere che uno dei motivi per cui ancora oggi ci sono in giro terroristi di quel tipo antico è che non si è mai voltata pagina rispetto agli anni più cruenti della lotta armata... Ma le sembra che il nostro Paese, non dico sul terrorismo ma su qualsiasi altro evento della nostra storia patria, sia disponibile a "un atto reciproco di dimenticanza"? Non lo è neppure per episodi di centoquarant'anni fa come la rivolta di parte delle popolazioni meridionali contro l'unità d'Italia, si figuri sul sangue versato negli anni Settanta. Forse, rileggendo le parole di Carl Schmitt, capiremo perché qui da noi una vera amnistia è quasi impossibile. Purtroppo».

Purtroppo. Finché la scrittura della storia sarà un atto accomodante a fini politici. Anche qui, via dalla politica. Da quella istituzionale e da quella infiltrata nei luoghi della conoscenza. La storia di questo Paese è patrimonio collettivo, la memoria e l'elaborazione dei lutti per la reciproca dimenticanza è processo collettivo.

# LE MACCHINE POLITICHE

Torniamo a scavare. Non nei fatti, e neanche in quello che poteva esserci dietro, politicamente o storicamente, ma in meccanismi più reconditi. C'è forse qualcosa dietro che, usando un termine assai in voga ai tempi della nostra gioventù, si potrebbe definire «strutturale». Un qualcosa che può spiegare altre cause dell'avvitamento ideologico degli anni Settanta.

La politica e le macchine ideologiche e organizzative che produce, gli strumenti che usa.

Va da sé che la macchina organizzativa della politica, come tutte le macchine, è creata da uomini. Uomini diversi con intenti diversi. Quindi, apparentemente, sarebbero diverse anche le organizzazioni che producono. Ma qualsiasi macchina politica, che sia clandestina o meno, parlamentare o extraparlamentare, segue la stessa logica. (E anche qualsiasi altra macchina organizzativa, banca o industria, o esercito.) Cambiano l'aspetto, le regole, la rigidità, ma la logica alla fine è sempre quella. Può nascere assembleare e democratica ma ben presto, per il prevalere dell'urgenza sui contenuti, il percorso si inverte. La macchina politica è autoritaria per definizione. È un mezzo fatto di uomini ma, prima o poi, si rende autonoma da loro, vive di vita propria. Una vita la cui durata supera di gran lunga quella degli uomini che ci si muovono dentro. E a un certo punto il suo fine, il suo proprio fine, il suo mantenimento in vita, arriva a travalicare i fini per cui era stata creata. Non è più un mezzo ma qualcosa di più. A quel punto gli uomini che ne erano nutriti diventano suoi nutritori. Pronti anche a mettere in secondo piano i fini per cui era stata creata a fronte del sopraggiunto fine supremo del suo mantenimento. Perché l'organizzazione è tutto. Senza organizzazione sarebbero orfani, impotenti. Ogni compromesso diviene lecito per quel fine che non ha più nulla di concreto se non la vuota concretezza dell'organizzazione.

Può essere una macchina di libertà, tutte le macchine politiche si dichiarano tali, ma la libertà dei singoli che la compongono ha come limite l'interesse della macchina, la sua salvaguardia. Perché essa, anche se nel momento particolare fa tutt'altro, è portatrice futura di una superiore libertà. E che le scelte cui questo porta possano diventare contraddittorie coi fini di tutti i singoli poco conta. Devono assoggettarsi. La deroga in politica si chiama «libertà di coscienza». Ed è abbastanza strano che questa sia la rara eccezione e non la perenne regola. Se i singoli non hanno sempre libertà di coscienza che cavolo ci stanno a fare? Non è quella libertà, o l'affermazione di quella libertà, che li aveva portati a creare la macchina? O ad aderirvi?

Santa ingenuità mi dici? Hai ragione. Nel PCI ci sei passato anche tu. E quella, di macchina politica, era un ben oliato meccanismo triturante. E io sono passato anche nella sua versione estremizzata delle BR. Più c'è ideologia e più sono trituranti. Non per la libertà dei singoli sono create le macchine politiche ma per quella collettiva. La Nazione, l'Umanità. Concetti astratti che non possono essere rappresentati dalla somma degli individui concreti ma soltanto dall'astrattezza della macchina. Dalla sua ideologia. E torniamo daccapo.

Le macchine organizzative diventano prima o poi nemiche dei fini per cui sono state create. Anche una macchina che si dice rivoluzionaria. Una bella contraddizione in termini. E un'idea giusta – ma nel posto sbagliato e pessimamente applicata perché è diventata un'altra cieca macchina ideologica messa in mano a dei ragazzini – è stata quella di Mao Tse-tung, della Rivoluzione culturale. Della rimessa in discussione della congruità tra fini e mezzi della macchina rivoluzionaria.

(Le implicazioni di questo ragionamento riportano al passato, ma lasciano anche aperti nel presente problemi di tutt'altro che semplice soluzione. Al passato, nel punto in cui le BR, iniziando a uccidere nel loro intento di disarticolazione dello Stato, si sono separate dai processi sociali e politici che soli potevano determinare lo svuotamento di forza della macchina politica avversa. A quel punto la disarticolazione è divenuta solo una brutta parola vuota di contenuto. E colma di inutile sangue.

Le illuministe BR credevano che fossero i brigatisti a guidare la loro macchina e di conseguenza credevano che anche la macchina dello Stato fosse guidata da uomini. Ucciderli, e terrorizzare gli altri, ne avrebbe sminuito la forza.

Era un ritorno indietro, perché proprio la preminenza autoritaria delle macchine politiche sulle pulsioni sociali era quello che all'inizio aveva tutto messo in moto.

Al presente può avere valenza sussultoria chiedere che si mettano da parte i dirigenti di un partito, ma scarsa valenza pratica. Quelli nuovi, in capo a breve, soggiacerebbero alle regole della macchina. Diventando una fotocopia di quelli precedenti. Il problema è la macchina politica, non gli uomini e, probabilmente, altrove è la strada.)

# E I LORO STRUMENTI

GLI STRUMENTI SONO UNA SOTTOSPECIE di macchina. I suoi arti. I mezzi con cui la macchina organizzativa tende a raggiungere lo scopo per cui è stata creata. E più questi strumenti paiono potenti, maggiore è la possibilità che i loro intrinseci fini travalichino i fini di quelli che li usano. O anche di quelli che a loro li avevano messi in mano.

Se quegli strumenti sono armi si arriva ben presto alle estreme conseguenze.

Il presidente Lyndon Johnson era un vecchio democratico del Sud. Aveva un programma ambizioso per la sua presidenza, iniziata nel 1964 e successiva a quella di un presidente ingombrante come John Kennedy. L'integrazione razziale, il voto ai neri, il potenziamento dell'assistenza pubblica, la lotta alla povertà e tante altre belle cose. La Great Society. Riuscì su questo, lottando e ringhiando, a far passare decine di leggi. Una svolta di libertà ed equità. Ma un giorno – mentre con le resistenze senza pari dei razzisti stava ancora trafficando – i generali gli andarono a dire che i consiglieri militari mandati nel Vietnam del Sud proprio da Kennedy, Robert più che John, erano in grave pericolo per l'intensificarsi degli attacchi dei viet-cong. Sapeva forse a malapena dove fosse il Vietnam il vecchio Johnson. Bene, riportiamoli a casa, non ci possiamo infognare in una guerra in quel buco di culo di paese. Io ho cose molto importanti da fare.

Non era così semplice. Che figura ci avrebbe fatto la macchina Stati Uniti d'America? I consiglieri militari erano stati mandati lì per aiutare il Vietnam del Sud a mantenere la propria indipendenza dalle pretese del Vietnam del Nord comunista. Se loro se ne fossero andati con che faccia avrebbero potuto continuare a presentarsi al resto del mondo come difensori della libertà? Non si può. E allora che facciamo?

Gli buttiamo un po' di bombe. Dissero i militari. Un po' di bombe, neanche troppe, e capiranno che è meglio lascino perdere. Jonhson non era molto convinto ed era pignolo. Quante bombe e dove? Niente coinvolgimento di civili. No, signor presidente, si figuri! Un po' di bombe sul Vietnam del Nord dove sono i terminali petroliferi. Così non avranno più benzina per i camion che riforniscono i combattenti al Sud. E poi sarà finita? Certo signor presidente. Poi molleranno per forza. Mi raccomando non colpite nessuna nave sovietica o cinese, se no può scoppiare una guerra nucleare. Non voglio passare alla storia come il presidente che ha portato il mondo alla distruzione. Ci mancherebbe signor presidente, i nostri piloti sono i migliori del mondo.

Già lo sapevano che una qualsiasi vecchietta vietnamita poteva portare su quelle loro biciclette indistruttibili più di duecento chili di carico. Lo sapevano ma le bombe sono fatte per essere sganciate, non per arrugginire in un deposito. E sono potenti, estremamente potenti. Un deterrente sicuro. E poi quello avevano, bombe non biciclette.

Morale, non bastò bombardare i terminali petroliferi. Non bastò sganciare sul Vietmam del Nord più bombe di quelle che erano state sganciate in tutta la Seconda guerra mondiale. Non bastò colpire trecento dei trecentocinquantasei obiettivi strategici la cui distruzione, secondo i militari, avrebbe messo in ginocchio l'economia del Nord Vietnam. Non bastò neanche che molte di quelle bombe mancassero il bersaglio «strategico» facendo strage di civili.

Ascoltato da una commissione del Congresso, il quasi pentito Robert McNamara, segretario alla Difesa, si disse dubbioso che il completamento di quella lista avrebbe permesso di raggiungere i risultati sperati. Mancavano, per dire, una fabbrica di batterie che ne produceva meno di quante se ne potevano trovare in un qualsiasi grande magazzino americano, e una di copertoni che ne produceva meno di quanti ne aveva il suo benzinaio sotto casa.

Ma la macchina era in moto e non si poteva fermare. Uomini allora. Anche questi i migliori del mondo. Ne basteranno centomila. Poi diventarono duecentomila. Poi settecentocinquantamila. I morti a migliaia. E lui, Lyndon Johnson, messo da parte il sogno della Great Society – anche perché quella macchina si era mangiata miliardi di dollari –, era più il tempo che passava a firmare le lettere di condoglianze per le famiglie che a fare il presidente. Malediceva i militari ora, e la loro macchina, ma non poteva più tirarsi indietro.

Lo sapevano i militari. L'avevano capito che contro quella gente così determinata, così piena di risorse che pur nulla avevano a che fare con la terribile potenza industriale capitalistica (e si dannavano per questo a vedere impotenti i loro sofisticati giocattoli di guerra), non ce l'avrebbero fatta. Ma la potenza degli strumenti – l'illusione della potenza, perché già avevano visto che così potenti non erano – ha buon aggio sulla coscienza dei singoli. Quello hanno, non ne conoscono altri. Devono funzionare per forza.

Non è stata la perfidia dell'imperialismo yankee. Non solo. Quella è la forma politica. Troppo facile semplificare, cercare nomi e cattivi governanti. Ma, a volano di quello, a suo sostegno e accelerazione, l'idolatria della Tecnica, degli strumenti. Non arrivare al fondo delle cose lascia un margine, ampio quanto nefasto, per poter dire che esistono bombe «buone». Magari quelle sganciate dalle ex-vittime vietnamite sui cambogiani per eliminare un feroce dittatore come Pol Pot. Tanto quanto gli americani con Saddam.

Non è certo la ragione di quanto è avvenuto in Italia, di questo abbiamo già parlato. Né un tentativo di sminuire la soggettiva responsabilità delle scelte. Più, semmai, un tarlo che mi porto appresso. Una remota convinzione che dietro e sotto le scelte altro possa essersi innestato. Meccanismi automatici e forse inconsapevoli che accompagnano le ideologie. Perché credo che quando ci sono di mezzo le armi si può arrivare ben presto al punto in cui non è più la mano di chi l'impugna a guidarle, ma loro a guidare quella mano. Sono fatte per sparare. E quello chiedono e pretendono. Funzionerò, ti farò vincere. Dammi un bersaglio e ti farò vedere di cosa sono capace. Si può essere il più severo dei rivoluzionari – come sempre hanno creduto di essere anche i brigatisti –, convinto che sia sempre la linea di condotta a guidare le proprie scelte e che l'arma sia solo un pezzo di ferro. (E Moretti in questo era un portavoce dell'inganno perché andava in giro con una pistola malridotta e arrugginita.) Ma, più va male, più si vede che il nemico non lo si ferma, e più si è portati a cadere nella trappola dello strumento. Ad attaccarsi a lui come naufrago a un pezzo di legno in mezzo al mare. Da quel punto sono le armi a dettare la linea di condotta. Questa è l'inconsapevole idolatria delle armi, il loro occulto e mascherato fanatismo. Questa la trappola cui andrebbe incontro chiunque volesse ancora farne uso per salvare il mondo. Qui da noi nell'emisfero della ricchezza, almeno. Dove questa ha reso disponibili strumenti ben più efficaci e meno controproducenti di una pistoletta. E non cose, naturalmente. Libertà dal bisogno, comunicazione, associazione, autonomia di pensiero e d'azione, tempo...

# TECNICA. LIBERAZIONE E SCHIAVITÙ?

Quello della tecnica, la tecnologia, le macchine qualsiasi forma assumano è tema ambiguo. Era uno strumento. Un martello. Per la complessità che ha raggiunto, per la sua capacità di realizzare qualsiasi tipo di scopo, per il suo essere diventata imprescindibile in qualsiasi attività umana, da mezzo è diventata fine. E, non sapendo se uno scopo lo ha realizzato, si crede comunque che l'abbia fatto, o lo stia per fare. Come una fede. Prossima a una religione, la Tecnica dà qui e subito i suoi premi. Senza proibizioni e comandamenti. E il suo dilagare tutto ha spaccato. Sistemi politici e sistemi di valori. Non ultimo, e già da un bel po', la centralità del lavoro nella definizione dell'identità di ciascuno. E se un centro si continua a cercare possono venirne fuori speranze, ma anche paure. Nel momento agitato della rideterminazione di valori si aprono spiragli e conflitti. Ma in queste condizioni tutto si può fare meno che tornare indietro. Tipo rifugiarsi in una qualche campagna per riscoprire la preziosità del lavoro manuale. Qui è la sfida, qui l'unica possibilità di venire fuori dall'impasse.

Il problema sarebbe che, come religione, la Tecnica non ha un'etica. Ma un suo fine ce l'ha. La propria infinita autoriproduzione. Forse, pur non potendo comunque contrastare questo suo fine, si potrebbe tentare di darle un'etica.

Pare ci sia un revival della filosofia. Come se la gente, almeno quelli che si pongono il problema, fosse in cerca di un appiglio per la propria ormai disancorata collocazione nel mondo. Dopo la misera fine degli anni di ubriacatura della politica, e delle ideologie, è sicuramente la cosa giusta. Qui forse una delle chiavi. La politica, al punto in cui siamo, serve solo a confondere le cose, e nasconderle.

Confonderle a tal punto che oggi sembra difficile distinguere tra Tecnica e Mercato. Il secondo viene di certo «globalizzato», ma sulla globalizzazione della prima si potrebbero avere dei dubbi. Parrebbe, tra l'altro, che una sua completa globalizzazione sarebbe impossibile perché, in quel caso, non ci sarebbero risorse sufficienti per mandarla avanti. Se così fosse, che viene tenuta a freno, i suoi frenatori sarebbero no-global.

Ma questo è terreno che, se intrapreso, esulerebbe dal nostro discorso. Meglio arrivare all'argomento cui volevo arrivare. Per non tediare ulteriormente i pochi che avranno avuto la tenacia di seguirci fin qui in questa nostra conversazione strampalata che per troppi rivoli è finita. Anche se forse la confusione di una conversazione può fornire più elementi, da valutare liberamente, che non la coattiva linearità di un saggio. Sempre a esserci riusciti.

Anche allora, in quegli anni, questa era già la sfida. Ma l'abbiamo affrontata con sbagliati strumenti. Anche noi tornando indietro anziché muoverci nel presente. Per come la vedo io – e dobbiamo necessariamente schematizzare, anche perché oltre non sapremmo andare, e stiamo sempre nell'ambito della testimonianza, del come le cose sono state vissute – credo che la tecnica sia stata il dramma dei marxisti, o meglio dei comunisti che a Marx si rifacevano. Perché hanno dovuto condividere con la borghesia lo stesso strumento rivoluzionario già usato da quella per la sua, di rivoluzione. (Quella industriale, e si sa anche a scuola, e quella tecnologica poi.) Se lo sono litigato ferocemente. Come due uomini che lottano cercando ognuno di strappare dalle mani dell'altro l'unica pistola. Per non farsene uccidere e per ucciderlo.

La tecnica, le macchine. Dannazione degli empirici rivoluzionari luddisti pre-marxisti. Che le sfasciavano perché portavano via lavoro. E poi osannate/odiate dai rivoluzionari «scientifici» ispirati dalla più moderna teoria di Marx. La tecnica andava sviluppata, guai a frenarla, ma doveva poi avere un altro padrone. Perché la tecnica, e le sue macchine, permetteva di sfamare le masse e, in seguito, di esaudire ogni desiderio. E il suo sviluppo – si sapeva anche questo, anche se in un'altra scuola, quella comunista – avrebbe prima o poi cozzato col limite dato dal suo possesso privato da parte della borghesia. Questo possesso privato sarebbe divenuto un freno all'espansione e a quel punto, preparata da una lotta instancabile nella quale si era forgiata la sua organizzazione, la classe operaia sarebbe stata pronta per dare il suo scossone e soppiantarla. Verso le sorti magnifiche e progressive. Il sol dell'avvenire. E tutti i sogni connessi.

Ora se guardiamo a quello che è avvenuto non nei sogni ma nella realtà, salta agli occhi che il comunismo è stata prassi rivoluzionaria e modello sociale in paesi contadini che a quel punto di freno capitalistico all'espansione non potevano certo essere arrivati. La forzatura leninista in Russia prima e maoista in Cina dopo, per parlare solo delle maggiori. Mentre nei Paesi capitalisti, in quelli in cui quel punto si sarebbe dovuto raggiungere, il comunismo non ha combinato granché. Se ne potrebbe concludere che era ideologia rivoluzionaria buona per paesi sottosviluppati in cui le masse potevano essere spinte all'azione dalla miseria.

Ma il pensiero marxista è altra cosa, è la teoria che c'era dietro. Ben più lungimirante, meno impastoiata col fare. Oggi, qui nell'Occidente, siamo arrivati a quel punto. Oggi il capitalismo, che non ha per fine la produzione, o il lavoro, ma il profitto – come hanno ormai accettato anche i disincantati «riformisti» –, è freno allo sviluppo della tecnica. Che, lasciata andare, dilagherebbe per ogni dove riducendo drasticamente il valore delle merci, quindi del profitto. Perché il suo fine, oggi contraddittorio con il profitto, è la riproduzione all'infinito della propria capacità di realizzare scopi. Di costruire mezzi.

Però, e ci siamo avventurati fin qui solo a questo scopo, in queste condizioni il comunismo, il suo modello sociale e produttivo, già allora non sarebbe stato risolutore dello stallo ma, semmai, sarebbe stato fattore di ulteriore freno. La sua rigidità, sociale e produttiva, mal si sarebbe combinata con l'elasticità richiesta dallo sviluppo della tecnica, e della società tutta. E quando l'Impero sovietico, il comunismo che c'era, non ha più retto alla pressione è venuto giù come un castello di carte. (Ed estremamente vano e semplicistico era pensare, come noi tutti pensavamo, che lì avevano «tradito» il comunismo, che noi avremmo fatto meglio. Il limite era nel manico.) E sempre per questo il capitalismo è ancora lì. È più elastico. Ora anch'esso si sta irrigidendo. Poi ci sarà altro.

E anche per questo noi ci siamo dissociati da quell'ideologia. Perché il sacrificio che chiedeva, e la violenza che connessa a quello produceva, era inutile, fuori dai tempi. Immorale. E il sangue che macchia le mani ha a quel punto un ben diverso peso. Se lo abbiamo fatto prima che definitivamente venisse giù da sola è stato perché siamo stati gli ultimi ad averla applicata nelle sue estreme conseguenze. Forzando all'indietro, oltre che la storia, noi stessi.

# Marco

UN INDOLENTE TRANCIO DI SOLE inseguiva senza fretta le crepe nei mattoni rossi del pavimento, dopo aver superato, come un velo giallo appena smosso dal vento, la spalliera del divano e il mucchio di riviste buttate sui cuscini. Aveva scostato la penombra, entrando di soppiatto come un ladro tra i listelli rotti della persiana. (Avrei dovuto decidermi ad aggiustarla, un giorno o l'altro.) Non ero sveglio. Non del tutto. Ma seguire quella sua lenta, inesorabile avanzata, attendendo che arrivasse fino al letto e poi ai miei occhi, mi aveva ridestato con fastidio dal torpore.

In frigo latte non ce n'era. Non era una novità. Avevo fatto tardi la sera prima, e neanche questa era una novità, e la crémerie sotto casa era già chiusa. Non avevo voglia di scendere e risalire. Avrei fatto colazione fuori. E la non difficile decisione stemperò il pessimo inizio di giornata. Bastava poco, in fondo. Anche se in quei tre anni, dall'Ottanta, non avevo ancora fatto l'abitudine al pessimo caffè bevuto dai francesi.

Al bistrot della piazzetta chiesi un café au lait e una trancia di gateau au chocolat. Tanto per rafforzare il sapore di risciacquo del caffè. Trovai delle monete in fondo alle tasche e le contai. Ce n'erano abbastanza anche per il giornale, senza dover cambiare un biglietto da cento franchi. Uno degli ultimi del mese. Piegai il giornale senza guardarlo e tornai verso il bistrot. Non avevo mai sopportato quelli che davano una fugace sbirciata alla prima pagina e poi lo rimettevano sotto il braccio. Come dare una toccatina al culo di una donna prima di salire in casa e farci l'amore. Il culo di una donna è una cosa importante, va trattato con tutti gli indugi e le cure del caso.

Presi un altro caffè al banco e cercai il mio tavolo. Quello dove ogni mattina leggevo le notizie dall'Italia. Con il giornale in una mano e la tazza nell'altra mi sedetti. Mancava la sigaretta, ma dovetti prima recuperare il portacenere Pernod che qualcuno aveva impunemente spostato. Mi venne di lanciare uno sguardo di rimprovero alla padrona per questa sua disattenzione, ma la signora Germaine, col suo incarognito rimpianto per la bellezza ormai perduta, non era tipo da curarsi delle manie dei suoi clienti.

Il caffè mi andò di traverso e lo spruzzai tossendo sul giornale. Era lì in prima pagina, titolo e sottotitolo a tutte colonne, con due foto. Una grande e un'altra formato tessera. «TERRORISTA UCCISO IN SCONTRO A FUOCO CON LA POLIZIA. NESSUN AGENTE FERITO.» Non riuscivo a rimettere la tazza sul piattino. Una tenaglia di strazio stretta attorno allo stomaco. L'angoscia che ogni giorno scacciavo con un rabberciato buonumore era lì materializzata in quel nero inchiostro. Marco era morto. Era tutto finito.

Avevo dodici anni e mezzo quando uccisero Kennedy. È un ricordo nitido, di quelli che ogni tanto tornano da soli, forse a voler scandire nel loro riemergere improvviso, tirati su da sotterranee associazioni, le tappe di una vita. Forte e nitido, legato com'è al dolore, allo sbigottimento. Come se questo tipo di ricordi fossero appuntati nella memoria con lo spillo di un sentimento, di un'emozione. Mentre tutti gli altri vagano disordinati, portati qua e là da continui rimestamenti, tanto che, quando si riesce a ripescarli, si trova difficoltà a collocarli nel tempo. Come se il loro svolazzamento continuasse anche quando sono stati afferrati. Anche quando si vorrebbe aiutassero a riannodare una catena di eventi, un motivo, a rischiarare il dubbio, nei momenti in cui ci si ritrova senza appigli nella confusione dei sentimenti, o del proprio vacuo girovagare nel mondo.

Il grande televisore di legno era acceso nel salotto e io mi ero bloccato a guardare le immagini raccapriccianti dell'attentato, della gente in fuga impazzita, poi quelle sovrapposte del presidente col suo largo sorriso poco prima di essere ucciso. Un'emozione violenta e sconosciuta, come l'esplosione di un iceberg, mi era scoppiata nel torace spingendo fuori un fiotto di lacrime. Il mio cervello di ragazzino non riusciva a capire, a capacitarsi. Perché avevano ucciso quel bell'uomo biondo e dai grandi denti bianchi, pieno di vitalità e simpatia?

E io che mi sentivo così grande. Dagli otto anni, ogni volta che passavo davanti al luna park di Villa Glori guardavo con malinconia il cartello appeso sull'ottovolante: Vietato ai minori di 12 anni. Non ci sarei mai arrivato, pensavo. Quanto tempo ancora su quelle stupide macchinette a scontro.

Era roba per bambini e per ragazze, che schiamazzavano come oche a ogni urto. L'ottovolante era un'altra cosa. Lì si correva, e si correva per vincere.

Appena compiuti i dodici anni avevo aspettato con frenesia l'arrivo degli zingari del luna park, giusto un po' prima che finissero le scuole. Li avevo guardati montare la pista giorno dopo giorno dalla finestra, ricontando i soldi risparmiati sulla paghetta e ripassando mentalmente la scusa per andarci di nascosto. I miei non volevano che andassi al luna park. «C'è gente che non ci piace» dicevano «ci vanno i ragazzi di strada.» Poi, finalmente, la mia prima corsa sull'ottovolante. Avevo scelto una macchina rossa. Come la Ferrari vista passare alle Mille Miglia sulla Flaminia l'anno prima, da dietro le balle di fieno. Sentivo il vento nei capelli e, nel punto in cui l'otto della pista si avvitava sotto se stesso, il rimbombo assordante delle ruote sul fondo di ferro e legno. Sì, mi sentivo grande ormai. Padrone del mio mondo. Fino al giorno in cui avevano sparato a Kennedy. Ma quello più grande, quello che conteneva tutti i nostri piccoli mondi, che mondo era se venivano uccisi i buoni?

Marco l'avevo visto per la prima volta a quel luna park. Ma che si chiamava Marco l'avevo saputo solo dopo. Era uno dei ragazzi che stavano lì a giocare a biliardino o a flipper, o a sparare alle papere di gesso. Forse era uno dei ragazzi che mia madre non voleva farmi frequentare.

Marco era un po' più grande di me. Nell'altezza, anche se questo non voleva dire molto perché io ero piccolino per la mia età. Piccolo e grassottello. Ma più nel modo di vestire, coi pantaloni a zampa di elefante alla Celentano e magliette colorate con un piccolo coccodrillo, e nel modo di muoversi e di parlare con gli altri. Sembrava, a vederli, con una gamba avanti a mettere in mostra il mocassino e con le spalle all'indietro, che parlassero di cose da più grandi. E per come guardavano le ragazze. Tentavano sempre di attaccare bottone. Erano i ragazzi dei palazzi popolari poco più giù di casa mia. I palazzi dove abitava Celestina, la lavandaia che veniva a casa quando c'era il lavaggio delle tende o quello della lana dei materassi.

Quei ragazzi avevano le facce chiuse e furbe sotto i capelli neri. Marco era diverso. Per questo l'avevo notato. Aveva capelli biondi e ricci, la fronte alta e il viso aperto. Anche il suo sorriso era diverso, gli arrivava fino agli occhi. Gli altri sorridevano sempre un po' di sbieco. E gli occhi sembravano sempre voler dire qualche altra cosa. Soprattutto quando abbordavano le ragazze.

Poi un giorno, ma questo era successo dopo che l'avevo già conosciuto, l'avevo visto sotto casa assieme a una ragazza, mentre andavo a prendere il latte. L'avevo visto con questa ragazza molto carina, con un caschetto di capelli rossi e due grandi occhi verdi. Si erano fermati e lei si era buttata avanti a dargli un bacio sulla guancia, poi gli aveva messo in mano un libro che teneva dietro la schiena. Era di poco più grande di me Marco, ma a quell'età anche pochi mesi facevano una gran differenza. E io, per quanto ci pensavo, alle ragazze, ci pensavo eccome, non avrei proprio saputo da che parte cominciare. Comunque erano passati davanti al lattaio mentre stavo per uscire e avevo visto la copertina di quel libro. Era rosso con le scritte bianche, che dicevano: «Neruda» e sotto «Poesie». Pensai a un poeta indiano. Perché avevo visto in strada un manifesto della Garuda, che era il nome delle linee aree indiane (o indonesiane?).

Di libri io avevo letto *Il giornalino di Gian Burrasca*, regalatomi dal nonno. Mi era piaciuto molto, soprattutto la parte quando guida la rivolta in collegio. I miei mi minacciavano sempre di mandarmi in collegio se non studiavo. Quella sera, dopo un po' che era tornato, avevo chiesto a mio padre se conosceva un poeta indiano che si chiamava Neruda. Aveva un sacco di libri, ma non avevo il coraggio di avvicinarmici. Ne era geloso, come di tutte le sue cose. Una volta, in verità, ne avevo preso uno. L'avevo scelto perché c'era scritto «Novelle», ed era una parola che mi piaceva. L'autore era un certo Maupasse, o qualcosa del genere. E infatti erano storie che mi piacquero subito. In una si parlava di una cameriera che si spogliava e poi si faceva toccare dagli uomini. Un giorno che ero andato per chiederle la merenda, e lei aveva lasciato la porta un po' scostata, avevo visto la nostra di cameriera che si spogliava. Aveva due grandi sise, come quelle, avevo immaginato, della cameriera del libro.

Così quando avevo ripreso a leggerlo, e c'era la descrizione di lei, della sua pelle, del seno bianco e delle cosce tonde, avevo avvertito uno strano trambusto in mezzo alle gambe. Tanto che avevo sentito il bisogno di toccarmi mentre leggevo. Poi era successa una cosa ancora più strana. Come un'esplosione da dentro che mi aveva fatto piacere e spavento, anche. E poi mi ero ritrovato tutto bagnato e appiccicoso. Mi ero cambiato di corsa e avevo infilato le mutandine nella cesta dei panni sporchi, ben calcate fino in fondo. Ma mio padre, un giorno che era tornato prima, era venuto in camera e mi aveva visto con quel libro. Me l'aveva strappato di mano dicendomi che quelle non erano cose per ragazzi. E di non toccare mai più i suoi libri. Forse anche quello che era successo a me era una delle cose proibite dei grandi.

Capito che la domanda su Neruda l'avevo fatta proprio a lui, nel salotto non c'era nessun altro, mio padre aveva abbassato il giornale e si era portato gli occhiali sulla punta del naso guardandomi incuriosito. Non parlavamo molto io e lui.

«Non è indiano. È un grande poeta cileno. In esilio dal suo Paese perché è comunista. Da dove è venuto fuori Neruda? Non sapevo che i programmi delle medie fossero così avanzati da prevedere lo studio dei contemporanei. Tanto meno Neruda.»

Non parlava molto, ma quando parlava doveva sempre metterci qualche suo commento. Era professore mio padre. E socialista. Lombardiano. L'avevo sentito un giorno correggere mio nonno, il padre di mia madre, che gli aveva dato del comunista durante una delle loro liti. Ogni volta che era da noi a pranzo la domenica. E non sapevo proprio cosa voleva dire «lombardiano». Forse di un socialismo della Lombardia? Mio nonno era democristiano, diceva. Anche se mio padre, sempre durante le loro liti, gli diceva, con la bocca storta come se sputasse veleno, che era un «transfuga fascista». Fascista sapevo che voleva dire. Con mio padre che gli imprecava sempre contro. Mussolini, la guerra, Matteotti e tutto il resto. Ma «transfuga» era un'altra parola che non conoscevo.

«Niente, niente, dico io, me ne ha parlato un compagno a scuola.»

Mio padre disse il suo solito «ah sì?» e si rimise a leggere il giornale.

«Ma se lo legge un ragazzo di tredici anni allora

è comunista?», mi era venuto da chiedergli mentre ero già sulla porta. Se quel Neruda era comunista e Marco lo leggeva. Non capivo.

Aveva riabbassato il giornale e gli occhiali, e questa volta mi aveva guardato severo.

«Non è detto che chi legga Neruda debba essere necessariamente comunista. Come non è detto che chi legga, diciamo Manzoni, sia cattolico o democristiano. L'arte, per fortuna, non ha gli stessi confini rigidi della politica. E se è buona arte, come quella di Neruda, può travalicare quelli dell'ideologia. Io ho letto Neruda ma non sono comunista. Ho letto Celine ma non sono fascista.»

E adesso chi era questo «Selin»? «Allora anche il nonno che è un "transfuga fascista" potrebbe leggere Neruda?»

Mio padre aveva avuto un sussulto sulla poltrona e gli occhiali gli erano caduti dal naso.

«Tuo nonno è già tanto se legge il giornale. L'unica cosa che sa leggere sono i rendiconti della sua impresa di distruzioni.»

Mio nonno, il padre di mia madre, aveva partecipato con la sua impresa alla demolizione del quartiere di Borgo e alla costruzione di via della Conciliazione. Poi, dopo la guerra, si era arricchito ancora di più con la speculazione edilizia. Questo l'avevo sentito dire da mio padre a mia madre un giorno che stavano litigando sui rapporti tra lui e il nonno.

Avevo conosciuto Marco al corso di ginnastica del CONI allo stadio Flaminio. Mio padre mi ci aveva iscritto nella speranza che mi irrobustissi e perdessi un po' di ciccia. Marco era il penultimo della fila, tra i più alti. Dopo di lui c'era un ragazzo lungo lungo e secco secco, con gli occhi di fuori. Una specie di mantide religiosa. Insetto che avevo visto sull'enciclopedia illustrata *Conoscere* che mio padre mi aveva regalato per la promozione in terza media. Nella palestra c'era un grande tappeto bianco e degli strani attrezzi. E poi c'erano anche le pertiche. Le maledette pertiche che anche a scuola non riuscivo mai a salire fino in cima con tutti i compagni che mi prendevano in giro. Già mi sentivo che non era per me.

L'istruttore aveva chiesto a ognuno di dire il proprio nome e fare un passo avanti. Fu così che avevo saputo che Marco si chiamava Amerighi. Io avevo aspettato il mio turno con lo stomaco in subbuglio. Uscire fuori, fare il passo avanti e poi fermarsi sull'attenti. Con mio padre che mi guardava dalla tribuna. Era peggio che in collegio. Lì almeno non ci sarebbero stati i genitori a guardare. Mi sentivo le gambe di gomma, ma in qualche modo, traballando un po', ce l'avevo fatta.

Mio padre tornando a casa non mi aveva detto niente. Solo «ti piace?». Io avevo risposto che sì, tanto per non deluderlo. Poi gli avevo detto subito, senza un motivo, che secondo me Marco era il migliore. E lui mi aveva detto di aver conosciuto lì in tribuna suo padre. Era un ferroviere, ma non viaggiava più sui treni. Era riuscito a far valere la sua invalidità di guerra, era stato ferito a un braccio da un tedesco scappando da un campo di prigionia in Grecia, e poi era stato partigiano, e ora lavorava alla stazione.

Queste cose dovevano esserle dette mentre aspettavano che facevamo la doccia, perché durante la lezione non ci staccavano gli occhi di dosso. Se ne stavano tutti e due in disparte sulla tribuna, in piedi. Tutte le sedie erano sempre occupate dalle mamme degli altri ragazzi che però se ne stavano lì tutto il tempo a chiacchierare tra loro e non degnavano i figli di un'occhiata. Solo quando andavamo alle pertiche, che erano proprio sotto la tribuna, si alzavano dalle sedie per incitarli poggiando sulla balaustra le loro mani ingioiellate. Poi se ne tornavano alle loro chiacchiere. Sembrava che avessero iscritto i figli a quel corso solo per stare lì a chiacchierare. Come le amiche di mia madre per la canasta.

Una sera, ero sempre tra gli ultimi a uscire, quando ero arrivato fuori avevo visto mio padre che stava parlando con il signor Amerighi e Marco. Lui mi aveva sorriso e detto «ciao». Poi i nostri due papà si erano salutati e mi ero ritrovato la sua mano tesa davanti allo stomaco. Non ero abituato a salutare in quel modo da grandi i compagni e lì per lì me ne ero restato impalato. Poi Marco mi aveva sorriso ancora dicendomi «ciao» e io avevo teso goffamente la mano. Aveva quel suo sorriso largo fino agli occhi, e non c'era dentro che lui era uno dei primi e io uno degli ultimi. Poi, ancora più strano, la sua mano aveva stretto forte la mia. Una strana sensazione. Le poche volte che qualcuno mi aveva stretto la mano, alla comunione, per esempio, o la volta che mio padre mi aveva portato da un professore di matematica a prendere ripetizioni, me l'avevano sempre stretta piano, e con un idiota sorriso sulle labbra. Come a prendermi in giro. Era sempre meglio di quando mi davano i buffetti sulle guance, però. Sempre con quel sorriso idiota come guardassero un neonato. Gliele avrei tagliate quelle mani. E gli avrei dato un cazzotto su quel sorriso da deficienti.

Alla lezione successiva della sera in cui mi aveva stretto la mano, Marco mi si era avvicinato poco prima della tortura delle pertiche. Mi aveva messo in mano senza farsi vedere un pezzetto di una cosa bianca leggera come la pietra pomice, che aveva preso da un cestello vicino alle parallele. «Mettine un po' sulle gambe, non troppa però, se no si vede» mi aveva detto «t'aiuterà a spingere sulla pertica.» Ecco a che serviva. A mantenere salda la presa evitando che le gambe scivolassero. Lui l'aveva già capito. Era sveglio Marco. Erano tutti così svegli i ragazzi di strada?, come li chiamava mia madre. Avrei voluto anch'io essere un ragazzo di strada, per sapere tutte le cose che ancora non sapevo. Ma perché mi stava aiutando?

Con la maggiore presa delle gambe, riuscii ad arrivare in cima e toccare per la prima volta l'attacco della fune, su, quasi al soffitto. Una volta lassù mi ero girato istintivamente verso mio padre. Nei suoi occhi c'era qualcosa che non avevo mai visto. Era contento, ma non solo. Sembrava anche orgoglioso. Però, appena si era accorto che lo stavo guardando, aveva cambiato espressione.

A un paio di lezioni dopo mi ritrovai di fronte Marco come compagno per gli esercizi a corpo libero. Dovevo tenerlo mentre lui andava in verticale. Quando fu su mi aveva detto: «Lasciami». Io lo lasciai e lui rimase su in verticale da solo. Era perfetta. Poi mi aveva detto: «Prova tu adesso. Devi tenere la schiena dritta un po' verso di me e riequilibrare spingendo il sedere in avanti. Come se ti stai sfregando a una ragazza facendo il ballo del mattone». Io non avevo mai fatto il ballo del mattone e non mi ero mai sfregato addosso a una ragazza. Ma si poteva fare? E loro, le ragazze, che dicevano? Non ti davano subito uno schiaffo in faccia, davanti a tutti?

Quella sera eravamo tornati a casa a piedi. A me

tutto quel grande parcheggio dello Stadio Flaminio mi spaventava. C'erano delle macchine parcheggiate qua e là, immobili e lontane dai lampioni, e nella sera scura mi sembravano grossi insetti in attesa di una preda. Ma con lui era un'altra cosa. E poi non mi andava di fare la figura del fifone.

Gli avevo chiesto se gli piaceva davvero la ginnastica artistica e lui mi aveva risposto che gli piaceva molto. Riuscire a governare il corpo in quei movimenti complicati e sentirsi leggero mentre si faceva comunque uno sforzo. Io gli avevo detto che quando dovevo fare un esercizio con tanti movimenti mi impappinavo sempre. «Non bisogna pensare ai movimenti mentre si fanno» mi disse. «Se si pensa il corpo non è più libero di muoversi. I movimenti bisogna pensarli prima, vederseli in testa, ma non separati uno per uno, tutti in sequenza rapida, e poi lasciare libero il corpo di farli. Non c'è bisogno di comandarlo.» Non sapeva come succedeva ma per lui era così.

Eravamo passati vicino a una macchina ferma. «Sembrano vuote queste macchine. Le hanno abbandonate, o sono rubate?» gli avevo chiesto. Lui mi aveva guardato come non avesse capito. «Non sono abbandonate. Sono coppiette che scopano. Se ti avvicini riesci a vedere. Non l'hai mai visto?»

Ci eravamo avvicinati. Vidi un sedere bianco e peloso che si agitava, poi un groviglio di gambe, e dopo un ansimare come di qualcuno che stava soffrendo. Mi ero ritratto spaventato.

«Tu l'hai mai fatto?» gli avevo poi chiesto. «No. Con la ragazza con cui stavo siamo arrivati a spogliarci tutti.» Mi era venuto di pensare alla ragazza dai capelli rossi tutta nuda. E mi ero imbarazzato come se lo stavo tradendo. «Credo che bisogna essere più grandi.» Aveva aggiunto serio. Un'altra delle cose segrete dei grandi. Ma perché si facevano male?

Eravamo arrivati a Villa Glori, gli dissi di aver saputo da mio padre che il suo era ferroviere. Mi aveva guardato imbarazzato e detto che suo padre era capo-ufficio delle ferrovie. Ed era comunista. E mi era sembrato che questo lo aveva detto per superare l'imbarazzo del padre ferroviere. Ma perché era imbarazzato? Io da più piccolo volevo fare il capostazione. Per toglierlo dall'imbarazzo dissi che mio padre non aveva avuto la cattedra all'università perché era socialista. «Un socialista di quelli che vogliono andare a braccetto con la Democrazia Cristiana?» mi aveva domandato. Non sapevo che rispondergli. «Non credo, lui è un socialista "lombardiano" e mio nonno gli ha detto che è come essere comunisti.» «Ah. Un compagno, allora» aveva fatto lui, e mi aveva dato una pacca sulla spalla sorridendomi col suo sorriso fino agli occhi. Eravamo arrivati sotto casa mia. Ora eravamo davvero amici.

Quando gli chiesi se aveva un libro di Neruda da prestarmi, mi aveva guardato sorpreso. «Conosci Neruda?» Non mi andava di dirgli che l'avevo visto quella sera con la ragazza dai capelli rossi. «No... però ne ho sentito parlare.» Ero curioso di leggere le poesie di un poeta comunista.

Avevo letto il libro in camera mia nascondendolo tra le pagine dell'atlante di geografia. Ero sicuro che mio padre mi avrebbe detto che anche quello era un libro da grandi. Lui, veramente, mi aveva poi dato dei libri. Uno parlava di un certo Torles o qualcosa del genere. Ma li avevo trovati un po' barbosi. Non li capivo. Neruda invece mi era piaciuto subito. Erano poesie d'amore, ma mi piacevano lo stesso. Le parole mi accarezzavano la lingua mentre le leggevo.

Chiesi a Marco se aveva qualche altro libro e lui me ne portò uno di Garcia Lorca. «Leggi l'inizio» mi aveva detto. «Lorca è stato ammazzato da quelle carogne fasciste di Franco perché era comunista. Era un poeta, non un soldato, ma lo hanno ammazzato lo stesso come un cane. E magari avevano anche avuto la benedizione di qualche prete.» «Come la benedizione di qualche prete?» avevo chiesto io. «I preti benedicevano i battaglioni di Franco perché combatteva contro i comunisti nella guerra civile spagnola. Ma non è successo solo lì. I preti benedicevano anche i cannoni di Mussolini, baciavano i gagliardetti dei fascisti che poi andavano a massacrare i comunisti. E il papa li benediceva tutti quanti da San Pietro. Preti e fascisti. Stessa razza.» Ma allora era vero. Una volta, durante una delle loro solite liti, avevo sentito mio padre urlare a mio nonno che da bravo fascista si era messo in combutta nelle speculazioni coi nipoti di papa Pacelli. E quante bugie ci aveva raccontato il prete al catechismo? Non uccidere. Siamo tutti fratelli. Porgi l'altra guancia. Ama il tuo nemico. Com'era possibile? Quante cose sapeva Marco che nessuno mi aveva mai detto?

Anche Lorca mi piacque molto. Era un po' più triste di Neruda. I suoi versi invece che sciogliersi in bocca arrivavano giù nello stomaco. Ma prima scivolavano. E davvero all'inizio del libro c'era scritto quello che mi aveva detto Marco. Io non sapevo neanche che in Spagna c'era stata una guerra civile. A scuola studiavamo solo le guerre del Risorgimento.

Il giorno che spararono a Kennedy ero ansioso

di vedere Marco. Era arrivato in ritardo con una faccia seria seria. «Hai visto che è successo?» gli avevo chiesto. «Sì. Ho visto» mi aveva risposto mentre iniziava a spogliarsi slacciandosi con stizza la cinta. «Ma come è potuto succedere, perché lo hanno ammazzato?» «Mio padre mi ha detto chi è stato» mi fa lui, fermandosi con i pantaloni aperti. «Come sa chi è stato?» «È successo a Dallas, no? La capitale del Texas. È chiaro come il sole. Sono stati i petrolieri texani. La sua politica andava contro i loro interessi, ed era troppo amico dei negri. In Texas sono tutti razzisti. Così quei bastardi lo hanno ammazzato.» Stava mettendo i vestiti dentro lo stipetto, ma li metteva tutti ordinati invece che buttati alla rinfusa come faceva sempre. Piegati e pressati con rabbia. «Non è il primo presidente americano che viene ammazzato. Hanno ammazzato pure Lincoln per una ragione simile.»

Mentre parlava gli era passata negli occhi un'ombra cupa, da grande. Ancora più cupa di quella dello sguardo di mio padre quando attaccava lite con mio nonno. Un'ombra che era il suo destino. Ma questo lo capii dopo.


Pochi mesi prima, col tam tam degli esuli, ero riuscito a fargli arrivare un messaggio. «Vieni via subito. Vieni qui. Ormai non c'è più niente da fare.» Ma lui mi aveva risposto di no. Che proprio ora era il momento di non mollare. Ora che era stato raggiunto l'apice c'erano tutte le possibilità per ripartire da dove era cominciato l'errore. Bloccare la macchina della morte e riportare la lotta là dove sarebbe sempre dovuta restare. Nelle cose concrete. Nei bisogni e nei desideri della gente.

Come al solito voleva andare fino in fondo. Ora

più che mai. Anche se il suo, il nostro tempo, aveva ormai battuto i suoi ultimi attimi travalicando dal sogno all'incubo, lui voleva riportarlo indietro, continuare a sognare. Anche se i sogni non possono comprare il tempo. Solo vivere per il battito di ciglia che gli è concesso.

Come al solito si sentiva in debito con qualcuno. Senza ancora rendersi conto che quel qualcuno era sempre stato soltanto lui. Con il suo maledetto narcisismo rovesciato. A rincorrere le cose per agguantare se stesso. E ora. Ora cosa aveva ottenuto? Ora che era morto per un sé che già non era più?

Fedeltà, coerenza. Come se i salti nella storia non fossero sempre stati marcati dall'infedeltà e dall'incoerenza. Perché le cose cambiano. E con esse il punto da cui si guardano. Se ti ritrovi dall'altra parte del mondo non hai più gli stessi astri a guidarti. Devi tradire le vecchie rotte. Cercare un porto sicuro per interpretare di nuovo le stelle, e il tuo destino.

Ma lui no. A fidarsi sempre dei miscugli magici dell'empiria. Magia, fortuna. Alleate volubili come bruma mattutina. Quando non travestimenti del caso. Il più infido degli alleati. Perché la sua pallina rimbalza spinta da capricciosi refoli di vento.

Narcisismo della ragione e narcisismo dei sentimenti. I nostri erano due egoismi diversi solo a saperlo. Che soltanto io e lui potevamo distinguere, e litigarci sopra. Due autobus con un solo numero di differenza. E ora io ero vivo e lui morto per quel solo numero. Come sempre, alla fine poteva essere soltanto un autobus con un unico numero diverso, o una telefonata arrivata mentre già stavi uscendo, o una gomma bucata, o tutti gli accidenti che avevano rallentato o anticipato il nostro cammino, a portare la vita in un posto anziché un altro. L'avevo lasciato solo perché la vita mi aveva separato da lui? O per vigliaccheria? Forse occorre più coraggio a perseverare nell'azione che porta altrove da dove volevi, perché è la strada che ti eri segnato, che non a fermarsi. Fermarsi e tradire la propria coerenza, le proprie scelte, per non tradire se stessi. Non lo sapevo più. Perché lui era morto e io no. E il rimorso ingarbugliava la ragione.

Sempre la stessa aguzza alternativa. Stramaledetti i primi che avevano abbandonato il mito per inventarsi la storia, per affrancarsi dalla permalosità degli dèi e costruire il destino dell'uomo. Errore nefasto. Peccato originale. Credere che ci si potesse sbarazzare di quell'imperativa tutela. Agire per conquistare il mondo, l'universo. Si sapeva. Si è sempre saputo. Ma non serve a niente sapere. L'azione prevarica arrogante il pensiero. Ha destituito dal suo trono il caos che tutto ordina con leggi imperscrutabili. E si è inventato un senso nelle cose e i modi per inseguirlo, passando il testimone di generazione in generazione. Perpetuare, sconfiggere la morte. Però poi, quando ce l'hai a fianco, quando sei al bivio tra l'incoerenza della vita e una morte coerente, ti ritrovi puntati contro i due corni del toro. Da sempre. E sprofondi giù, fino al fondo. Impastoiato nelle fondamenta d'argilla di quella superbia. La voracità del dominio la corroderà. L'ha già corrosa. E noi, anche noi, caduti nella trappola. Anche noi discepoli dell'azione, della spada che recide tutti i nodi. Cambiare il mondo con le stesse regole con cui era stato asservito. Anche noi figli della stessa madre. Creare gli eventi, forzare le coscienze.

Senza scrupoli. In nome della Storia. Anche noi stramaledetti presuntuosi.

E stramaledetto te Marco. Perché hai voluto farti ammazzare? Perché hai riportato a galla questo strazio di vivere che avevo annegato nei gâteaux al cioccolato e negli strepitosi culi delle martinicane parigine?

Gli occhi erano riandati impietosi alla foto, accaniti nel dolore. Il cadavere riverso a faccia in giù sull'asfalto, le gambe incrociate in quell'orribile modo innaturale, le braccia spalancate, la pistola vicina alla mano. Me lo immaginavo, lui che non era tipo da essere preso alla sprovvista, ritrovarsi con la pistola in pugno senza più sapere che farne. Lui, che mi aveva sempre detto di non frenare il corpo con il pensiero, di lasciarlo andare «che sapeva da solo cosa doveva fare». Quel suo corpo, quei suoi sentimenti, che sempre andavano avanti, sempre lo precedevano. Anche ora che aveva deciso dovesse finire il tempo di uccidere.

# INDICE

| | | |
|---|---|---|
| Prefazione | p. | 7 |
| *L'ultimo gradino* | | 13 |
| Un prologo nell'utero | | 27 |
| Un provocatorio testamento | | 32 |
| Un primo tassello | | 34 |
| Masters of war | | 37 |
| Bombe al pentagono | | 39 |
| La zucca sul pisello | | 46 |
| Il cadavere della rivoluzione | | 49 |
| Un pugno in tasca | | 53 |
| Onora il padre | | 56 |
| Sciopero! | | 59 |
| Arriva la politica | | 61 |
| La perdita dell'innocenza | | 64 |
| *Schegge di memoria* | | 71 |
| Novità e vecchie ideologie | | 80 |
| Giù per la discesa | | 83 |
| *Esquimosa* | | 89 |
| Il superamento del margine | | 103 |
| Nella testa un maledetto muro | | 106 |
| I dannati della terra | | 110 |
| Vita da brigatista | | 113 |
| I finanziamenti «occulti» | | 116 |
| Padani a Roma | | 121 |
| Inizia la scalata | | 124 |
| L'uomo sbagliato | | 129 |
| La fine dell'inizio | | 133 |

| | |
|---|---:|
| La «purezza» dello Stato e quella delle BR | 136 |
| Lettere dal carcere | 143 |
| I non allineati | 146 |
| Il doppio tradimento | 150 |
| Waldheim, chi era costui? | 156 |
| Cavalli di razza | 160 |
| La dilazione | 163 |
| E l'attesa | 168 |
| Il prezioso alleato | 174 |
| Due passi indietro | 180 |
| L'arrocco del '77 preludio a quello del '78 | 186 |
| A ciascuno il suo disonore | 192 |
| L'ultima illusione | 199 |
| Tre passi dalla fine | 205 |
| Il circuito dei camosci | 210 |
| Caino | 216 |
| Il buco nero | 222 |
| La somma di due errori è uguale a zero | 226 |
| Dissociazione ultima spiaggia? | 231 |
| Arcana imperii | 238 |
| E gli arcana rivoluzionari | 241 |
| *Cenere* | 244 |
| Piazza Fontana, la spinta alla violenza? | 252 |
| La sua Waterloo | 259 |
| Vecchi e nuovi partigiani | 264 |
| *Fazzoletti rossi* | 269 |
| Rivoluzionari? | 286 |
| O rivoluzionari riformisti? | 293 |
| Compassati e meno | 299 |
| Miserie | 302 |
| E altre miserie | 308 |
| Essi tornano | 312 |
| Parole, parole | 317 |
| I conti in sospeso | 320 |
| Le macchine politiche | 328 |
| E i loro strumenti | 331 |
| Tecnica. Liberazione e schiavitù? | 335 |
| *Marco* | 339 |

Finito di stampare
nel mese di ottobre 2004 presso
il Nuovo Istituto Italiano d'Arti Grafiche - Bergamo
Printed in Italy